京东 | 京东大学 JD UNIVERSITY

智享京东 电商系列

U0650781

京东

商品策划与发布

从入门到精通

京东大学 著

视频指导版

人民邮电出版社

北 京

图书在版编目（CIP）数据

京东商品策划与发布从入门到精通：视频指导版 /
京东大学著. -- 北京：人民邮电出版社，2019.3
（智享京东电商系列）
ISBN 978-7-115-50153-0

Ⅰ．①京… Ⅱ．①京… Ⅲ．①电子商务－商业经营
Ⅳ．①F713.365.2

中国版本图书馆CIP数据核字(2018)第264759号

内 容 提 要

商品是店铺运营的基础。入驻京东平台的商家做好商品策划并成功发布商品是店铺运营的重要环节。本书讲解了在京东开放平台上进行商品策划与发布的相关知识。全书共分为 8 章，包括选品与拍摄商品、处理商品图片、制作主图与详情页、仓储物流设置、商品发布、商品视频上传与关联、商品管理等知识。最后，本书通过两个类目（水果和服装）商品的策划与发布实训，使读者综合应用前面所述的知识，举一反三，以达到快速发布各类商品的目的。

本书可作为京东平台的商家、店主、相关负责人进行商品策划与发布的参考书，也可作为高等院校、高职高专院校电子商务专业学生的教材。

◆ 著　　　　京东大学
责任编辑　武恩玉
责任编辑　许金霞
责任印制　焦志炜

◆ 人民邮电出版社出版发行　　北京市丰台区成寿寺路 11 号
邮编　100164　电子邮件　315@ptpress.com.cn
网址　http://www.ptpress.com.cn
北京缤索印刷有限公司印刷

◆ 开本：787×1092　1/16
印张：15.25　　　　　2019 年 3 月第 1 版
字数：321 千字　　　　2019 年 3 月北京第 1 次印刷

定价：69.80 元

读者服务热线：(010)81055256　印装质量热线：(010)81055316
反盗版热线：(010)81055315
广告经营许可证：京东工商广登字 20170147 号

本书编委会

总 策 划	张立科　李庆欣
执 行 策 划	戴思俊　武恩玉　施　蕾　郭　静　郝　洁
主　　编	金宏强　沈齐初　唐大鑫
编委会成员	荣灌臻　苗　青　贾子龙　张中政　王建平　郭子华
特 别 支 持	徐诺娅　肖　岳　安孟盟　卢晓亭　高　明　郑　雨　苑丹丹　吴　迪 胡长健　刘利华　宋世荣　赵杰辉　朱滢华　郑子雪　马夏弋　包　含 陈时宽　苏宏振

（以上排名不分先后）

在此诚挚感谢所有为此书付出努力的京东同仁

前　言

　　搭建完舞台后，就要将演员请上来。对于商家来说，入驻京东平台后，发布的商品就是要请上来的"演员"。商品策划与发布是一个店铺运营前期最烦琐的工作。店铺的主体是商品，应该展示和销售什么样的商品是应当重点考虑的，需要商家通过对行业、竞品和目标人群的分析来确定商品的结构和价格体系。商家在选择了适合销售的商品之后，就要开始进行烦琐的发布工作了。实际上，商品发布工作只是一个流程，发布前的准备才是重点。商品拍摄、图片处理与制作等都需要与运营团队配合才能完成，甚至每一款商品的拍摄策划、布景都要有一个标准化的流程，这样才能做到事半功倍。在前期准备工作完成之后，即可打开商家后台填写商品信息，上传商品图片。真实、有效的信息是店铺品质和流量转化的根本。商家需要注意的是，在填写商品信息和上传商品图片时，要认真、仔细，注意每一个细节，因为商品发布后商品的所有信息将会直接展示给消费者。

　　本书内容包括商品策划和商品发布两部分，共8章，具体包括选品与拍摄商品、处理商品图片、制作主图与详情页、仓储物流设置、商品发布、商品视频上传与关联、商品管理和商品发布实战案例。另外，每章还专门设计了实战训练、拓展延伸和思考练习等内容。商品拍摄、图片处理这类侧重实际操作的内容，需要读者跟随操作步骤进行练习，并在实践中巩固理论知识。例如，同样是拍摄商品，吸光类商品和反光类商品的拍摄技巧却不尽相同，这就需要读者在实践中进行反复练习，尽可能地掌握商品拍摄的方法和不同类别商品的拍摄技巧，这样才能更好地完成商品发布任务。

　　本书由国内顶尖的电子商务理论专家与实战专家联合撰写，旨在为有志于进军京东平台的商家、店主、相关负责人提供指导，也希望本书能成为广大电子商务从业者的参考书。本书具有完整的体系结构，内容丰富，层次鲜明，深入浅出，图文并茂，紧扣教学理论需求，以实践为主，易于教与学。为了保证本书内容的时效性，所有数据截至2018年11月。如有不符，请以京东平台相关规则为准。

京东大学

2018年11月

目 录

01___

第1章
选品与拍摄商品

目　录

02

第2章
处理商品图片

03

第3章
制作主图与详情页

04＿＿

第4章
仓储物流设置

目　录

05

第5章
商品发布

目　录

08

第8章
商品发布实战案例

第 1 章
选品与拍摄商品

本章导读

在线商品发布是商家向消费者展示所售商品的第一步，它与实体店铺直接将商品放置在商品货架上不同的是，商家要在了解行业和竞争对手信息的基础上，选择所售卖的商品，然后拍摄用于展示商品信息的图片，再对商品的相关信息进行介绍。

知识技能

- 掌握选择商品并进行定价的方法
- 掌握拍摄商品图片的准备工作
- 掌握商品拍摄环境的构建方法
- 掌握不同商品的拍摄方法

1.1 选品与定价

　　知己知彼，百战不殆。京东平台上的商家们要想在相关类目中占有一席之地，就必须要了解自身所处的行业环境和行业的整体发展趋势、竞争对手的优势与劣势，以确定店铺的商品结构和定价，明确最终的运营计划及销售目标。在进行商品发布前，这些是必不可少的准备工作。

1.1.1 行业环境分析

　　京东平台上的商家在选择所售商品前需要先进行行业环境的分析，包括通过分析商家所在类目的销售数据，确定店铺运营推广的重点；通过分析商品属性，确定店铺的商品定位；通过分析行业关键词，指导商品的搜索优化等。下面分别进行介绍。

1. 类目销售概况

　　在"京东商智（高级版）"—"行业分析"—"行业大盘"界面中可以选择店铺所在行业的二级类目或三级类目进行数据分析。以行业类目"家用电器"为例，图1-1所示为行业二级类目"厨房小电"的大盘概况销售数据，图1-2所示为行业三级类目"电炖锅"的大盘概况销售数据。

　　从图1-1中可看出大盘概况销售数据主要包括浏览加购、搜索点击、成交转化、店铺商品4类数据指标。下面对这4类数据指标进行详细介绍。

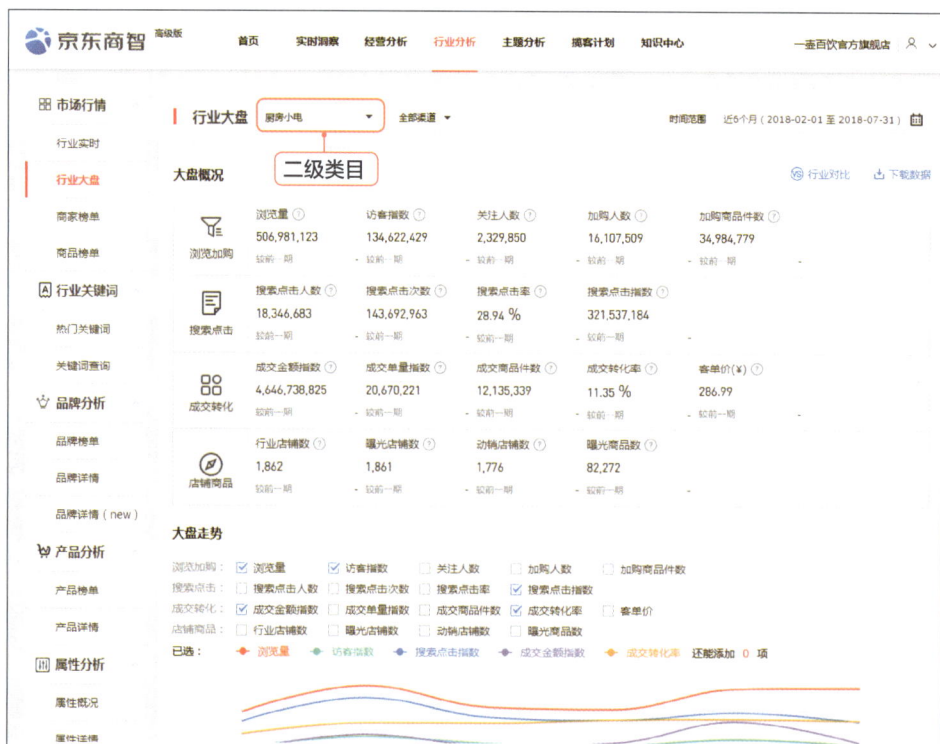

图1-1

图1-2

（1）浏览加购

浏览加购包括浏览量、访客指数、关注人数、加购人数和加购商品件数5种数据指标。下面分别对这些数据指标进行介绍。

● **浏览量**：本类目下京东POP商品的浏览数量。商家通过此指标可了解本类目下行业商品被浏览的次数，同时，通过与自己店铺该商品的对比，可以知道自己是否在关联销售、视觉营销上做得不够好，从而进行优化。

● **访客指数**：本类目下京东POP商品的访客数指标。指数越高，本类目下的访客数越高，说明本类目POP商品是吸引京东消费者的。这个类目的商品是可以通过商家的努力而运营的。

● **关注人数**：本类目下京东POP商品的关注人数。关注人数越多，本类目下京东的消费者对这类商品具有越强烈的购买需求。而店铺做好自身的关注人数，才能结合目前个性化的搜索来更好地运营自己的店铺。

● **加购人数**：本类目下京东POP商品的加购人数。加购人数越多，本类目下的商品吸引的用户越多，从而可指导商家在购物车营销方面投入更多的精力。

● **加购商品件数**：京东POP商品本类目下的加购商品数。加购商品件数越多，说明京东消费者对本类目的商品有越强烈的购买欲望，从而指导商家增加自身店铺的商品数量及丰富产品结构。

（2）搜索点击

搜索点击包括搜索点击人数、搜索点击次数、搜索点击率、搜索点击指数4种数据指标。下面分别对这些数据指标进行介绍。

● **搜索点击人数**：通过搜索结果页点击该类目下POP商品的人数，单日内去重，多日数据为单日数据的累加。

- **搜索点击次数**：通过搜索结果页点击该类目下POP商品的次数。
- **搜索点击率**：指该类目下POP商品的关键词搜索结果被搜索的次数。
- **搜索点击指数**：搜索点击次数的指数化指标。本指标为历史指标，已被搜索点击次数取代。

（3）成交转化

成交转化包括成交金额指数、成交单量指数、成交商品件数、成交转化率、客单价5种数据指标。下面分别对这些数据指标进行介绍。

- **成交金额指数**：该类目下POP商品成交金额的指数化指标。
- **成交单量指数**：所选周期内，对应类目用户付款的总订单量指数化指标，包括先款订单量(在线支付、公司转账、邮局汇款等)和货到付款订单量。
- **成交商品件数**：该类目下POP商品的成交商品件数。
- **成交转化率**：该类目下POP商品的成交转化率。
- **客单价**：该类目下POP商品的客单价。

（4）店铺商品

店铺商品包括行业店铺数、曝光店铺数、动销店铺数、曝光商品数4种数据指标。下面分别对这4种数据指标进行介绍。

- **行业店铺数**：有经营类目商品的有效POP店铺的数量。
- **曝光店铺数**：行业店铺中，该类目SPU（最小包装单元）有流量的POP店铺的数量。
- **动销店铺数**：行业店铺中，该类目有销量且有成交金额的有效POP店铺的数量。
- **曝光商品数**：该类目下有流量的POP商品的SPU的数量。

2. **商品属性分析**

商品属性分析的作用在于通过分析行业热销商品的共有属性，为商家绘制一幅可见的热卖商品画像，从而提高选品的精准度。那么，我们如何利用商品属性，来进行具体的属性分析和将其作为选品依据呢？在"京东商智（高级版）"—"行业分析"—"属性概况"页面中，商家可以通过选择类目所属商品的主体属性和扩展属性来进行分析。下面以"电炖锅"三级类目为例进行说明。

（1）主体属性分析——液晶显示

图1-3所示为"电炖锅"三级类目主体属性"液晶显示"的数据分析。选择近30天的数据，电炖锅主体属性"液体显示"的浏览量中占比较高的是支持液晶显示的，说明我们选款时一定要选带有液晶显示属性的商品。我们还可以根据自身的需求，选择对应的数据内容进行分析。

（2）主体属性分析——类别

图1-4所示为"电炖锅"三级类目主体属性"类别"的数据分析。

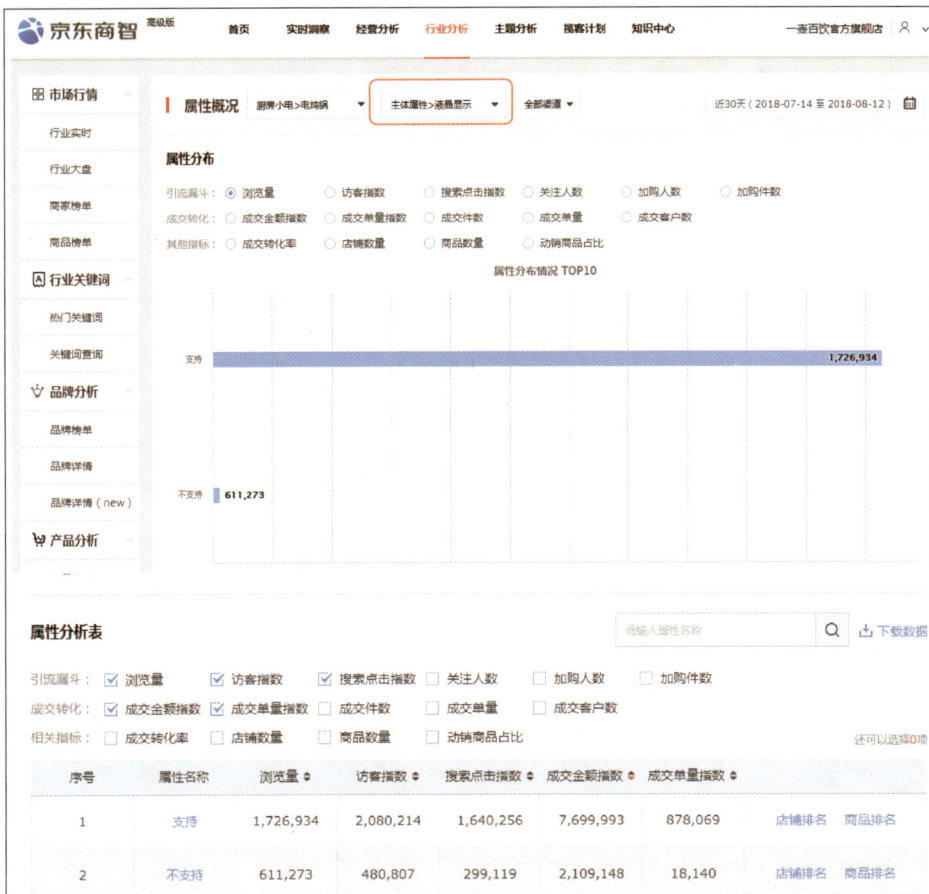

图1-3

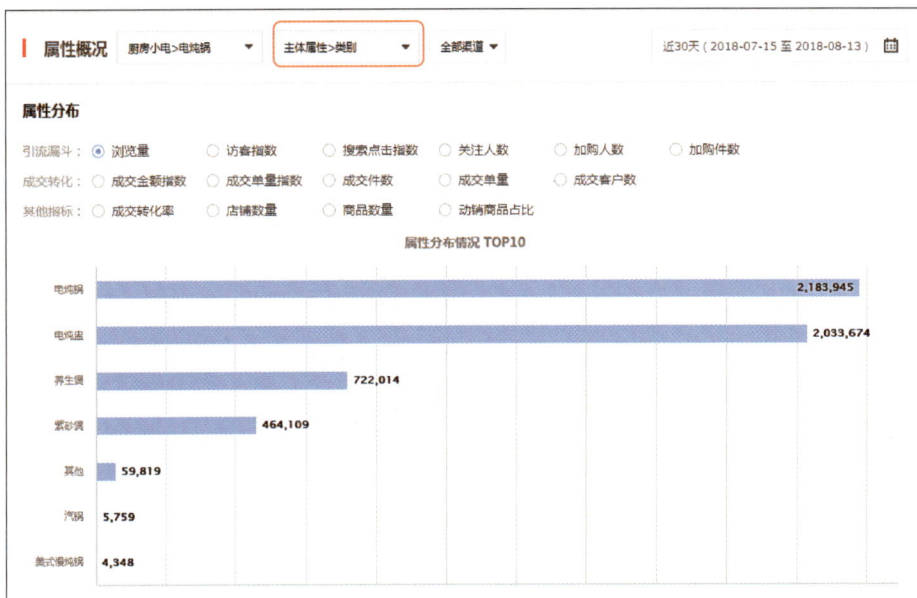

图 1-4

图 1-4（续）

由图1-4可知，主体属性"类别"中浏览量排前四位的子类目是电炖锅、电炖盅、养生煲和紫砂煲。如果要为自己店铺选择引流的商品，就离不开这几类。

同时，我们在属性分析表中选择访客指数、成交金额指数、成交转化率、店铺数量、商品数量后，可看见电炖锅、电炖盅、养生煲和紫砂煲的这几个数据指标都排名前四位，那么基本上确定了选择引流商品的标准。同时还会看到，紫砂煲的店铺数量及商品数量都较少，说明这个子类目是有很大的市场空间的，我们可以把紫砂煲定位为店铺的利润款商品。

（3）主体属性分析——定时功能

图1-5所示为"电炖锅"三级类目主体属性"定时功能"的数据分析。

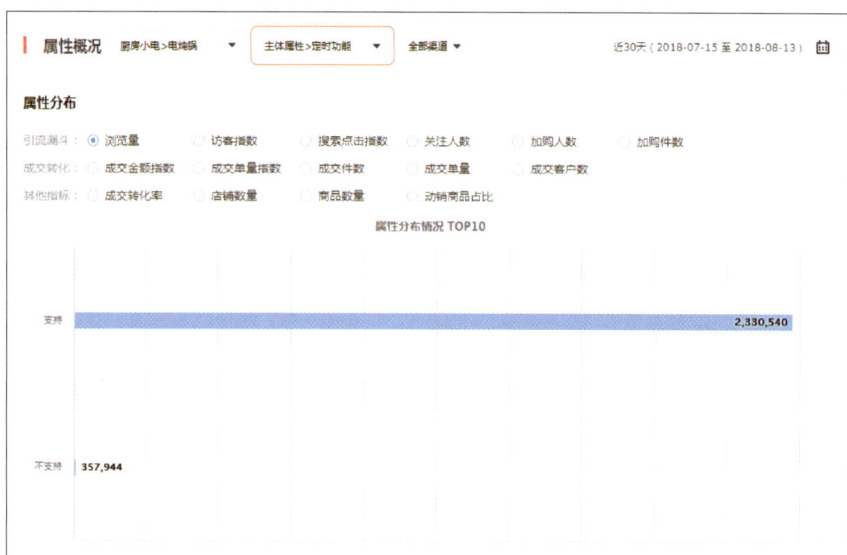

图1-5

图1-5（续）

由图1-5可知，主体属性"定时功能"中支持定时功能的商品浏览量非常高，同时从属性分析表中可看出，支持定时功能的访客指数、成交金额指数、成交转化率都是非常高的。这说明本类目下的引流商品一定是支持定时功能的商品。

（4）主体属性分析——保温功能

图1-6所示为"电炖锅"三级类目主体属性"保温功能"的数据分析。

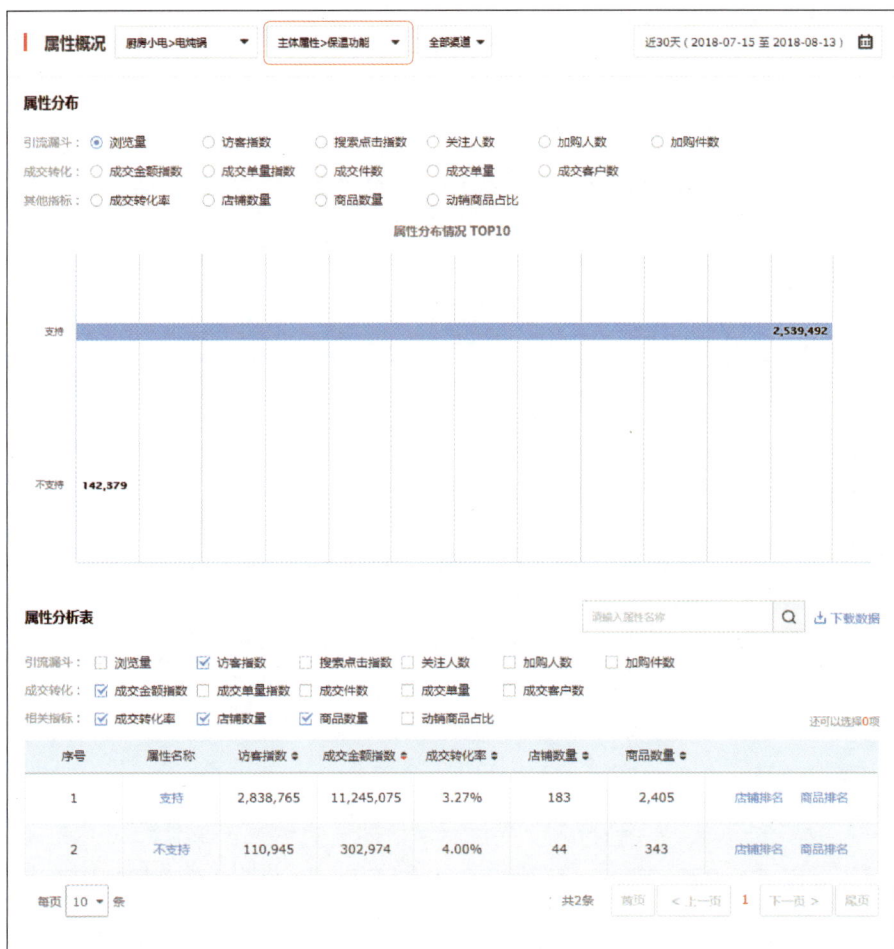

图1-6

由图1-6可知，主体属性"保温功能"中支持保温功能的商品浏览量是非常高的；同时，从属性分析表中可以看出，支持保温功能商品的各项数据表现还不错。但同时也可看出，不支持保温功能的商品成交转化率竟然是较高的，店铺数量和商品数量也不多，那么我们的店铺也要将这样的商品作为利润款，来优化自身店铺产品结构。

（5）主体属性分析——预约功能

图1-7所示为"电炖锅"三级类目主体属性"预约功能"的数据分析。由图1-7可知，主体属性"预约功能"中支持预约功能的商品浏览量是非常高的；同时，从属性分析表中可以看出，支持预约功能商品的各项数据表现还不错，那我们的店铺选择的引流商品一定要是支持预约功能的商品。

图1-7

（6）主体属性分析——控制方式

图1-8所示为"电炖锅"三级类目主体属性"控制方式"的数据分析。

图1-8

由图1-8可知，主体属性"控制方式"中微电脑式的商品浏览量是最高的；同时，从属性分析表中可以看出，属性为微电脑式的电炖锅是最受市场欢迎的。

（7）主体属性分析——内胆材质

图1-9所示为"电炖锅"三级类目主体属性"内胆材质"的数据分析。

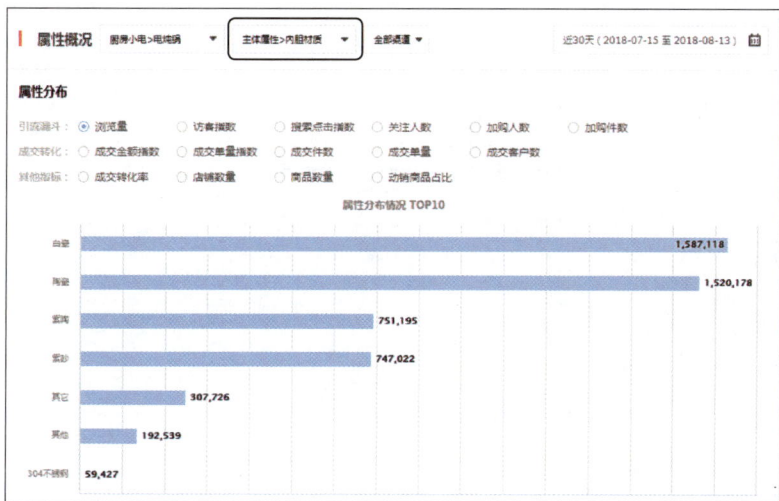

图1-9

图1-9（续）

由图1-9可知，主体属性"内胆材质"中白瓷的商品浏览量是最高的；同时，从属性分析表中可以看出，内胆为紫陶和紫砂的电炖锅的店铺数量和商品数据最少，说明竞争不激烈，可以作为利润款商品。

（8）主体属性分析——实用功能

图1-10所示为"电炖锅"三级类目主体属性"实用功能"的数据分析。

图1-10

由图1-10可知，主体属性"实用功能"中直炖和隔水炖的商品浏览量是较高的；同时，从属性分析表中可以看出，"实用功能"属性中无需加水慢炖的电炖锅的店铺数量和商品数据少，说明竞争不激烈，可以作为利润款商品。

（9）主体属性分析——防干烧自动断电

图1-11所示为"电炖锅"三级类目主体属性"防干烧自动断电"的数据分析。由图1-11可知，主体属性"防干烧自动断电"中支持防干烧自动断电的商品浏览量是较高的，说明本类目人群对这个属性是非常在意的，那我们在选款及进行商品详情页展示时可将其作为重要卖点来体现。

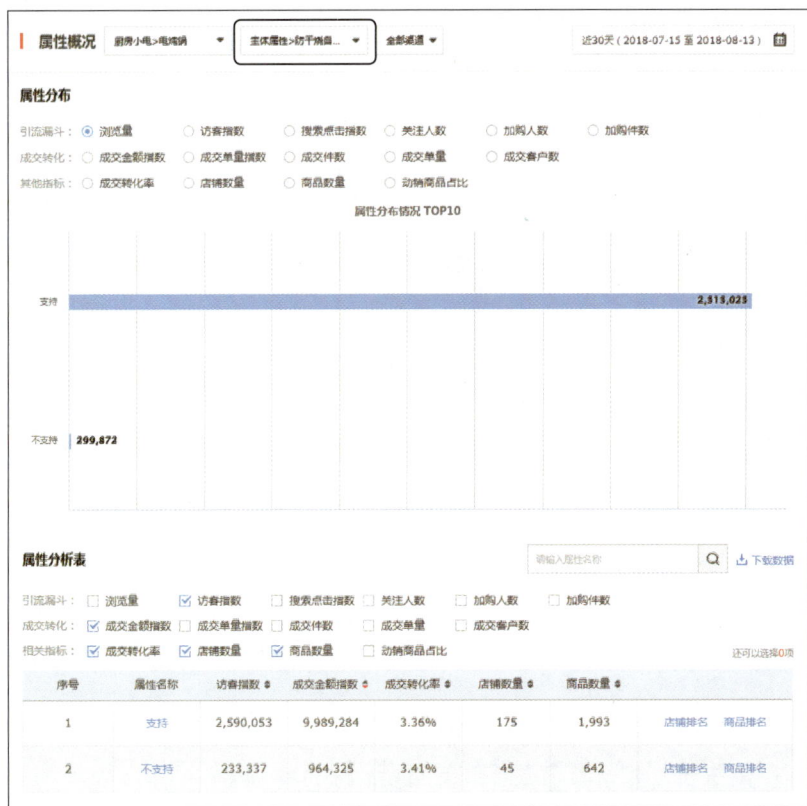

图1-11

（10）主体属性分析——温度调节

图1-12所示为"电炖锅"三级类目主体属性"温度调节"的数据分析。由图1-12可知，主体属性"温度调节"中不支持温度调节的商品浏览量是较高的，说明本类目人群对这个属性是不太在意的，那我们在选择引流商品时，选择不支持或支持温度调节的电炖锅影响都不会太大。

（11）扩展属性分析

扩展属性中有许多属性与主体属性重合，如图1-13所示，这里不再介绍，特殊情况可特殊分析。

图1-12

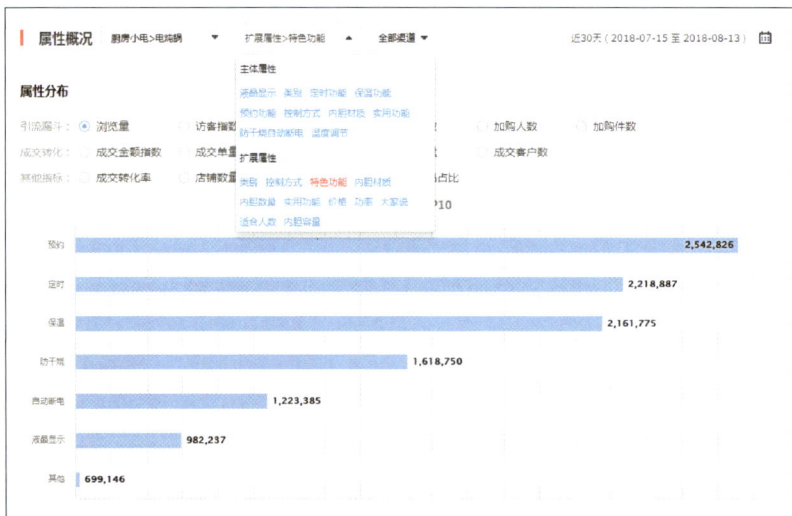

图1-13

结合上面的属性分析，我们可以得出自身店铺选择的引流商品是一款带有液晶显示功能、定时功能、保温功能、预约功能、直炖或隔水炖功能、防干烧自动断电功能、微电脑式操作功能，内胆材质为白瓷或陶瓷，不需要温度调节功能的商品。

3．行业关键词分析

行业关键词直接反映了消费者的喜好以及成交比率。虽然部分数值经过了专业化处理，但依旧能够通过排序的方法从不同维度分析关键词。分析热门关键词对于商家设置商品标题具有指导意义。

假设要分析一款产自中国的电炖锅，在"京东商智（高级版）"—"行业分析"—"热门关键词分析"界面中选择近30天的App端的数据做参考，如图1-14所示。

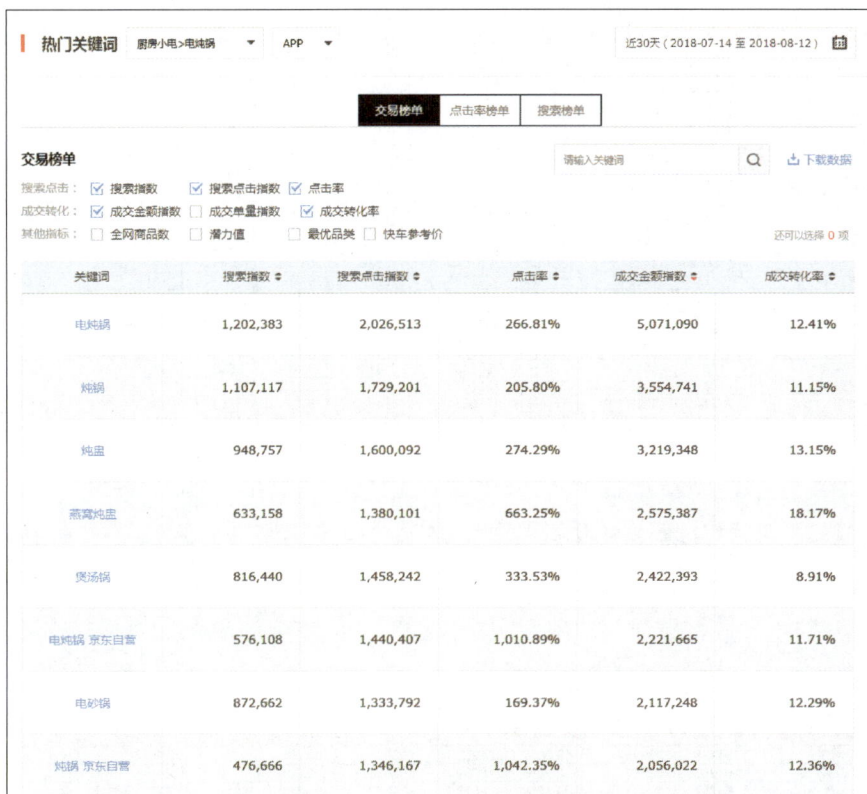

图1-14

根据该数据可以进行如下具体的分析。

（1）在数据结果界面中单击右上角的"下载数据"选项，得到相关的Excel数据文件，如图1-15所示。

图1-15

（2）删除与自身商品不相关的关键词，如小熊电炖锅这类带有品牌名的关键词。

（3）将表格中"成交转化率"这一列按"降序排序"进行重新排序，如图1-16所示。我们将选出重点关键词进行标题的组合。

	关键词	搜索指数	搜索点击指数	点击率	成交金额指数	成交单量指数	成交转化率	全网商品数	竞争度	最优品类名称	快车参考价
2	家用隔水电炖锅	164123	106945	850.00%	251988	103836	100.00%	-	0.29	-	-
3	电汤锅紫砂隔水炖	164265	108357	650.00%	216759	103836	100.00%	-	0.44	-	-
4	一锅五胆电炖锅	166767	152206	424.39%	409827	409063	40.48%	7501	1.81	电炖锅	-
5	煲汤锅 紫砂锅	164906	117141	460.00%	283067	164334	30.00%	107119	0.53	电炖锅	0.55
6	燕窝炖锅隔水炖	164764	139080	1053.85%	186202	194183	29.63%	7501	0.57	电炖锅	-
7	炖锅5L	164550	111515	500.00%	187491	125556	28.57%	-	0.74	-	-
8	煮燕窝锅	166336	210853	908.57%	341331	354276	26.15%	26549	1.4	电炖锅	-
9	炖锅 3l	164621	136352	1172.73%	215741	164334	23.08%	179069	0.37	电炖锅	-
10	电子紫砂锅	164977	114449	375.00%	203048	125556	23.08%	6121	0.72	电炖锅	-
11	电炖锅 隔水	167630	137711	250.94%	232699	150585	21.74%	7049	2.35	电炖锅	5.83
12	炖燕窝盅	185707	764564	921.62%	944081	873970	20.65%	29281	11.69	电炖锅	3
13	炖锅 隔水	167198	155153	387.23%	297360	150585	20.00%	50416	1.78	电炖锅	5.5
14	炖燕窝机	166695	142545	367.50%	257049	178879	20.00%	1404	1.99	电炖锅	-
15	陶瓷煮粥锅	165549	142545	612.50%	252253	178879	20.00%	-	1.77	-	0.44
16	全自动煲汤电炖锅	164621	110358	418.18%	228908	114286	20.00%	47415	0.42	电炖锅	0.72
17	紫砂炖锅	228265	827821	460.41%	1013652	901304	19.33%	30922	31.34	电炖锅	2.5
18	煲汤锅 电炖锅紫砂	167270	210407	660.42%	282352	298342	19.18%	51955	1.81	电炖锅	-
19	炖锅燕窝	170019	195133	327.91%	203867	210197	19.15%	32078	3.39	电炖锅	-
20	电炖锅陶瓷	172649	199434	239.34%	205996	261814	18.46%	79587	4.44	电炖锅	3.08
21	蒸炖电炖锅	166121	133330	375.00%	223678	210197	18.37%	66	1.91	电炖锅	-
22	燕窝炖盅	630431	1377788	664.98%	2558545	1394680	18.31%	86753	97.86	电炖锅	4
23	煮燕窝的锅	164835	128079	742.86%	199024	164334	17.65%	1685	0.69	电炖锅	1

图1-16

通过观察，我们发现"家用隔水电炖锅""电汤锅紫砂隔水炖""一锅五胆电炖锅"等关键词的成交转化率特别高，那么这些词就是需要我们重点关注或优化的。

（4）分别将"搜索指数""搜索点击指数""成交金额指数""成交单量指数"按"降序排列"的方法进行排列，选出各个指标中数值比较高的词，如图1-17所示。

关键词	搜索指数	搜索点击指数	点击率	成交金额指数	成交单量指数	成交转化率	全网商品数	竞争度	最优品类名称	快车参考价
家用隔水电炖锅	164123	106945	850.00%	251988	103836	100.00%	-	0.29	-	-
电汤锅紫砂隔水炖	164265	108357	650.00%	216759	103836	100.00%	-	0.44	-	-
一锅五胆电炖锅	166767	152206	424.39%	409827	409063	40.48%	7501	1.81	电炖锅	-
煲汤锅 紫砂锅	164906	117141	460.00%	283067	164334	30.00%	107119	0.53	电炖锅	0.55
燕窝炖锅隔水炖	164764	139080	1053.85%	186202	194183	29.63%	7501	0.57	电炖锅	-
炖锅5L	164550	111515	500.00%	187491	125556	28.57%	-	0.74	-	-
煮燕窝锅	166336	210853	908.57%	341331	354276	26.15%	26549	1.4	电炖锅	-
炖锅 3l	164621	136352	1172.73%	215741	164334	23.08%	179069	0.37	电炖锅	-
电子紫砂锅	164977	114449	375.00%	203048	125556	23.08%	6121	0.72	电炖锅	-
电炖锅 隔水	167630	137711	250.94%	232699	150585	21.74%	7049	2.35	电炖锅	5.83
炖燕窝盅	185707	764564	921.62%	944081	873970	20.65%	29281	11.69	电炖锅	3
炖锅 隔水	167198	155153	387.23%	297360	150585	20.00%	50416	1.78	电炖锅	5.5
炖燕窝机	166695	142545	367.50%	257049	178879	20.00%	1404	1.99	电炖锅	-
陶瓷煮粥锅	165549	142545	612.50%	252253	178879	20.00%	-	1.77	-	0.44
全自动煲汤电炖锅	164621	110358	418.18%	228908	114286	20.00%	47415	0.42	电炖锅	0.72
紫砂炖锅	228265	827821	460.41%	1013652	901304	19.33%	30922	31.34	电炖锅	2.5
煲汤锅 电炖锅紫砂	167270	210407	660.42%	282352	298342	19.18%	51955	1.81	电炖锅	-
炖锅燕窝	170019	195133	327.91%	203867	210197	19.15%	32078	3.39	电炖锅	-
电炖锅陶瓷	172649	199434	239.34%	205996	261814	18.46%	79587	4.44	电炖锅	3.08
蒸炖电炖锅	166121	133330	375.00%	223678	210197	18.37%	66	1.91	电炖锅	-
燕窝炖盅	630431	1377788	664.98%	2558545	1394680	18.31%	86753	97.86	电炖锅	4

图1-17

（5）把各个数据维度中排名靠前的词按照京东标题规则进行标题组合，就可以得出最佳的标题及重点优化的关键词。

1.1.2 目标用户分析

除了进行行业环境和竞争对手分析外，商家还要对平台的主要目标用户群体进行分析。目标用户群体是网店的潜在消费者，是支撑网店运行的基石。不同消费者的职业、收入水平、性别、年龄、生活习惯和兴趣爱好等不同，消费行为也不同。因此，要在商品发布前做好消费群体分析，找到与自己商品定位相符的消费者，明确哪些消费者是自己的销售人群，这样才能针对这些人群来制订销售计划，激发他们的购买欲望。目标用户分析是一个长期的过程，商家不仅要在商品定位时进行分析，还要在商品销售的过程中随时观察用户群体的变化，以保证运营计划的顺利实施。按照消费群体在商品营销过程中身份的变化，其可分为购买人群、使用人群和宣传人群。对这些人群进行分析，就可以很好地定位店铺的目标用户群体，随时调整店铺的运营计划，更好地满足消费者的需求，进而提高店铺的销售额，获得更多的收益。下面我们介绍一下京东商智（高级版）提供的用户人群画像功能。

（1）在"京东商智（高级版）"—"行业分析"界面左侧中，单击"人群画像"—"搜索人群"选项，可打开搜索人群界面，如图1-18所示。

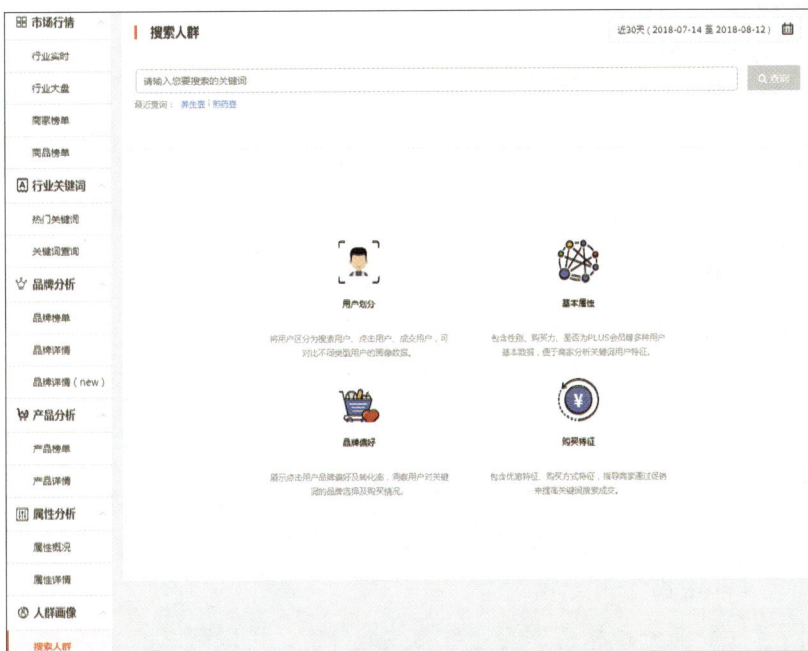

图1-18

类目下的用户可划分为搜索用户、点击用户、成交用户，可对比不同类型用户的画像数据。基本属性中包括了类目下用户的性别、购买力、是否为PLUS会员等各种用户数据，便于商家分析用户特征。品牌偏好中包括了点击用户品牌偏好及转化率等数据，便于洞察用户的品牌选择及购买情况。购买特征中包含了优惠特征、购买方式特征等数据，便于指导商家通过促销来提高关键词搜索，以促进成交。

通过这些人群画像的数据分析，商家基本可以知道在京东平台上购买本类目商品的用户特征，方便商家进行产品结构、页面装修、商品详情页的优化及调整。

（2）在"京东商智（高级版）"—"行业分析"界面左侧中，单击"人群画像"—"客户分析"选项，可打开客户分析界面，图1-19所示为客户分析的界面。

图1-19

由图1-19可知，我们可以在客户分析结果的界面中看到老成交客户和新成交客户所占的比例、性别比例、年龄阶段分布、消费人群的地域分布、消费的价格区间等，以便我们进行店铺消费群体的定位和会员营销。

图1-20所示为职业分布和京享值分布的数据分析，可以帮助商家优化产品端、视觉端，让商家更好地了解京东用户在本类目下的消费层级。

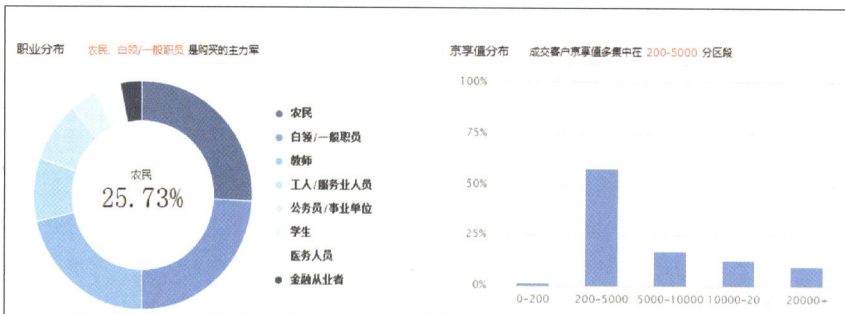

图1-20

图1-21所示为客户行为数据分析。此图中列出了本类目的成交时段分布，可以帮助商家选择最佳的推广时间段。

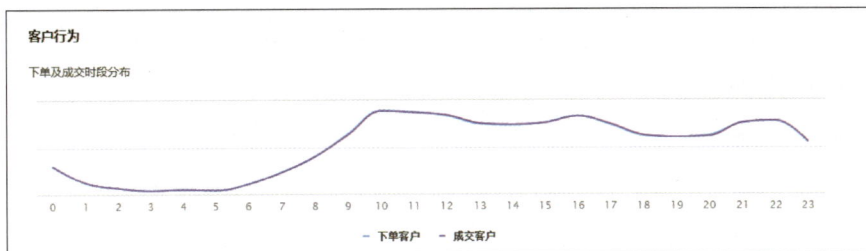

客户行为

下单及成交时段分布

图1-21

图1-22所示为关键词偏好和支付方式偏好分析。此图中列出了本类目下京东的消费者会通过哪些关键词搜索进入店铺，方便商家做自然搜索和推广关键词的优化；也列出了支付方式的比例，方便商家选择本类目下是否开通货到付款等支付方式。

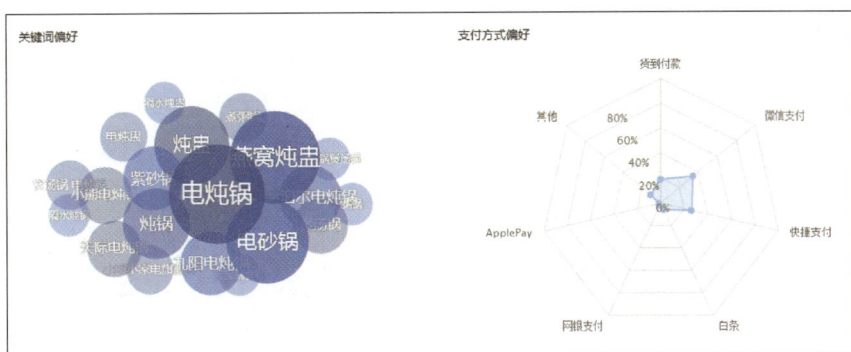

关键词偏好　　　　　　　　　　　支付方式偏好

图1-22

图1-23所示为属性偏好分析和购买力分布。此图中列出了本类目下消费者对商品的偏好是什么，便于商家在产品结构和视觉营销方面进行优化。同时，购买力分布可让商家了解到本类目下消费人群的分布情况，方便商家对产品结构及时做出调整与优化。

属性偏好　　　　　　　　　　　购买力分布 成交客户中 高级白领 居多

图1-23

图1-24所示为促销敏感度和评论敏感度分析。此图中列出了本类目下消费者的促销敏感度是否很高，可让商家思考日常营销中是否应该多设折扣，多开展营销活动来吸引这部分消费者。同时，评论敏感度可以让商家及时优化商品的属性，及时处理商品的中差评。

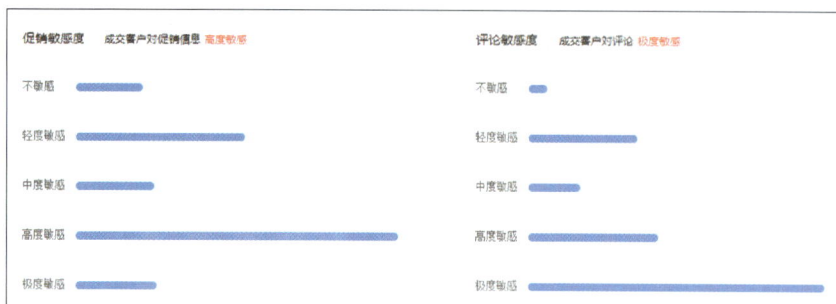

图1-24

图1-25所示为消费能力分析。此图中列出了本类目下近90天消费者的购买频次分布和成交金额分布，商家以这些数据为参考，可以更好地制订营销计划。

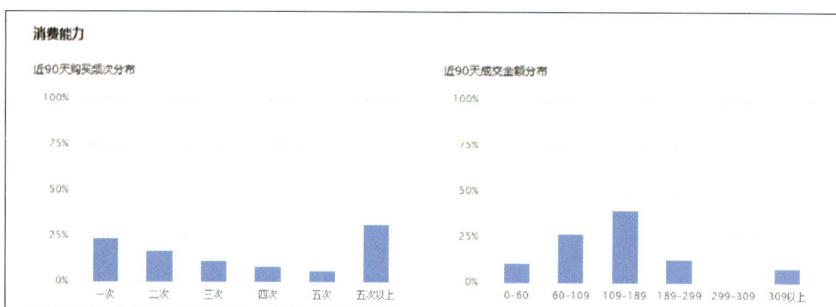

图1-25

图1-26所示为购买偏好分析。此图中列出了本类目下消费者的品牌购买偏好，可以让商家了解本类目的消费者是否注重商品品牌。

图1-26

图1-27所示为类目购买偏好分析。此图中列出了购买本类目的消费者还喜欢购买哪些类目的商品，可方便商家在做推广时更精准地进行人群定位及类目的数据管理。

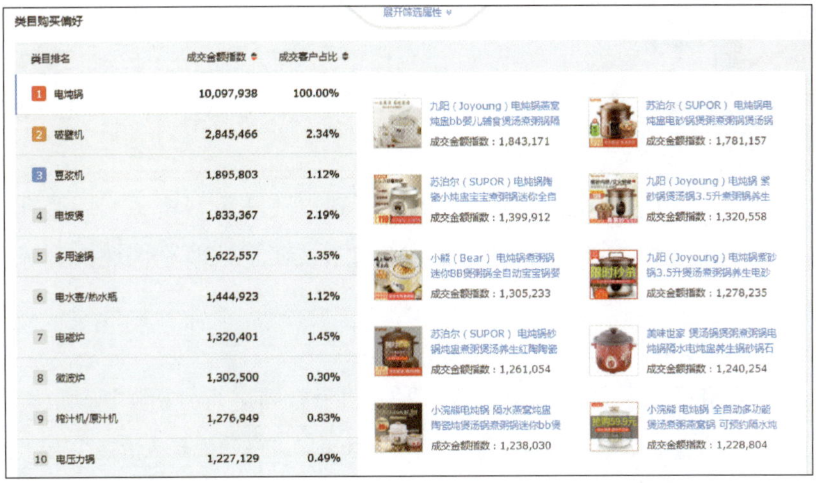

图1-27

1.1.3 竞品分析

竞品是指商家的竞争商品。竞品分析就是指商家对竞争对手的商品进行比较分析。商家只有熟悉竞争对手商品的优劣势，全面地了解竞品，才能使店铺在设置商品定价、选择关键词、设置促销节奏及主推商品等方面更具有针对性。在京东平台上，商家可以通过竞品关键词、竞品详情页、竞品服务三个方面来进行具体的分析。

1. 竞品关键词分析

在京东平台的"京东商智（高级版）"—"行业分析"—"商品榜单"界面中，通过选择类目及时间节点可获得该类目下的热卖商品榜单，单击商品后的"详情"超链接可以看到关于该商品的相关信息分析，包括大盘走势、流量来源TOP10、引流关键词TOP5、关联购买商品。如图1-28所示，标注框内的关键词都是竞品的引流关键词。

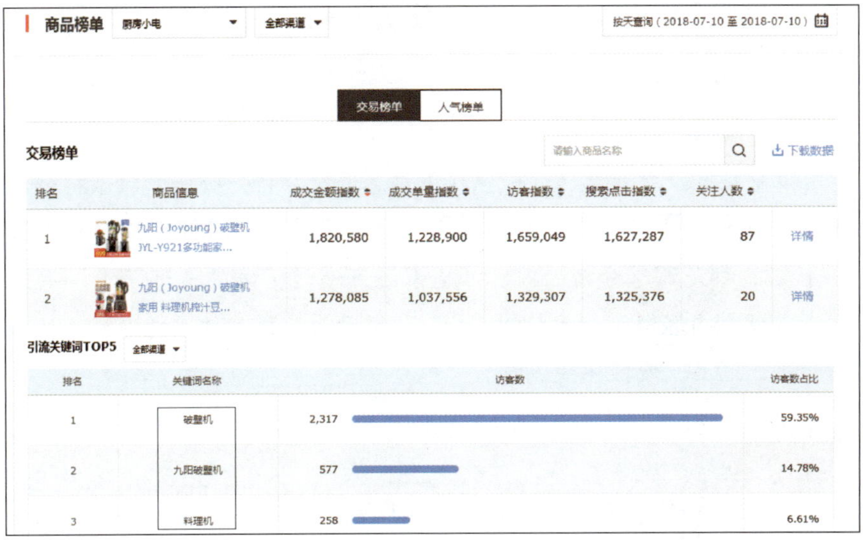

图1-28

动手一试

进入京东商家后台，在"行业分析"—"商品榜单"页面中查看热销商品的关联购买信息，若有多款热销商品，对比分析其关联的效果。

在新品推广初期，商家需制订初步的推广计划，关注免费资源，后期在搜索排名中可以将这几个关键词作为主推关键词。该操作的意义在于让商家快速找到流量与销量兼备的优质关键词。

2. 竞品详情页分析

竞品详情页分析可主要从竞品的促销和评价两个方面进行分析。

● **看促销**：通过竞品促销信息，商家可以得知竞品的促销活动情况。图1-29所示的商品促销信息为满××元另加××元换购热销商品，单击"详情"超链接后发现换购商品的价格为8.16元的老干妈辣酱、23.9元的菜籽油，可见促销力度并不大，优势不明显。

图1-29

● **看评价**：商家可以从竞品的评价中找出信息进行分析，分析竞品做得好与不好的方面，做得好的方面可以借鉴。京东商品的评价会显示总体的好评度，以及不同的买家评价标签。所有信息都是商家分析的内容，商家还可通过下方的全部评价、晒图、追评、好评、中评、差评等内容做进一步分析。图1-30所示为某商品的中评内容，从中可看出买家对商品的价格、赠品、物流不太满意。

提示

评价对于京东的商品而言非常重要，消费者一般会去商品详情页了解中差评究竟有哪些内容，再决定是否购买。所以，维护好评价是运营中非常重要的一个环节。

图1-30

3. 竞品服务分析

京东平台的竞品服务分析内容主要包括增值保障、京东服务、白条分期三项，如图1-31所示。商家也可根据自身店铺的情况，提供更多的商品服务，以促进商品转化率的提高。

图1-31

1.1.4 确定店铺的商品结构

店铺中的商品一般包含引流款、利润款、活动款、形象款、备用款五种类型。商家在开店初期需要用引流款商品为店铺带来更多的流量，但是引流款商品利润微薄，因此商家需要用利润款商品提高店铺的利润率。活动款商品专门用于参与店铺及官方平台促销活动，价格弹性较大。形象款商品用于店铺的形象展示，对店铺品牌提升具有调节作用。备用款商品就是用作替代其他四款商品的商品。

1. 引流款商品

引流款商品是指能给店铺和店铺中其他商品带来流量的商品。因此，引流款商品的价格不能过高。引流款商品不是店铺利润的主要来源，一般情况下它是不获利或获利很少的。

另外，引流款商品的备货要充足，建议每家店铺设置3~5款引流款商品，这样商家的成本投入就不会过高。

2. 利润款商品

追求利润是店铺运营的终极目标，利润款商品就是店铺中主要赢利的商品。一般而言，店铺中除了热销款商品和引流款商品，其他商品都是利润款商品。虽然利润款商品的流量不多，但是利润相对较高。

3. 活动款商品

（1）活动款商品用于参加店铺与官方平台的活动。

（2）活动款商品要具备以下四个特点。

● 进行大力度促销后还有利润空间；

● 有评论数（建议在200条以上）；

● 好评率建议在92%以上；

● 库存数量一定要充足。

4. 形象款商品

形象款商品应该选择高品质、高客单价的小众商品。形象款商品可以有3~5款，以适合目标客户群体中的3~5种细分人群。形象款商品带来的销售额仅占全店销售额的一小部分，这些商品的作用就是提升店铺品牌的形象。

5. 备用款商品

常规的四种商品随时可能会发生特殊情况，商家要提前布局，准备好对应款的备用款，一旦四种商品产生供应链或其他问题，备用款商品要及时跟上，以避免店铺商品结构不完整而给店铺带来损失。

> **提示**
>
> 店铺商品结构布局需要充分结合商品的特点进行具体分析。引流款、利润款等分类仅供参考。

1.1.5 商品定价策略

价格是影响商品销量和网店利润的重要因素，要在以上内容的基础上进行综合分析，并采用合适的定价策略来吸引消费者。常用的定价策略有成本叠加法、竞争对手定价法、非整数定价法、价格分割法、心理定价法、组合定价法等，下面分别进行介绍。

● **成本叠加法**：成本叠加法是在成本的基础上以相对稳定的加成率进行定价。采用该方法定价需要核算成本，成本核算方法可参考图1-32。

图1-32

提示

扣点就是在商品销售价格的基础上进行折扣的百分比，如10个扣点，就是指将实际销售价格的10%作为给平台的佣金。如参加京东拼购活动需要1个扣点。

● **竞争对手定价法**：竞争对手定价法就是参考与店铺主推商品相似度高的竞品的定价。可在京东平台上以商品的主要搜索关键词进行搜索，在搜索结果前三页中寻找与自己商品相似度较高的商品，在其价格基础上综合自身能力进行定价。图1-33所示为关键词"门锁 防盗 指纹锁"搜索的相关商品的定价。

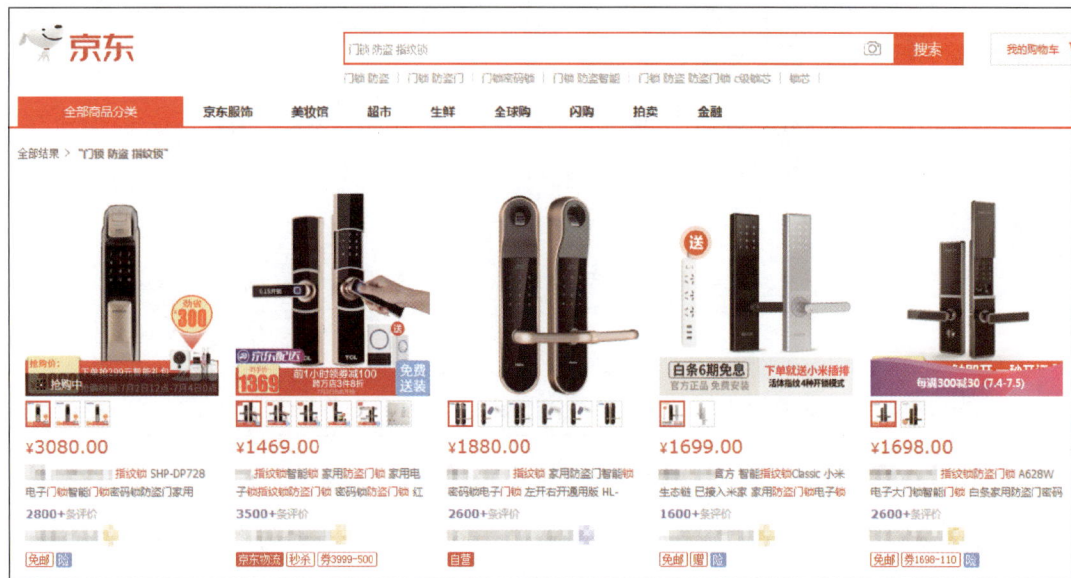

图1-33

● **非整数定价法**：非整数定价法是指将商品定价不取整数而取带零头的定价方法。例如，将商品定价为39.9元，而不是40元。该定价方法可有效地促使客户下单，如图1-34所示。

图1-34

● **价格分割法**：价格分割法迎合了消费者寻求低价的心理，此方法将商品的计量单位细化，按照最小的计量单位报价。价格分割法会对消费者产生心理暗示，让消费者认为该商品比其他竞品更便宜。例如，羽毛球大多12个一起销售。如图1-35所示，左图羽毛球则3个一起销售，此法将计量单位细化后，价格随之降了下来，这样很容易吸引消费者并给消费者更多的购买数量选择，而非最少购买12个。

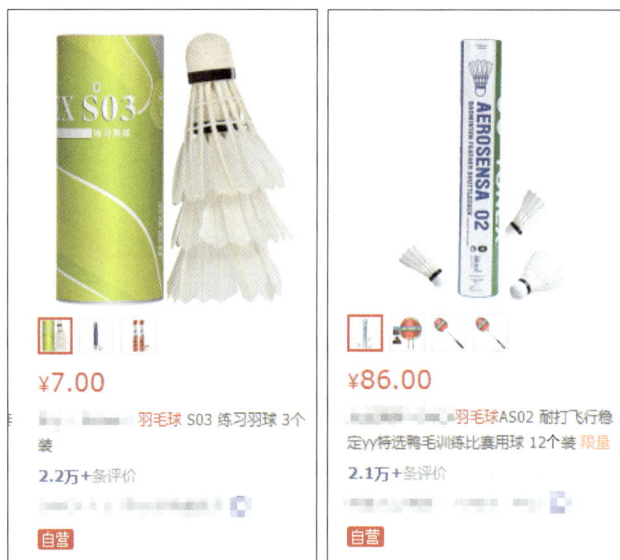

图1-35

● **心理定价法**：一般来说，任何商品都能满足消费者在某方面的需求，商品的价格与消费者的心理预期有很大的关系，这为心理定价法的运用提供了基础。商家在给商品定价时，可以利用客户的心理因素，有意识地将商品的价格定得高一些或低一些，以满足客户多方面的需求，并可以借助消费者对商品的偏爱或忠诚扩大销售份额，以获得最大的收益。市场上的相册一般定价40~50元，而相册是一款需要长久保存的商品，客户保存的不是一本相册，而是一份珍贵的记忆，所以消费者会很重视相册的质量。图1-36所示为某店铺抓住了客户的这个心理，将相册的价格定为198元进行销售。

图1-36

● **组合定价法**：组合定价法是指对于互补商品和关联商品，商家为迎合客户的某种心理，往往把个别商品的价格定得高一些或低一些，形成一个价格区间，以让客户有更多的选择，有效地促进商品的销售，从而取得最大的整体经济效益，如图1-37所示。组合定价法属于心理定价法的范畴。

图1-37

动手一试

按照上面介绍的方法，为商品寻找竞品，并制订不同的价格策略，分析哪种策略最佳，并将其运用到销售过程中，观察其效果。

1.2 拍摄准备

电商销售是通过视觉将商品信息传达给消费者的，一组好的图片是提高点击率、转化率的重要前提。特别是在京东平台上，单品展示的重要度远高于店铺展示，商品图片呈现效果的好坏会直接影响商品的销售。因此，将商品真实、清晰地呈现在消费者的面前是商家必须要做好的一项基本工作。这就需要商家掌握商品拍摄的相关知识，明确拍摄的方式，熟悉拍摄器材并学会制订拍摄方案。下面将详细介绍这些知识。

1.2.1 选择拍摄的方式

从商品拍摄的难度、便利性等角度看，商家可选择自己拍摄商品图片或请摄影公司拍摄。这两种方式各有利弊，商家需结合店铺的实际情况进行考虑。

1. 自己拍摄商品图片

自己拍摄商品图片的最大好处是灵活度高和实效性强，如果对商品的视觉效果不满意，则可以及时优化和再次拍摄。这种方式尤其适用于更新换代较频繁以及对上新速度和应季性要求较高的类目。

提示

随着智能手机的快速发展，特别是手机镜头拍摄功能的不断提高，近年来比较火热的手机品牌都在围绕拍摄功能进行竞争。如果开店初期预算不足，用高像素、拍摄功能较强大的智能手机进行商品拍摄也未尝不可。不过，为了拍摄出立体感更好的图片，建议配合台灯、强光手电筒、柔光纸等拍摄辅助道具。

2. 摄影公司拍摄

商家团队还在磨合中，商品上新速度太快，商品视觉效果始终不理想……当商家还不具备拍摄条件时，可以在"商家后台"—"京麦服务市场"—"运营服务"—"摄影服务"界面中找到众多提供商品拍摄、文案策划、详情页设计、促销海报图设计制作等一站式服务的摄影服务商，如图1-38所示。若希望在本地拍摄，则可以通过搜索引擎（如百度、360 等）或者导航类网站（如58同城、赶集网等）找到服务提供商，这样相对来说沟通、配合会更顺畅。

图1-38

1.2.2 熟悉拍摄器材

自己拍摄商品图片的前提是需要有一位较为专业的摄影师，以及10m²以上的拍摄空间、一台专业的单反相机（镜头根据实际需要可以选择变焦镜头、定焦镜头、微距镜头等。如果需要进行外景拍摄，则要配备长焦镜头和广角镜头）、三脚架、两盏以上的摄影闪光灯（柔光箱）、静物台（适合静物小件）、背景布、引闪器、反光板、测光表、道具配饰等，如图1-39所示。

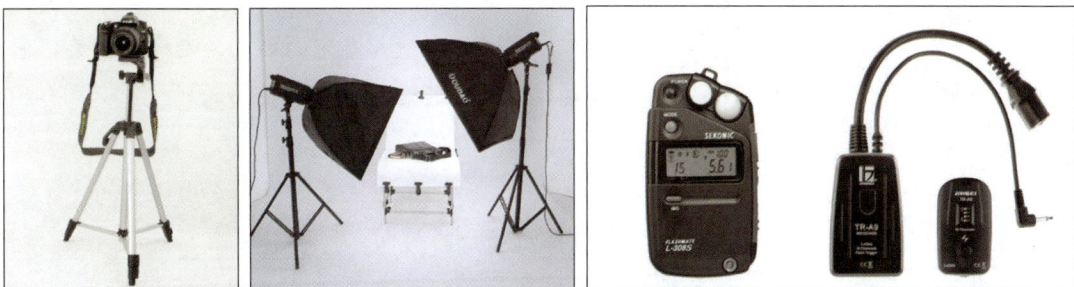

图1-39

● **单反相机**：单反相机又称单镜头反光照相机，是指用单镜头并通过此镜头反光取景的相机。它是目前商品拍摄最常用的相机，不仅可随意换用与其配套的各种广角、中焦距、远摄或变焦距镜头，还具有很强的扩展性，可使用偏振镜、减光镜等附加镜头，也能在专业辅助设备（如闪光灯、三脚架）的辅助下拍摄出质量更佳的照片。图1-40所示为单反相机及各种镜头。

● **三脚架**：将相机固定在三脚架上可以保持相机的稳定，适用于在长时间曝光的情况下防止相机抖动而使画面模糊。三脚架按照材质分类可以分为木质、高强塑料材质、合金材质等多种材质。其中，铝合金是最常见的材质，铝合金三脚架体积小且结实；钢材质稳定性强，缺点是笨重、不便携带，如图1-41所示。

● **静物台**：静物台是摄影棚中的一种主要设备，主要用于拍摄小型静物商品，展示出商品最佳的拍摄角度与外观效果。标准的静物台相当于一张没有桌面的桌子，在其上覆盖了半透明的用于扩散光线的大型塑料板，以便消除被摄物体的阴影。其高度可以按照要求进行调节。放置塑料板的支架的角度也可以在一定范围内转动和紧固，以适应不同的拍摄需要，如图1-42所示。

图1-40

图1-41

图1-42

图1-43

● **柔光箱**：柔光箱能柔化较强的光线，使光质变得更加柔和。很多商品，尤其是表面反光的商品，需要有很均匀和广阔的光照，此时就需要用柔光箱来进行辅助拍摄。柔光箱能够在普通光源的基础上通过一两层的扩散，使原有光线的照射范围变得更广，成为漫射光。柔光箱多用反光材料附加柔光布等制成，以使其发光面更大、光线更柔美、色彩更鲜艳，尤其适用于反光物品的拍摄，如图1-43所示。

● **闪光灯**：能在很短时间内发出很强的光，是照相感光的摄影配件。闪光灯常用于光线较暗场合的瞬间照明，也用于在光线较强的场合给被拍摄对象局部补光。根据功能与性能的不同，其可分为内置闪光灯、机顶闪光灯和影棚闪光灯等。对于商品拍摄而言，内置闪光灯会直接将强光照射在拍摄的商品上，产生的阴影会影响商品拍摄的效果，因此不建议使用。机顶闪光灯价格较贵。影棚闪光灯可以满足室内高要求的拍摄，对闪光灯的输出光亮及色温都有相应的辅助作用，适用于商品拍摄，但体积较大，如图1-44所示。

图1-44

● **无线引闪器**：主要用于控制远处的闪光灯，让闪光跟环境光融合得更自然。无线引闪器包括发射器和频段接收器两部分，发射器安装在相机热靴上，频段接收器连接其他闪光灯灯具。其一般在影棚里配合各种灯具使用，如图1-45所示。

图1-45

● **反光伞**：通常用于拍摄人像或具有质感的商品。反光伞有不同的颜色，在商品拍摄中最为常用的是白色和银色，它们不改变闪光灯光线的色温，是拍摄时的理想光源。图1-46所示为反光伞。

● **反光板**：反光板能让平淡的画面变得更加饱满，体现出良好的影像光感、质感，起到突出主体的作用。反光板主要包括硬反光板和软反光板两种类型。图1-47所示为反光板。

● **背景布**：背景布是商品拍摄过程中不可缺少的设备，它可以更好地衬托出商品的特点，使商品更加完美地展示。背景布的颜色丰富，但要简洁，不能太花哨，防止产生喧宾夺主的效果。图1-48所示为背景布。

图1-46

图1-47

图1-48

● **其他工具**：拍摄商品时，除了需要以上介绍的主要辅助器材外，还需要使用一些小工具，如用来固定的小夹子、双面胶、黏土，用来吸光的黑卡、灰卡，用来柔光的硫酸纸，以及防止留下指纹的手套等。

1.2.3 商品的清洁与摆放

保证拍摄商品的干净与整洁是拍摄的前提。拍摄商品照片前，首先需要擦拭商品，保证商品表面没有污渍或指纹；其次，虽然商品的外部形态无法改变，但拍摄时可以充分发挥想象，通过二次设计和美化商品的外部曲线，使其具有一种独特的设计感与美感，也可以从不同的角度来拍摄商品，有些商品的正面好看，有些商品的侧面好看。因此，要从最能体现商品美感和特色的角度进行拍摄，选择最能打动消费者的角度来展现商品。一般来说，除了正面图外，还需拍摄侧视图，如20°~30°侧视、45°侧视的图片，如图1-49所示，每个角度拍2~3张图片，从而比较全面地展现商品的特点。

当需要拍摄多件商品时，还要注意多件商品在同一个画面中的摆放方式，既要考虑造型的美感，又要符合构图的合理性。因为画面上内容多容易导致杂乱，此时可采用有序列和疏密相间的方式进行摆放，使画面显得饱满丰富，如图1-50所示。

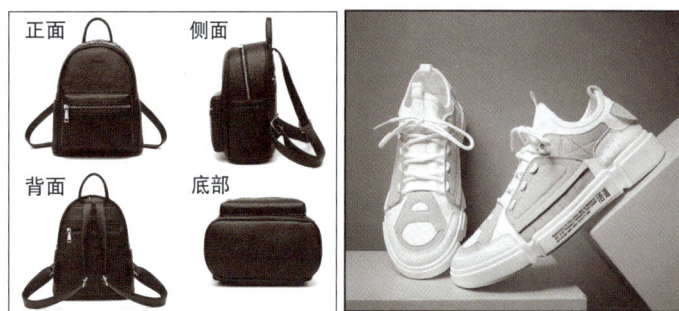

图1-49

图1-50

1.2.4 制订拍摄计划

拍摄商品图片前，需要根据商品的特点制订商品拍摄计划表，说明商品的拍摄标准，包括受众需求、细节优化、拍摄风格等，以明确拍摄方向，合理掌握拍摄的时间进度，并能够完整地展现出商品的特点。以男士短袖衬衫为例，其拍摄计划表如表1-1所示。

表 1-1 男士短袖衬衫拍摄计划表

项目名称	拍摄要点	拍摄环境	拍摄张数
细节特写	细节展示 ● 款式展示：领口、纽扣、袖口、胸标刺绣 ● 材质细节：微距拍摄面料、颜色 ● 做工细节：微距拍摄走线、布料	视具体内容而定	20
整体大图	正面、背面	摄影棚	6
多角度图片	侧拍、俯拍	摄影棚	4
功能信息	铭牌	无要求	3
参数信息	衣服平铺测量其尺寸	静物台	1
款式颜色	各种颜色单独拍摄、多色组合拍摄、多色码放整体拍摄	静物台	5
细节特写	面料、肩膀、领口、袖口、纽扣、洗水标、领标、开叉、胸标刺绣	摄影棚或室外	9
卖点信息	品牌或商标	静物台	2
模特图	模特棚内穿拍	摄影棚和室外	3
包装效果	无		
实力资质	品牌吊牌、质检证书	静物台	2

1.3 相机设置

拍摄商品图片前需要熟悉相机的各种设置，包括白平衡、对焦、曝光、光圈、景深、快门和感光度等影响照片拍摄质量的因素。下面将对这些内容进行详细介绍，帮助读者掌握使用单反相机拍摄商品图片时的参数设置方法。

1.3.1 白平衡设置

白平衡就是数码相机对白色物体的还原。即使在不同的光照条件下，人眼也能把白色物体确认为白色。也就是说，当图片正确地反映白色时，其他的色彩反映便正确、平衡，所以可将白色作为确认其他色彩是否平衡的标准。人眼在不同的光照条件下能辨别固有色，但数码相机没有人眼的适应性，在不同的光照条件下，CCD输出的不平衡性会造成数码相机彩色还原失真，可能会偏红、偏黄或偏蓝。为了使拍出的照片还原被拍摄物体真实的色彩，数码相机必须根据光源来调整色彩。大部分相机至少提供了5种白平衡模式，如自动、白炽灯、荧光灯、晴天、闪光灯、阴天、背阴等，如图1-51所示。

- **自动白平衡**：自动白平衡是数码相机的默认设置，一般用AUTO或AWB表示。相机中有一结构复杂的矩形图，它能决定画面中的白平衡基准点，以此进行白平衡的调校。这种自动白平衡的准确率较高，如图1-52所示。在室外日光适宜的情况下进行拍摄时，自动白平衡一般不会出现大的偏差，但在多云的情况下，自动白平衡的效果较差，可能会出现偏蓝的现象。

- **白炽灯白平衡**：白炽灯白平衡又叫钨光白平衡，通常在白炽灯的光线下拍摄的照片会有偏黄、偏红的现象。此时，将白平衡模式调整为白炽灯模式，会加强图像的蓝色，从而还原图片的色彩。

- **荧光灯白平衡**：该模式适合在荧光灯下进行白平衡调节。荧光的类型较多，如暖白和冷白，因此，有些相机不止一种荧光灯白平衡调节模式。摄影师需确定荧光的类型，然后进行白平衡设置。在办公室和商城里进行拍摄时，可使用该模式。

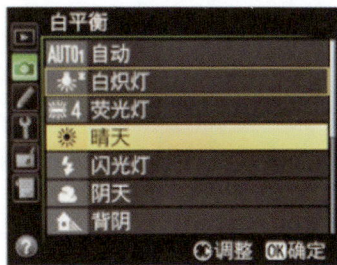

图1-51

- **晴天白平衡**：晴天白平衡适用于与正午日光色温类似的光线条件。

- **闪光灯白平衡**：在将闪光灯作为主光源时，可选择闪光灯白平衡模式，用于补偿闪光灯光线偏冷的现象，可改变画面偏冷、人物皮肤苍白的问题。

- **阴天白平衡**：该模式可将昏暗处的光线设置成原色状态，阴天白平衡能让偏冷的光线稍微暖一点。

- **背阴白平衡**：阴影处的色温最高，背阴白平衡可补

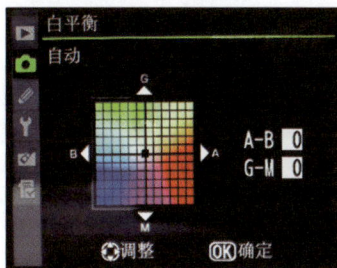

图1-52

偿阴影处的冷色，使拍摄的照片看起来色调较暖。

● **手动白平衡设置**：在光源较复杂的条件下，需要手动调整白平衡来还原真实的颜色。在手动调整时，需要先选择"PRE手动预设选项"，再将白纸或看起来是白色的物体作为参照物进行调整。

1.3.2 对焦设置

对焦是指调节相机镜头，使一定距离处的被摄物能清晰成像的过程。对焦准确是保证画面质量的关键，否则会使画面模糊，主体物不清晰。对焦分为自动对焦与手动对焦。现在的单反相机都有自动对焦功能，对准被拍摄物，半按快门按钮便能对焦。手动对焦需要转动对焦环来找到对焦点。

很多厂商会标明相机自动对焦感应点（AF点）的多少、类型与排列方式，商家应根据个人需要进行选择。高端的单反相机有多达45个甚至更多的AF点，但一般相机只拥有极少的AF点。图1-53所示为AF点的分布。AF点又分十字形与一字形。目前，大多数的数码单反相机采用十字形自动对焦感应点。AF点的数目及准确度会随光圈的大小而变化，一般而言，光圈越大，可使用的AF点就越多，准确度亦越高，如图1-54所示。

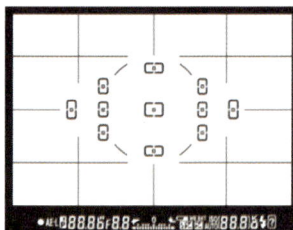

图1-53

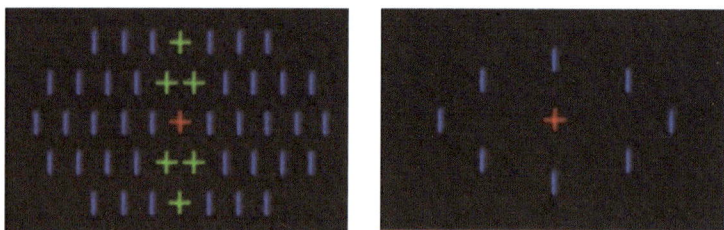

图1-54

自动对焦分为单次自动对焦和连续自动对焦两种方式。单次自动对焦拍摄静物时，可半按快门进行自动对焦。对焦成功后，维持半按快门的状态进行取景构图。在取景构图完成后，全按快门进行拍摄，被摄物体依然清晰。但若拍摄移动中的被摄物体，如行走的人时，相机不会再次自动对焦。如果按下快门，对焦将不准确，此时就需要使用连续自动对焦（通过追焦系统自动判断）功能来进行拍摄，以弥补单次自动对焦的不足。在对动态物体进行追焦时，该被摄物体的移动方式、光线的充足度、镜头的类别、AF点的多少等因素都会影响自动对焦的效果。

1.3.3 曝光模式与曝光补偿

曝光是指被摄物体反射的光线，通过照相机镜头投射到感光片上，使之发生化学变化，产生潜影的过程。曝光影响着图像的清晰度和颜色：曝光过度，会使画面太亮而丢失细节；曝光不足，会导致画面太暗，不能清晰显示图像。

1. 曝光模式

曝光效果由光圈大小和快门速度决定。单反相机有不同的曝光模式，如手动曝光（M）模式、快门优先自动曝光（S或Tv）模式、光圈优先自动曝光（A或Av）模式、全自动曝光模式、程序自动曝光（P）模式等，如图1-55所示，摄影者可根据自身的需要选择不同的模式。

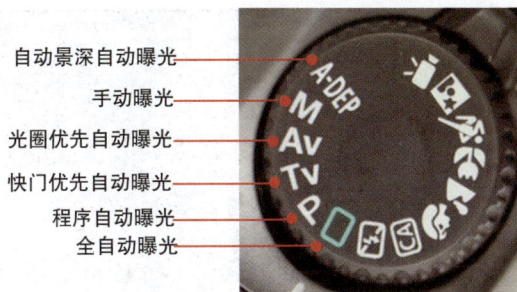

自动景深自动曝光
手动曝光
光圈优先自动曝光
快门优先自动曝光
程序自动曝光
全自动曝光

图1-55

● **全自动曝光模式**：相机拨盘上的绿色方块或AUTO代表全自动曝光模式，该曝光模式一般被称为"傻瓜模式"。在该模式下，大多数设置由相机自动决定，不需人为设置光圈大小与快门速度便可得到基本正常的曝光量，摄影者只需考虑构图与对焦的问题，然后在适当的时候按下快门即可。该模式是为了最大限度地减少操作失误而设计的，因此，只能保证最基本的拍摄效果，适合摄影初学者以及在紧急情况下抢拍使用。该模式可能会出现曝光过度或曝光不足等问题，如图1-56所示。

图1-56

● **快门优先自动曝光模式**：该模式即相机拨盘上的S或Tv模式，是由摄影者决定快门的速度、相机决定光圈值的模式，与之相反的是光圈优先自动曝光模式。快门优先自动曝光模式是在手动定义快门的情况下，通过相机测光来获取光圈值。快门优先自动曝光多用于"抓拍"运动中的物体，在体育运动拍摄中最为常用，优先考虑的是抓住动态影像。

● **光圈优先自动曝光模式**：光圈优先自动曝光模式是最常用的拍摄模式，即相机拨盘上的A或Av模式。在该模式下，拍摄者可手动设置光圈值，能更好地控制画面的景深，不仅可以使远近物体都清晰展示，也可取得虚化背景的效果。使用光圈优先模式还有一个目的，就是让相机选择快门速度，以避免曝光时间过长或过短。

● **程序自动曝光模式**：程序自动曝光模式由相机同时决定快门速度与光圈值，一般用相机拨盘上的P表示。该模式与全自动曝光模式相似，但在程序自动曝光模式下，可选择是否需要闪光灯，还能手动设置感光度、白平衡、曝光补偿等参数。

● **手动曝光模式**：手动曝光模式即相机拨盘上的M模式，是由摄影师对相机的光圈大小与快门速度进行任意组合的模式。该模式虽然比各种自动曝光模式的操作复杂，但能更自由地实现对光圈与快门的组合使用。

2. 曝光补偿

无论是何种相机，都会有曝光补偿设置标志▨。曝光补偿是为了让拍摄者对相机实际的曝光量进行调整，以获得准确曝光。数码相机的曝光补偿范围是相同的，可以在±2-

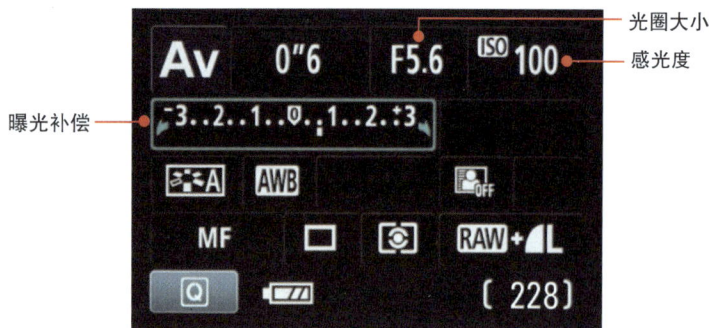

光圈大小
感光度
曝光补偿

图1-57

3EV内进行调整。若环境光源偏暗，可增加曝光值来突显画面的清晰度。数码相机的曝光补偿"+"表示在所定曝光量的基础上增加曝光量，"－"表示减少曝光量，相应的数字是补偿曝光的级数，如图1-57所示。与无曝光补偿相比，无论是正向曝光补偿还是负向曝光补偿，补偿值越高，亮度变化越明显。摄影师可根据不同的需要来调整曝光补偿。

1.3.4 光圈、景深与快门

摄影效果的好坏取决于对光控制的好坏，而光的控制包括光圈、景深和快门这三方面。

1. 光圈

光圈是照相机上用来控制镜头孔径大小的部件，位于镜头的中央，可以控制圆孔的开口大小，如图1-58所示。若需要大量的光线进行曝光，光圈就要加大；若仅需少量的光线曝光，光圈就要减小，让少量的光线进入。

光圈的作用在于控制镜头的进光量，光圈大小常用 f 值表示。常见的光圈值有f 1.0、f 1.4、f 2、f 2.8、f 4、f 5.6、f 8、f 11、f 16、f 22、f 32、f 44、f 64等。图1-59所示为不同数值的光圈与孔径大小。

9叶片圆形光圈

图1-58

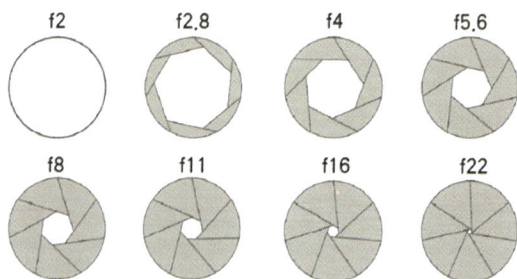

图1-59

在快门不变的情况下，f 值越大，光圈越小，进光量越少，可能导致照片曝光不足，画面较暗；f 值越小，光圈越大，进光量越多，照片效果越明亮，但是光圈过大可能导致照片曝光过度。在光线充足的环境中，可尽量使用小光圈进行拍摄，这样进光量会比较准确；在光线不足的环境中进行拍摄，以及拍摄人像或特写物体时，应尽量使用大光圈，以获得更多的进光量。在商品拍摄中，对小商品而言，更需通过小光圈来展示商品的细节。图1-60所示为光圈值为f2.8与f16时拍摄的同一款商品，可发现应用小光圈拍摄的商品细节更加清晰。

（a）光圈值为 f 2.8　　　　　　　　　　　（b）光圈值为 f 16

图1-60

2. 景深

镜头对准拍摄主体物时，主体物与背景之间有一个清晰的范围，该范围叫作景深。景深越浅，可看到的清晰范围越小；景深越深，可看到的清晰范围越大。景深的深浅与镜头的焦距、拍摄的距离和光圈的大小有关，如图1-61所示。

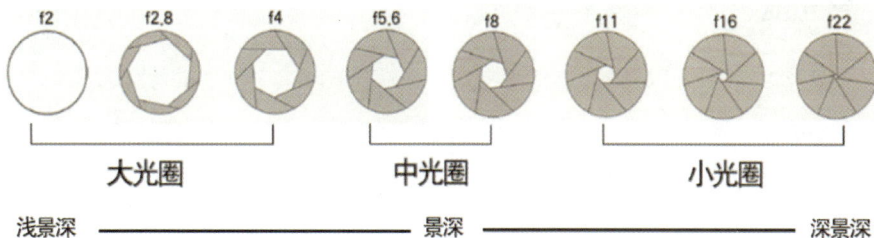

图1-61

调节景深最简单的方法是调节光圈的大小。光圈越小，景深越深，背景越清晰；光圈越大，景深越浅，背景越模糊。图1-62所示为同一款商品不同景深的拍摄效果。

图1-62

3. 快门

快门是相机用于控制感光片曝光时间的装置。快门速度的单位是"s"，一般用数字表示。数码单反相机常见的快门速度范围是1/8000~30s，即30s、15s、8s、4s、2s、1s、1/2s、1/4s、1/8s、1/15s、1/30s、1/60s、1/125s、1/250s、1/500s、1/1000s、1/2000s、1/4000s、1/8000s。相邻两档快门速度的曝光量相差约1/2。

快门的主要功能是控制相机的曝光时间，数值越小，曝光时间越短，相机的进光量越少，反之越多。在光线较差的环境中进行拍摄时，使用低速快门，可增加曝光量。但最好使用三脚架进行稳定，因为快门速度较低可能导致相机发生抖动。快门速度是由被摄物体的移动速度、被摄物体的移动方向、被摄物体与相机的距离决定的。

- **移动速度**：被摄物体移动速度越快，越需要使用较快的快门速度对移动的瞬间进行抓拍（快门的数值越大，曝光速度越慢；反之，快门数值越小，曝光速度越快），使用较快的快门速度能拍出具有动感的画面。

- **移动方向**：被摄物体的移动方向也是快门速度选择的一个因素，运动方向有纵向、斜向和横向。横向的速度感最明显，纵向的速度感最弱。

- **与相机的距离**：被摄物体与镜头间的距离越近，运动感越强烈。为了定格画面，需选择快速的快门。而被摄物体与镜头间的距离越远，其运动感越不明显，此时可使用相对较慢的快门速度进行拍摄。

1.3.5 感光度

感光度是指感光元件对光线的反映程度，常用ISO表示。ISO数值越小，感光度越低；ISO数值越大，感光度越高。感光度可以根据拍摄环境中的光线进行设置。在光源充足的情况下，如阳光明媚的户外，感光度数值为100左右；在阴天的户外环境中，最好保持感光度数值为200~400；在室内有辅助灯的环境中，建议使用100~200的感光度。

提示

ISO 数值越大，底片的颗粒越粗，照片的质量越差。ISO 数值低，会延长快门速度，使拍摄的照片更加细腻，能突出商品的更多细节，比较适合拍摄商品。

1.4 商品拍摄环境构建

商品摄影最重要的是拍摄环境的构建，主要包括布光，构图和室内、室外、棚内等不同场景拍摄环境的构建。

1.4.1 商品拍摄布光

合理布光能展示出商品的质感。不同材质的商品需要的布光效果不同，拍摄材质柔软的商品时需要使用柔和的光，而反光能力强的商品可采用直射光来衬托其质感。下面讲解常用的布光方式，包括正面两侧布光、两侧45°角布光、单侧45°角的不均衡布光、前后交叉布光和后方布光。

● **正面两侧布光：** 正面两侧布光是进行商品拍摄时最常用的布光方式。光线投射方向和相机的拍摄方向垂直，正面两侧布光方式会让正面投射的光线全面且均衡，能完整展现商品且不会有暗角，要保证室内光源均衡，光照的强度足够大，如图1-63所示。

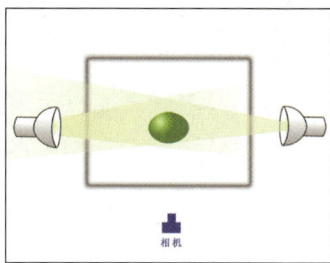

图1-63

● **两侧45°角布光：** 商品的受光面在顶部，正面并未完全受光。两侧45°角布光适合拍摄外形扁平的小商品，不适合拍摄立体感较强和具有一定高度的商品。只有顶部受光才会形成顶部光亮、正面暗灰的效果，如图1-64所示。

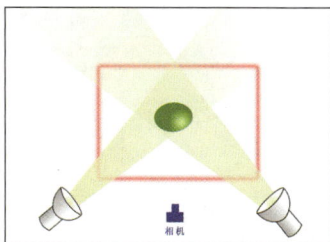

图1-64

● **单侧45°角的不均衡布光：** 受侧光照明的商品底部投影将变得很深，虽然对商品的立体形状和质感有很强的表现力，但商品表面的很多细节无法得到呈现。同时，由于减少了环境光线，故增加了拍摄的难度。解决该问题的方法是，在另一侧使用反光板或白色泡沫板将光线反射到阴影面上，如图1-65所示。

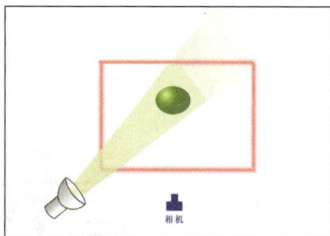

图1-65

● **前后交叉布光：** 前后交叉布光是指前侧光与后侧光组合布光。从商品的侧前方打光，商品的背面将出现大面积的阴影，不能呈现商品的细节，因此需要在商品的后侧方也进行打光，这样便能体现出阴暗部分的层次感。若两侧的光线有明暗的差别，还能展现出商品更多的细节，因此，比单纯关掉一侧灯光的效果更好，如图1-66所示。

● **后方布光：** 又称轮廓光，是指从商品的后面打光，因为是从商品的后面进行照明，所以只能照亮被拍摄物体的轮廓。后方布光拍摄技巧有3种——正逆光、侧逆光和顶逆光，如图1-67所示。

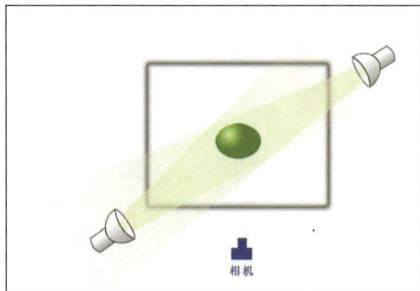

图1-66

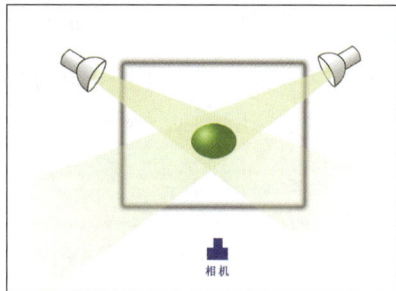

图1-67

1.4.2 商品拍摄构图

摄影构图就是通过运用相机镜头的成像特征和摄影造型手段，对照片画面的布局、结构所做的规划。构图合理可以使画面主体突出，风格明确，表现鲜明而具有视觉冲击力。构图的基本原则是简洁、统一、多样、均衡。在商品图片拍摄中，常采用以下几种方法进行构图。

1. 均衡式构图

均衡式构图是一种均量与平衡的构图方式，它通过视觉上的深重浅轻透视规律或相近形状、数量、大小的不同排列形成稳定感，给人以宁静、满足的感觉。这种构图方法的关键是要选好均衡点，一般来说，可从物体的大小、远近、动静、高低等不同角度来寻找平衡。图1-68所示的两幅画面中，商品（小鹿摆件）大小因为其他参照物的大小而有所不同，且通过在画面右上角添加装饰来使画面趋于平衡，不致太过空洞。

图1-68

2. 对角线构图

对角线构图是将商品拍摄画面呈对角线的构图方式。将主体物放在画面的对角线上，能有效利用画面对角线使画面富有活力与动感，有利于利用线条的汇聚趋势来表现商品的造型与色彩，达到突出主题的效果，如图1-69所示。

3. 对称式构图

对称式构图是所拍摄的商品在画面中垂线两侧或水平线上下对等或大致对等的位置，使画面具有布局平衡，结构对称，蕴含和谐及稳定等特点，如图1-70所示。对称式构图更能给人一种一目了然的感觉，能够让消费者快速找到自己想要的商品。对称式构图不能机械地单纯追求对等，必须生动，富于变化，或蕴含趣味性与装饰性，否则会显得呆板。

4. 三分法构图

其为将画面分割为三份，将拍摄的主体物放置在整个画面从左往右或由上往下的三分之一或三分之二处。这种1∶2的画面比例可有重点地突出主体物，使整体画面显得融洽，如图1-71所示。

图1-69 图1-70

5. 疏密相间法构图

所谓疏密相间法，就是在同一个画面中摆放多个商品进行拍摄，但不能将多个商品放置在同一平面上，而要使它们错落有致、疏密相间，让画面紧凑的同时，还能够主次分明，如图1-72所示。

图1-71 图1-72

1.4.3 商品拍摄环境

根据商品特点与形态的不同，商品拍摄环境分为室内和室外两种。一般来说，室内适合需要静态表现的商品，室外适合需要表现生活场景的商品。

1. 室内拍摄环境

根据商品体积的大小，室内拍摄环境可分为小件商品和大件商品的室内拍摄环境。

● **小件商品的室内拍摄环境**：小件商品适合在单一的环境里进行拍摄，因为小件商品本身体积小，拍摄时占用的空间较小。微型摄影棚就能有效地解决小件商品的拍摄环境问题，既避免了布景的麻烦，又能拍摄出漂亮的、主体突出的商品图片，如图1-73所示。在没有摄影棚的情况下，尽量使用白色或纯色的背景，如白纸或颜色单一、清洁的桌面等。

图1-73

● **大件商品的室内拍摄环境**：大件商品进行室内拍摄时，尽量选择整洁且单色的背景，图片里最好不要出现其他不相关的物品，为了衬托商品而使用的参照物或配饰除外。图1-74所示为室内拍摄大件商品时的环境布置。室内拍摄对拍摄场地的面积、背景布置、灯光条件等都有要求，需要准备辅助器材。

图1-74

2. 室外拍摄环境

室外拍摄时需要选择一个好的户外拍摄环境。通过户外背景光线和拍摄手法的结合，商家可以拍摄出吸引买家眼球的照片。一般来说，拍摄时尚、前卫的服装时可将商业气氛浓厚的闹市区、商场、酒吧作为背景；拍摄自然清新的森女系服装时则可将森林、草地等作为背景，以展现清新自然的感觉。图1-75所示为常见的室外拍摄环境。

室外拍摄主要采用自然光加反光板补光的方式进行拍摄。拍摄时需要注意一些禁忌问题，下面分别进行介绍。

● **忌阳光直射**：阳光增加了物体良好的反光条件，使画面更富有生机，色彩更加饱和，为使用小光圈和高速快门提供了条件。但是强烈的阳光也会产生一些负面问题，最为突出的问题是耀眼的光线会使被摄人物睁不开眼，同时，如果拍摄人物时，高角度的直射阳光照射在人物脸上会造成浓重的阴影，显出皮肤皱纹，损害人物的形象。所以在户外拍照时应多让阳光从侧面照射被摄者，忌脸部直接面向太阳。

● **忌人物与有色环境过近**：在明亮的光线照射下，物体的反光会增强。在这种情况下，人物应尽量远离那些色彩明艳的景物（如刚被油漆粉刷过的建筑物、遮阳棚等），否则那些景物的色彩会映射到人物身上，造成偏色。

- **忌忽视滤光镜**：在户外无云的蓝天下，所有避光处都带上蓝色色罩；而在余晖的映照下，所有的景色都染上了一层橙红色。在这样的环境中，若想让摄得的景色保持原有的色彩，就必须在镜头前装上相应的滤光镜，在前一种情况下可选用淡红或琥珀色的滤光镜，在后一种情况下可选用淡蓝色滤光镜。

- **忌胡乱补光**：明亮的日光照射下，景物会有很强的反差。为避免反差过大，运用辅助光进行辅助照明是有效的，但要掌握好分寸，既要避免辅助光过亮，又要避免露出辅助光的痕迹（如出现与主光相反的投影）。

- **忌逆光直冲镜头**：在光线很强的情况下拍摄逆光照时，要防止光线直冲镜头，否则很容易产生光晕现象。

图1-75

1.5 商品拍摄要点

在拍摄商品图片时需要注意一些技巧，以使拍摄的图片更加全面地展现商品的特征和卖点，增强图片对消费者的吸引力。

1.5.1 场景拍摄

很多商家都喜欢拍摄白底图，因为白底图拍摄起来简单方便，成本投入较低，而这也造成了商品图片视觉效果太过单一，商品特点不够突出，无法吸引消费者的注意。因此，通过构建场景来打造具有创意的商品图片画面，可使商品图片的表现力更强，提高商品图片的质量。

从视觉吸引的角度上看，商品拍摄中最吸引消费者眼球的是商品，而商品充满了创造力与想象力。通过具有创意的场景风格来展现商品的质量，是商品拍摄中的重要表现手法。构建场景时要基于商品的特点来确定一个表现的主题，然后通过模特、搭配的饰物、背景材料、道具装饰物等构建具体场景，最后进行拍摄。如一款皮鞋的特点是透气、柔韧度好，围绕"透气"这个主题，可以构建一个充满烟雾的背景，并控制光线从鞋子的透气孔中穿过，在画面上形成投影，如图1-76所示。围绕"柔韧度"这个主题，可以构建一个弯曲鞋面或折叠鞋面的画面，如图1-77所示。也可以利用花草树木等有氧呼吸元素打造出这种场景，或直接通过外景拍摄来打造场景，具体可根据场景的构建难易程度与实现方式来考虑。

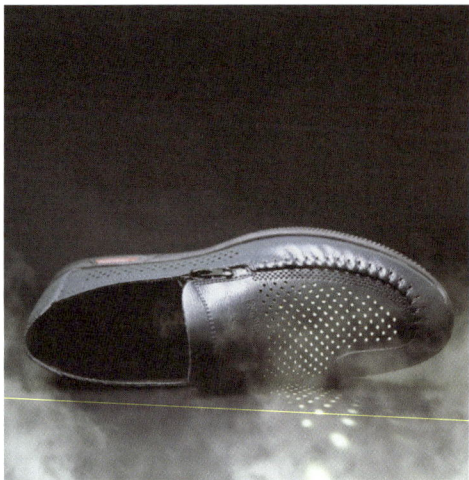

图1-76

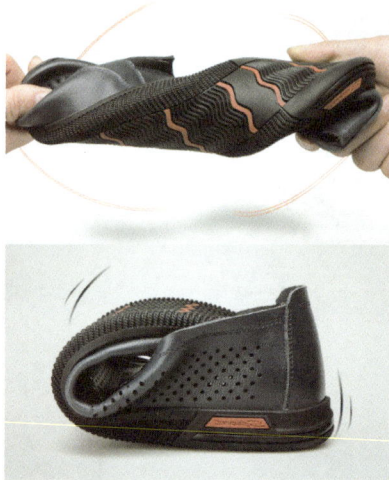

图1-77

动手一试

为一款主打"亲肤、无刺激"的婴儿沐浴露商品构建场景。

1.5.2　外观拍摄

外观拍摄是指对商品主体的外观进行全面、多角度的拍摄，主要包括商品不同角度（正面、侧面、底部、颜色等信息）的展现、商品平铺拍摄和立体拍摄等。要特别注意在熟知类目图片发布规范的基础上，对商品主图进行重点拍摄，如图1-78所示。

图1-78

1.5.3　对比拍摄

可以选择功能升级前后的本品牌商品进行对比拍摄，突出商品在更新升级之后的新卖点，这样更能打动消费者，如图1-79所示。特别要注意《中华人民共和国广告法》中明文禁止的内容："禁止贬低其他生产经营者的商品和服务"。对比拍摄仅限于与自己的商品对比，不可与同品类其他品牌商品进行对比，以免违反相关法律法规。

图1-79

1.5.4 特征拍摄

特征拍摄即细节拍摄，建议使用定焦镜头或微距镜头拍摄消费者比较关注的细节。细节拍摄主要包括款式细节、做工细节、面料细节、辅料细节和内部细节等内容。

- **款式细节**：主要体现商品的设计要素，如领口、袖口、口袋和拼接等。
- **做工细节**：主要体现商品的走线、接缝、里料和内衬拷边等。
- **面料细节**：主要体现商品的材质、颜色、纹路和面料等。
- **辅料细节**：主要体现商品的辅助细节，如商标、用料和点缀等。
- **内部细节**：主要体现商品的内部构造细节。

图1-80所示的商品图片是从领口、纽扣、内缝线和下摆等细节出发进行拍摄的，可帮助消费者快速了解商品质量，增强消费者的购买意愿。

图1-80

1.5.5 卖点拍摄

卖点拍摄就是针对文案策划中所明确的商品主要卖点进行专门拍摄。例如，为了说明一款羽毛球的球头选用了非常好的复合软木材质，可以将其剖开甚至切碎后展示给消费者，如图1-81所示。

图1-81

1.6 不同商品的拍摄方法

根据商品表面材质的不同，商品分为吸光类、反光类和透明类三大主要类别。不同类别商品的拍摄方法有所不同，摄影师应该结合商品类别的特点进行针对性拍摄。

1.6.1 吸光类商品拍摄

吸光类商品主要分为全吸光和半吸光两类。其中，全吸光类商品包括毛、呢、布料、裘皮、铸铁、粗陶、橡胶等。半吸光类商品包括纸制品、质地细腻的纺织品、木材、亚光塑料、部分加工后的金属制品等。下面分别对这两类商品的拍摄技巧和注意事项进行介绍。

● **全吸光类商品**：全吸光类商品的表面结构粗糙、起伏不平，质地或软或硬。拍摄时可用稍强的光照明，要以侧光、侧逆光为主，照射角度宜低。当使用较弱的光照明时，所表现的层次和色彩将更加丰富。若使用过柔、过散的顺光，则会软化商品的质感。如果拍摄对象的表面结构十分粗糙，也可以使用较强的直射光照明，使表面凹凸不平的质地产生细小的投影，从而强化肌理表现。图1-82所示为毛巾的拍摄方法和效果图。

图1-82

● **半吸光类商品**：半吸光类商品的表面结构一般较平滑，大部分可以直接观察到其结构、纹理。半吸光类物体的布光主要以侧光、顺光、侧顺光为主，灯光的照射角度不宜太高，这样才能拍摄出具有视觉层次和色彩表现力的图片。图1-83所示为鞋子的拍摄方法和效果图。

全吸光类和半吸光类商品的拍摄应注意的要点是：根据商品表面粗细程度、软硬程度确定用光光质。表面粗糙、质地坚硬结实的商品可以使用硬光，表面细腻或柔软质地的商品需要软光来刻画。也可根据商品的属性确定用光光质，内在属性较强硬的商品可以用硬光，内在属性较柔弱的商品可用软光。如男性专用商品可用硬光，女性或儿童专用商品可用软光。

图1-83

1.6.2 反光类商品拍摄

反光类商品常指不锈钢制品、银器、电镀制品、陶瓷品等。该类商品因为表面光滑，具有强烈的光线反射能力，故拍摄时不会出现柔和的明暗过渡现象。因为反光物体没有明暗过渡，因此拍摄的商品图缺少丰富的明暗层次，此时反光板变得尤为重要。在拍摄时可以将一些灰色或深黑色的反光板或吸光板放于商品的旁边，让商品反射出这些光板的色块，以增强物体的厚实感，从而改善商品的表现效果。在拍摄该类商品时，灯光也很重要，主要采用较柔和的散射光进行照明，这样不但能使色彩更加丰富，还能很好地显示出质感。

拍摄反光类商品需要使用一定的技巧，可将大面积的柔光箱和扩散板放于商品的两侧，并尽量靠近商品，这样可形成均衡、柔和的大面积布光，并将这些布光全部罩在商品的反射区内，使其显示出明亮、光洁的质感。图1-84所示为反光类商品的拍摄方法和效果图。

图1-84

1.6.3 透明类商品拍摄

透明类商品常指玻璃制品、水晶制品和部分塑料制品等。这类商品具有透明的特点，光线可以穿透其内部，因此通透性和对光线的反射能力较强。拍摄透明类商品时要表现其玲珑剔透的感觉，因此常选择侧光、侧逆光和底部光等照明方式，利用透明体的厚度不同，产生不同的光亮差别，从而产生不同的质感。图1-85所示为透明类商品的效果图。

图1-85

若在黑背景下拍摄透明类商品，布光应该与被拍摄物相分离，此时可在两侧使用柔光箱或用闪光灯添加光源，把主体和背景分开，再在前方或左右添加灯箱，将物体的上半部分轮廓表现出来，从而表现出玻璃制品的透明度，使其精致剔透，如图1-86所示。如果商品盛有带色液体或透明物，为了使色彩不流失原有的纯度，可在背面贴上与外观相符的白纸，从而对原有色进行衬托。

图1-86

1.7 实战训练

1.7.1 设置相机参数

1. 实训要求

本实训将利用一张白纸在光源下进行拍摄，手动确定白平衡，再根据拍摄的照片调整相机光圈和快门的参数，使照片显示效果正常。

2. 实训分析

在使用单反相机拍摄商品图片前，一定要先调整相机的白平衡、光圈、快门等参数。可先拍摄一张照片，根据该照片的效果来调整相机的各项参数，直到获得符合要求的效果为止。图1-87所示为调整白平衡和拍摄商品的不同效果。

图1-87

3. 操作思路

完成本实训需要进行以下主要操作。

STEP 01 拨动相机拨盘，将相机模式调整至P模式（M、Av或Tv模式都可以），选择一张白色卡纸，将白纸放在光源下，用相机拍摄一张完整的白纸图片。

STEP 02 按相机上的菜单（MENU）键，选择"白平衡"选项；按相机上的OK键，在打开的界面中选择"PRE手动预设"选项；按相机上的右键，在打开的界面中选择设置的模式，按OK键确定。

STEP 03 设置白平衡后，拍摄一张耳机的商品图片，可以看到该照片曝光过度，设置光圈和快门速度并重新拍摄。

STEP 04 观察拍摄效果，若不符合要求，则继续调整光圈和快门参数，直到符合要求为止。

1.7.2 拍摄护肤品

1. 实训要求

消费者最关心的是商品质量，因此要通过色彩搭配、表现层次和平衡画面来展示商品的特点，并通过模特试用的方式真实地展现商品使用前后的效果。

2. 实训分析

护肤品一般成套销售，因此拍摄时要先拍摄套装，再拍摄单品。由于拍摄的内容较多，故要注意拍摄风格的统一，可先构建拍摄场景，再使用相同的相机参数进行拍摄。若需要更换背景，则需要事先制订好拍摄计划表，明确拍摄的先后顺序和拍摄重点。

需要注意的是，护肤品包装的材料不一，一些是不透明的包装，另一些是半透明或全透明的包装，在拍摄时要考虑液体的透明特性，即通透感。半透明或全透明包装瓶的瓶盖通常是白色或烫金银的，由于瓶身部分透明，而液体通常不透明，要想让瓶盖部分显出质感与立体感，就需要特别打光。一般半透明的塑料或玻璃常使用柔光照明的方式来表现，如使用柔光罩。也可以从背后或侧前方打光，拍摄时可先测试并调整打光的方向。图1-88所示为拍摄的一款护肤品套装，分别为套装包装、内部展示、单品展示、试用效果等图片。

图1-88

3. 操作思路

完成本实训需要进行以下主要操作。

STEP 01 构建拍摄场景，以白色背景为主，在室内进行棚拍。

STEP 02 拍摄护肤品套装，包括正面和背面，以及打开包装后的内部展示。

STEP 03 拍摄单品，主要包括单品整体展示、使用方法和试用展示。

1.8 | 拓展延伸

为了帮助读者更好地理解本章所学知识，下面介绍一些与本章内容相关的其他知识。通过这些知识的学习，读者可以更加灵活地掌握本章所学内容。

1. 分析子行业排行

在"京东商智（高级版）"—"行业分析"—"行业大盘"—"子行业排行"界面中，通过了解各二、三级类目的销售占比，可以判断自己店铺的类目销售占比是否正常，这对整个店铺的商品布局具有重要的参考意义。如图1-89所示，在二级类目"厨房小电"中，销售占比最高的是电饭煲，其次是破壁机、电水壶/热水瓶。如果店铺经营的商品涉及这些子类目，按照"二八原则"，应将80%的资源和精力投入到这三个子类目中。

排名	子行业名称	成交金额占比	成交金额增幅	访客数占比	搜索点击量占比
1	电饭煲	16.45%	4.41% ↓	17.96%	19.65%
2	破壁机	12.57%	22.70% ↓	8.04%	5.55%
3	电水壶/热水瓶	9.87%	0.20% ↓	13.99%	11.48%
4	微波炉	8.03%	11.04% ↓	5.52%	4.75%
5	电磁炉	6.62%	6.69% ↓	6.34%	5.88%
6	电压力锅	6.35%	15.14% ↓	6.68%	5.89%
7	养生壶/煎药壶	4.81%	7.29% ↓	5.84%	4.67%
8	榨汁机/原汁机	4.62%	28.08% ↓	7.32%	5.41%
9	料理机	3.89%	11.82% ↓	8.25%	5.23%
10	咖啡机	3.80%	13.45% ↓	2.09%	1.43%

图1-89

2. 商品图片拍摄的原则

商品图片可使消费者形成对商品的第一印象。商家应该在体现商品特点的同时，尽量考虑消费者的心理需求，拍摄一些清晰、准确和美观的图片，来满足消费者的期待。一般来说，可遵循以下拍摄原则，以提高网店商品图片的质量。

● **主体物突出**：商品图片中有主体物，还有背景与道具。背景与道具可以适当地进行虚化处理，但主体物一定要清晰、干净、突出，视觉上要给人美的感受，从而彰显商品的特质。

● **背景干净原则**：背景是为商品服务的，不能使用太过花哨的背景，以免喧宾夺主。干净的背景会让商品更加突出，让画面显得和谐、统一。

- **细节展示原则**：考虑消费者对商品细节的心理需求，应尽量多拍摄一些商品细节图片，来满足消费者了解商品的愿望，打消消费者在质量方面的顾虑，如商品的材质和做工、功能特点和特殊的设计等。

- **打光自然原则**：自然光线是拍照成功的重要因素之一。打光一般采用专业的闪光灯，否则拍摄出的图片会有色彩，常用正面两侧布光、两侧45°角布光、前后交叉布光和后方布光，这样拍摄出的商品比较自然，也能展示出质感。

- **大小比较原则**：很多消费者拿到实物时都会觉得和想象中的商品有所出入，其中最容易产生出入的一项就是尺寸。一般而言，除了服装等类型的商品外，消费者经常会忽略商品的尺寸。因此，商家拍摄时可以在商品旁摆放标准尺寸的物品作为参照物，来展示商品的大小。

- **色彩对比原则**：鲜明的色彩对比可以使图片更加生动活泼。例如，在白色的背景中摆放一盆绿色植物，在深色木质的背景前放置白色的花，不但不会抢走主体商品的风采，而且会使画面看起来更丰富饱满。

- **减少色差原则**：虽然色差不可避免，但商家应该想办法尽可能地减少色差，以免引起纠纷。在拍摄商品图片之前，用一张白纸为相机设置白平衡，从而使色差降至最小。

- **风格统一原则**：在同一页面上，统一的图片风格会使消费者感到清爽整齐。尽量使用相同的背景、相同的光源、相同的角度和相同的相机摆放位置进行拍摄。

3. 拍摄的常见视角

不同的拍摄视角会对商品的形态与质感产生影响，因此，一定要根据商品的特性选择适当的视角进行拍摄。拍摄视角主要有以下几种。

- **平视**：平视拍摄即从商品的正前方进行拍摄，镜头与商品的中心点保持水平。平视拍摄会使物品显得端庄，缺点是缺乏立体感，易使画面显得呆板。因此，在选择平视拍摄时，需通过背景的布置或其他道具来营造画面的纵深感与层次感，如图1-90所示。

图1-90

- **俯视**：俯视拍摄即从高处向下进行拍摄，从而产生俯视的感觉。俯视拍摄可以拍到商品的正面、侧面和顶面，可有力地展示出商品的立体感，增强画面的层次感。采用俯视视角拍摄陶瓷餐具等商品，可以清晰地展示其整体大小与图案，如图1-91所示。

- **仰视**：仰视拍摄即从低处向上进行拍摄，可以使商品显得高且修长。仰视拍摄可以将商品的高度与外观线条优美地展现出来，具有较强的透

图1-91

视感，从而增强了视觉冲击力。但仰视拍摄角度选择不当，易使画面内的商品产生严重变形或倾倒的现象，如图1-92所示。

● **斜侧角度**：斜侧角度介于平视和俯视之间，能在画面中同时展示商品的正面与侧面外部特征，使商品更具立体感和纵深感，让画面充满想象空间，从而表现出活泼的画面风格，如图1-93所示。

● **垂直角度**：垂直角度拍摄即从商品的顶部进行拍摄，是一种特殊的俯视拍摄。垂直角度拍摄可将商品与环境的空间位置变成线条清晰的平面图案，这种画面具有强烈的视觉冲击力，从而产生某种情趣与美感，如图1-94所示。

图1-92　　　　　　　　　　图1-93　　　　　　　　　　图1-94

> **提示**
>
> 　　微距拍摄也是商品摄影中非常常用的一种方式，即近距离拍摄商品，获得清晰、真实的细节效果。微距拍摄可以很好地展示商品的细节，让消费者更加直观地认识商品。

4. 光位

根据光线照射的方向不同，光分为顺光、逆光、侧光、顶光和底光。光线的照射方位不同，所产生的画面效果也有所不同。

● **顺光**：顺光是指从被摄物体的正前方打光。顺光是最常用的照明光线，因为顺光光线均匀，且阴影面少，可将商品的色彩和表面细节非常充分、细腻地表现出来。但顺光拍摄不易表现出商品的层次与线条结构，缺乏立体感。

● **逆光**：逆光是指从商品后面打光，使商品与背景间存在着极大的明暗反差，光源会在商品的边缘勾画出一条明亮的轮廓线。在逆光条件下，商品大部分处在阴影之中，使物体表面的细节与纹理不够清晰。

● **侧光**：侧光是指在被摄物体的左侧或右侧打光，被摄物体有明显的受光面、阴影面和投影。画面有强烈的明暗对比，有利于展现商品的空间深度感和立体感。在侧光光线条件下拍摄人像时，会产生阴阳脸的效果，此时可考虑使用反光板进行一定的补光，来减轻脸部的明暗反差。

- **顶光**：顶光是指从商品的上方打光。用顶光拍摄时，商品的下方会产生较深的阴影，且影子很短。在影棚中拍摄人像时一般不单独将顶光作为主要的照明光源，顶光只用作修饰光。

- **底光**：底光是指从被摄物体下方打光，会形成自下而上的投影，产生非正常的造型和强烈的气氛，一般用于表现透明物体或营造气氛。使用底光拍摄人像会给人诡异、阴险的感觉。

1.9 思考练习

（1）登录京东商家后台，查看类目销售状况，并对商品属性和行业关键词进行分析，找到竞争对手并进行竞品分析，查看自己与竞争对手之间的差异，找出竞争优势。

（2）通过实地调研或线上考察等方式，对消费者人群进行分析，找出消费者在自己店铺所在行业中最迫切的需要，以表格的形式列出来，并做出说明。

（3）拍摄一款不锈钢锅商品图片，要求从整体到细节面面俱到。需要注意的是，不锈钢商品的表面光洁度高，具有强烈的光线反射特征，会将周围的物体映射在其表面上，从而影响主体的效果呈现。因此，拍摄这类商品时，为减少或避免被摄物表面的投影，可关闭室内所有的照明灯，使拍摄现场处于漆黑的状态，然后打开加有柔光箱的摄影灯，适当调整商品与相机间的角度，使被摄物表面无不良的光线映射。也可用磨砂纸或白布等遮挡在被摄物的四周，然后在外围布光，将镜头伸入遮挡物内进行拍摄。图1-95所示为利用白布遮挡拍摄的不锈钢锅商品图片，读者可参考其效果进行拍摄。

图1-95

第2章
处理商品图片

本章导读

　　精美的商品图片可以使消费者产生良好的视觉感受，使其心情愉悦、怦然心动，产生购买商品的欲望。而商品拍摄的原始照片可能因为各种原因存在暗淡无光、曝光过度、划痕、粉尘等瑕疵，需要对其进行处理，提高其细节与品质的表现力。同时，有些商品图片背景单一，无法满足后期商品展示的需要，还要进行商品图片的抠取与合成。本章将对商品图片处理的方法进行介绍，为后期商家在商品图片的上传与详情页制作等方面打好基础。

知识技能

- 掌握调整商品图片亮度与对比度的方法
- 掌握修饰商品图片中瑕疵的方法
- 掌握抠取并合成商品图片的方法

2.1 调整商品图片的亮度与对比度

拍摄的商品图片可能因为天气、灯光等的影响而出现曝光不足、颜色暗淡、局部阴影等情况，此时需要对商品图片的亮度和对比度进行调整，使图片中的光影分布合理，亮部与暗部表现和谐。

2.1.1 提高亮度与对比度

拍摄的很多商品图片会出现发灰或暗淡的现象，这主要是因为拍摄环境不够明亮或相机曝光时间不足。针对这种问题，需要提高图片的整体亮度。亮度往往需要配合对比度进行调整。对比度是指一张图片明暗区域中最亮的白色和最暗的黑色之间的差异程度。明暗区域的差异范围越大，图片对比度越高；反之，明暗区域的差异范围越小，图片对比度越低。对比度恰当的图片可以产生一定的空间感、视觉冲击力和清晰的画面效果。在Photoshop CC中可通过"亮度/对比度"命令来进行快速调节，使图片恢复明亮的色调，但要注意调整时不能太过偏离商品原本的色彩。下面以调整"饮料.jpg"商品图片为例，讲解调整亮度与对比度的方法。其具体操作如下。

扫一扫

提高亮度与对比度

STEP 01 在Photoshop中打开"饮料.jpg"图片文件（配套资源:\素材\第2章\饮料.jpg），可发现该图片整体色彩暗淡，背景发灰，如图2-1所示。

STEP 02 选择【图像】/【调整】/【亮度/对比度】命令，打开"亮度/对比度"对话框，设置"亮度"和"对比度"分别为"77"和"12"，如图2-2所示。

STEP 03 单击 确定 按钮，完成亮度与对比度的调整，效果如图2-3所示（配套资源:\效果\第2章\饮料.jpg）。

图2-1

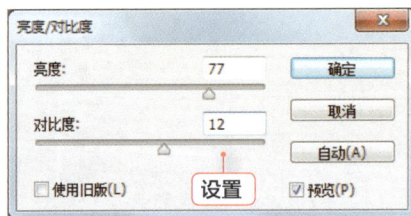
图2-2

图2-3

提示

"亮度""对比度"参数大于0，表示增加图片的亮度和对比度，此时图片整体色调偏明亮，要避免曝光现象出现。若商品图片本身太亮，可设置"亮度""对比度"参数小于0，具体可根据商品图片亮度情况进行判断。

2.1.2 调整高光、阴影与中间调

高光、阴影与中间调分别代表图片中最亮、最暗和除了最暗和最亮的其他地方的色调。调整高光、阴影与中间调可以增强商品图片的层次感，合理分布图片的光影，增加商品图片对消费者的吸引力。在Photoshop中可以通过"色阶""曲线""阴影/高光"命令来调整图片的高光、阴影与中间调的分布。下面分别进行介绍。

1. 通过"色阶"调整

色阶就是用直方图描述出的整张图片的明暗信息，通过"色阶"调整对比度的方法是将左边的黑色滑块向右移动，确定直方图开始的地方，将右边的白滑块向左移动，确定直方图结束的地方。下面利用"色阶"命令调整图片的曝光度，增强明暗对比，并将图片处理成白底图片。其具体操作如下。

扫一扫

通过"色阶"调整

STEP 01 打开"女包.jpg"图片文件（配套资源\素材\第2章\女包.jpg），观察发现图片发灰，如图2-4所示。按【Ctrl+J】组合键复制手提包图片，以方便后期处理。

STEP 02 选择【图像】/【调整】/【色阶】命令，打开"色阶"对话框，设置"输入色阶"栏的参数分别为"17""0.81""222"，如图2-5所示，单击 确定 按钮完成调整。

STEP 03 此时可发现背景变白，手提包的明暗对比加强，但手提包产生了色差。在"图层"面板中设置图层混合模式为"明度"，以降低手提包的色差，如图2-6所示。

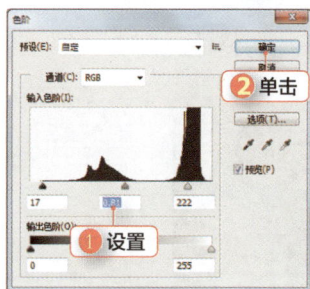
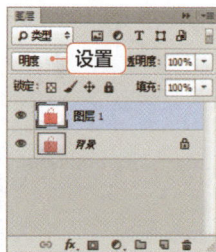

图2-4   图2-5   图2-6

> **提示**
>
> 在色阶直方图中从左至右分别有黑色滑块、灰色滑块和白色滑块。黑色滑块表示阴影，灰色滑块表示中间调，白色滑块表示高光。像素主要集中在左侧表示照片偏暗，像素主要集中在右侧表示照片偏亮，像素集中在中间表示照片明暗对比不足，像素集中在两边表示照片明暗对比太强烈。

STEP 04 选择【图像】/【调整】/【曝光度】命令，打开"曝光度"对话框，设置"曝光度""位移""灰度系数校正"值分别为"+0.53""-0.0278""0.94"，给图片补光，如图2-7所示。

STEP 05 单击 确定 按钮，查看调整曝光度后的效果，如图2-8所示（配套资

源:\效果\第2章\女包.jpg），可发现背景变为纯白，明暗对比更加清晰。

> **提示**
>
> 在"曝光度"对话框中，"曝光度"用于调整高光，"位移"用于调整阴影，"灰度系数校正"用于调整中间调。

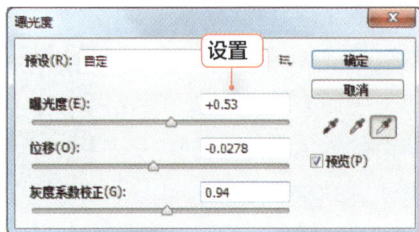

图2-7　　　　　　　　　　　　　　图2-8

2. **通过"曲线"调整**

与色阶调整相比，"曲线"可以通过关键控制点精确地调整色调范围。选择【图像】/【调整】/【曲线】命令，打开"曲线"对话框，通过拖动RGB通道的曲线即可快速完成调整。调整过程中可单击曲线添加控制点，拖动控制点即可控制曲线的弧度。使用曲线调整时，曲线的形状直接影响调整后的图片效果。常见的曲线形状有"S"形曲线（提高照片的对比度）、反"S"形曲线（降低照片的对比度）、曲线向上（提高照片的整体亮度）、曲线向下（降低照片的整体亮度），如图2-9所示。

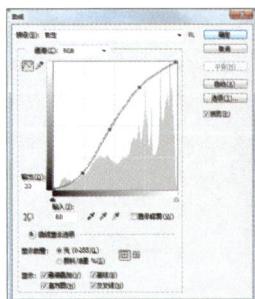　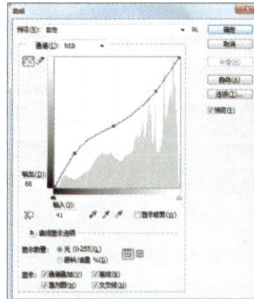

（a）"S"形曲线（提高照片的对比度）　（b）反"S"形曲线（降低照片的对比度）

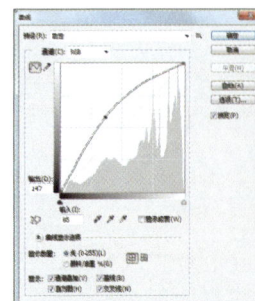　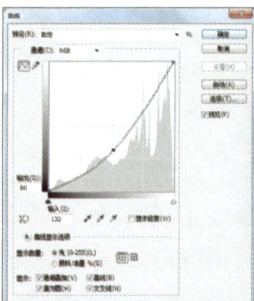

（c）曲线向上（提高照片的整体亮度）　（d）曲线向下（降低照片的整体亮度）

图2-9

若需要对图片中的某个通道进行调整，可在"通道"下拉列表框中选择除RGB外的其他选项，包括"红""绿""蓝"三个子通道。下面对"沙发.jpg"图片文件进行处理，通过"曲线"来调整画面中的阴影与高光。其具体操作如下。

STEP 01 打开"沙发.jpg"图片文件（配套资源:\素材\第2章\沙发.jpg），可发现商品图片曝光过度，画面中的阴影和高光区别不明显，如图2-10所示。

STEP 02 选择【图像】/【调整】/【曲线】命令，打开"曲线"对话框。在曲线图下方单击并向下拖动，创建调整曲线，降低图片的整体亮度，如图2-11所示。

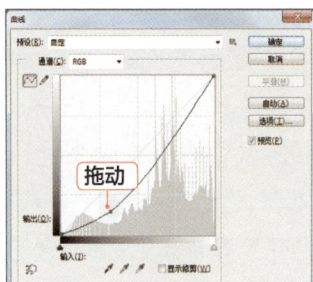

图2-10   图2-11

STEP 03 查看调整后的效果，可发现图片的阴影和高光有了明显的区别，如图2-12所示，但画面整体偏暗，此时在曲线上方单击创建一个控制点并向上拖动，提高画面的对比度，如图2-13所示。

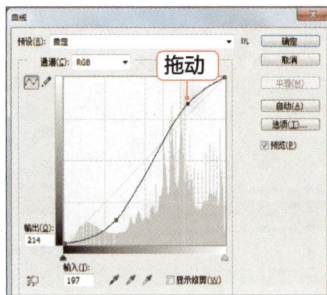

图2-12   图2-13

STEP 04 单击 确定 按钮，完成曲线的调整，可看到画面的阴影、高光分布合理，效果如图2-14所示（配套资源:\效果\第2章\沙发.jpg）。

图2-14

提示

曲线左下角的锚点用于控制亮度，向左拖动可提高亮度，向下拖动可降低亮度；右下角的锚点用于控制对比度，向上拖动可降低对比度，向右拖动可增加对比度。

3. 通过"阴影/高光"调整

除了通过色阶和曲线来调整图片亮度与对比度外，还可通过"阴影/高光"命令来加强图片中亮部与暗部的对比，使画面的光影表现更加突出，增加图片对消费者的吸引力。

通过"阴影/高光"命令来调整图片时，不仅可以使图片产生变亮或变暗的效果，还能通过调亮或变暗图片中阴影或高光的像素色调来修复图片中过亮或过暗的区域，从而使图片尽量显示更多的细节，非常适用于校正强逆光形成剪影的照片，或修复因接近闪光灯而有些发白的焦点。下面对"水壶.jpg"图片文件进行处理，其具体操作如下。

STEP 01 打开"水壶.jpg"图片文件（配套资源:\素材\第2章\水壶.jpg），选择【图像】/【调整】/【阴影/高光】命令，打开"阴影/高光"对话框，如图2-15所示。

STEP 02 单击选中对话框左下角的 □显示更多选项(O) 复选框，展开对话框的其他选项，在"阴影"栏中设置"数量""色调宽度""半径"值分别为"40%""100%""59像素"，在"高光"栏中设置"数量""色调宽度""半径"值分别为"11%""11%""129像素"，在"调整"栏中设置"颜色校正""中间调对比度""修剪黑色""修剪白色"的值分别为"+14""-36""10%""0.01%"，如图2-16所示。

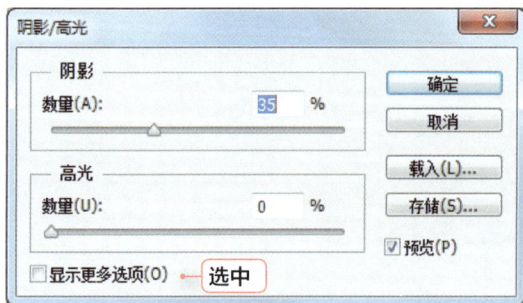

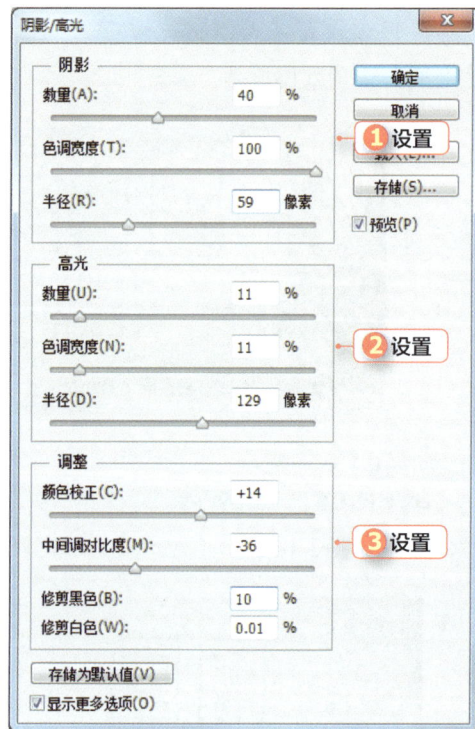

图2-15

图2-16

STEP 03 单击 确定 按钮，完成"阴影/高光"的调整，效果如图2-17所示（配图资源:\效果\第2章\水壶.jpg）。

图2-17

2.1.3 加强亮部与暗部的对比

在处理商品图片时，经常会对图片中的颜色进行明暗的局部对比度调整，以使图片内容的对比更加鲜明，突出主体内容。此时，可以使用减淡和加深工具进行快速调整。减淡工具可通过提高图片的曝光度来提高涂抹区域的亮度。加深工具的作用与减淡工具相反，即通过降低图片的曝光度来降低图片的亮度。其使用方法为：选择"减淡工具" ![icon] 或"加深工具" ![icon] ，在需要减淡或加深的区域按住鼠标左键进行涂抹，即可减淡或加深该区域。图2-18所示为原图和分别进行减淡、加深处理后的效果。

图2-18

2.2 修饰商品图片中的瑕疵

拍摄的商品图片可能会因为各种各样的原因而产生瑕疵，如偏色、商品表面有污渍、材质表现不明显等，这里选取几种具有代表性的商品修饰方法进行介绍。

2.2.1　矫正偏色

矫正偏色是指还原图片本来的颜色。由于拍摄环境的原因，部分商品图片可能会出现偏色，如阴天拍摄的图片会偏淡蓝色，荧光灯下拍摄的图片会偏绿色。为了更好地展示商品，需要对偏色的图片进行矫正。矫正偏色主要分为两种情况，一种是矫正偏色的单色，另一种是矫正整张图片的颜色。下面分别进行讲解。

1. 矫正偏色的单色

在Photoshop中可以通过"色相/饱和度"命令来调整图片全图或单色的色相、饱和度和明度，对于图片中不协调的单色的处理十分适用。下面对"手链.jpg"图片文件进行矫正，恢复原本的黄色。其具体操作如下。

扫一扫

矫正偏色的单色

STEP 01 打开"手链.jpg"图片文件（配套资源:\素材\第2章\手链.jpg），可发现手链黄中带绿，如图2-19所示。

STEP 02 选择【图像】/【调整】/【色相/饱和度】命令，打开"色相/饱和度"对话框，在下拉列表框中选择"黄色"选项，设置"色相""饱和度""明度"值分别为"-11""+2""+14"，如图2-20所示。

> **提示**
>
> "色相/饱和度"主要可以进行红色、黄色、绿色、青色、蓝色、洋红六种颜色的单色矫正，通过"色相"参数的调整即可获得与之相关的其他颜色。

STEP 03 单击 确定 按钮，完成颜色矫正，效果如图2-21所示（配套资源:\效果\第2章\手链.jpg）。

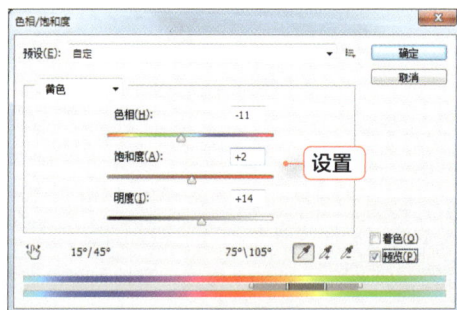

图2-19　　　　　　　　　　　图2-20　　　　　　　　　　　图2-21

2. 矫正整张图片的颜色

应用"色彩平衡"命令可以更改图片总体颜色的混合程度，常用于普通的色彩矫正。下面对"女包1.jpg"图片文件进行调整，使整个偏黄色调恢复正常，其具体操作如下。

扫一扫

矫正整张图片的颜色

STEP 01 打开"女包1.jpg"图片文件（配套资源:\素材\第2章\女

包1.jpg），观察发现整个图片色调泛黄，需要进行大范围的色调矫正，如图2-22所示。

STEP 02 选择【图像】/【调整】/【色彩平衡】命令，打开"色彩平衡"对话框，单击 ⊙ 中间调(D) 单选按钮，然后设置"色彩平衡"栏中"青色""洋红""黄色"的值分别为"-51""-19""+29"，如图2-23所示。

图2-22

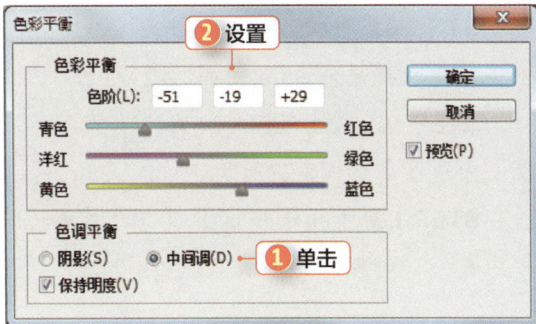

图2-23

STEP 03 此时可发现图片中间调的黄色恢复正常，但高光部分仍有黄色调，如图2-24所示。

STEP 04 单击 ⊙ 高光(H) 单选按钮，设置"色彩平衡"栏中"青色""洋红""黄色"的值分别为"-16""-15""+11"，如图2-25所示。

图2-24

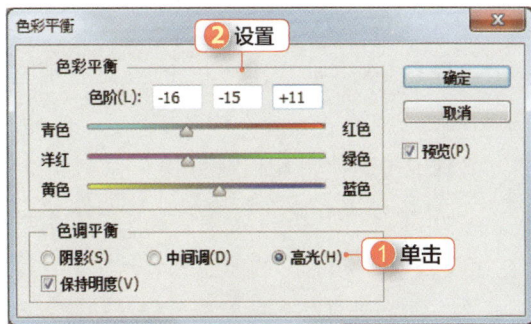

图2-25

STEP 05 观察调整后的效果，可发现颜色已经正常。单击 确定 按钮，完成矫正，效果如图2-26所示（配套资源:\效果\第2章\女包1.jpg）。

图2-26

> **提示**
>
> 色彩平衡是利用色相环原理来解决画面偏色的。如黄色和蓝色是对比色，降低黄色在图片中的范围即可增加蓝色在图片中的范围，可使偏黄的图片偏蓝色调。

2.2.2 清除污渍

拍摄的商品图片很可能因为商品本身有污渍或拍摄环境不当，而留下其他物品的影子或杂点。此时可利用填充功能的内容识别和内容感知移动工具进行处理，其具体操作如下。

STEP 01 打开"咖啡杯.jpg"图片文件（配套资源:\素材\第2章\咖啡杯.jpg），观察发现杯身上有黑色污渍，如图2-27所示。

STEP 02 在工具箱中选择"套索工具" ，拖动鼠标，在中间的咖啡杯污渍周围绘制一个选区，如图2-28所示。

STEP 03 选择【编辑】/【填充】命令，打开"填充"对话框，在"使用"下拉列表框中选择"内容识别"选项，如图2-29所示。

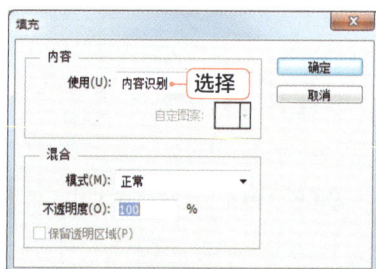

图2-27　　　　　　　　　图2-28　　　　　　　　　图2-29

STEP 04 单击 确定 按钮进行填充，按【Ctrl+D】组合键取消选区，然后查看污渍修复后的效果，如图2-30所示。

STEP 05 使用相同的方法为左侧咖啡杯杯盖上的污渍部分创建选区，使用内容识别填充，清除污渍后发现修复不到位，效果如图2-31所示。

STEP 06 选择"内容感知移动工具" ，在工具属性栏中设置"模式"为"扩展"，然后在中间咖啡杯杯盖的对应干净区域处绘制能够覆盖污渍区域的选区，如图2-32所示。

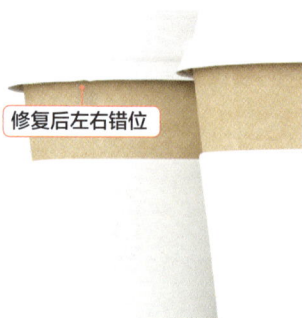

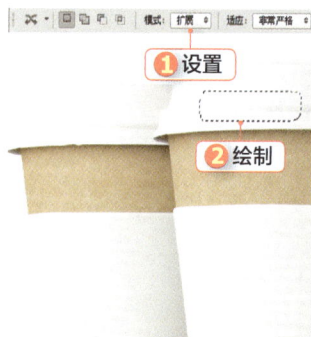

图2-30　　　　　　　　　图2-31　　　　　　　　　图2-32

STEP 07 将选区拖动到污渍上，即可覆盖并清除污渍。

STEP 08 按【Ctrl+D】组合键查看覆盖后的效果，如图2-33所示，使用相同的方法对杯盖下方的瑕疵进行修复，完成后的效果如图2-34所示（配套资源:\效果\第2章\咖啡杯.jpg）。

图2-33　　　　　　　　　　　　　　　　　　图2-34

2.2.3　光滑材质表面

光滑材质表面

　　有些商品的材质很粗糙，并且带有杂质，利用Photoshop的污点修复画笔工具或修复画笔工具可打造光滑的材质表面。其中，使用污点修复画笔工具时，可直接使用鼠标在需要修复的图像位置处进行涂抹，被修复处会自动寻找相似区域进行修复；使用修复画笔工具时，需要先单击获取修复源点，再拖动鼠标进行修复，当复制处与源点获取位置处的颜色存在差异时会自动进行颜色匹配过渡。其具体操作如下。

STEP 01　打开"蜜蜡.jpg"图片文件（配套资源:\素材\第2章\蜜蜡.jpg），如图2-35所示。

STEP 02　选择"修复画笔工具" 🖊，在杂点附近按【Alt】键获取表面干净的源点，按【[】键或【]】键调整画笔大小至杂点大小，单击蜜蜡上的杂点进行去除，如图2-36所示。

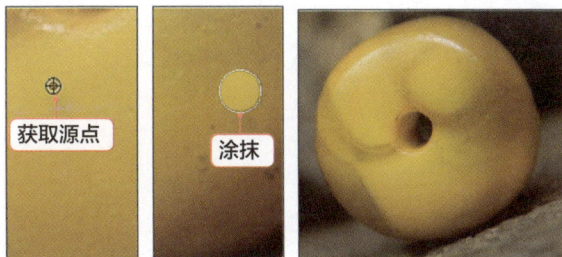

图2-35　　　　　　　　　　　　　　　　　　图2-36

STEP 03　选择"污点修复画笔工具" 🖊，按【[】键或【]】键调整画笔大小，在表面粗糙的地方沿着颜色的变化的方向涂抹，如图2-37所示。

STEP 04　继续使用相同的方法涂抹蜜蜡粗糙的表面，修复比较明显的瑕疵，效果如图2-38所示。

图2-37　　　　　　　　　　　　图2-38

STEP 05 选择【滤镜】/【杂色】/【蒙尘与划痕】命令，打开"蒙尘与划痕"对话框，设置"半径"为"2像素"，如图2-39所示。

STEP 06 单击 确定 按钮，返回图像窗口，可看到蜜蜡商品表面细小的瑕疵已经被修复了，效果如图2-40所示（配套资源:\效果\第2章\蜜蜡.jpg）。

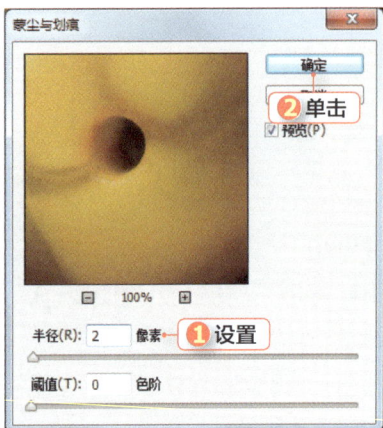

图2-39

图2-40

提示

蒙尘与划痕是Photoshop中处理杂色和图片表面瑕疵的常用功能。它通过将图片的像素颜色抹开，使原本粗糙的纹理变得光滑细腻，使图片效果更加真实。

2.2.4 增加金属质感

由于金属材质的商品具有比较强烈的反光，而且容易在拍摄时把周围的环境映射到商品上，因此，在处理金属材质的商品时，一定要体现出商品本身的光泽感，可以利用Photoshop中的渐变填充或图层样式快速制作金属质感效果；也可以利用"杂色"滤镜打造金属磨砂

扫一扫

增加金属质感

质感。下面以较为常见的化妆品商品为例进行讲解，主要利用渐变填充与"杂色"滤镜来制作金属磨砂质感的瓶盖，其具体操作如下。

STEP 01 打开"护肤品.jpg"图片文件（配套资源:\素材\第2章\护肤品.jpg），观察发现瓶盖的金属质感不强烈，如图2-41所示。

STEP 02 按【Ctrl+J】组合键复制图层，选择"钢笔工具" ，在瓶盖金属右侧的一端单击鼠标，在另一侧单击并拖动鼠标创建曲线路径（若单击时不拖动鼠标，会创建直线路径），拖动控制柄调整曲线的弧度，然后使用相同的方法沿着金属部分的轮廓绘制线条，直到与起始点重合，如图2-42所示。

STEP 03 按【Ctrl+Enter】组合键将路径转换为选区，创建瓶盖金属部分的选区，如图2-43所示。

图2-41	图2-42	图2-43

STEP 04 选择"渐变工具" ，在工具属性栏中单击渐变色块，打开"渐变编辑器"对话框。单击渐变条下方的第1个游标，单击色块，在打开的对话框中设置颜色值为"#f3f9fe"，向右拖动游标，移动其位置至2%处，如图2-44所示。

STEP 05 继续单击渐变条下边缘，可添加其他色游标，并移动游标，调整其位置。使用该方法依次添加图2-45所示的颜色值的色标，并将其移到对应的位置。

提示

单击选择色标，在"色标"栏的"颜色"栏中可设置色标的颜色，在"位置"数值框中可手动输入色标移动的距离，一般以百分比表示。

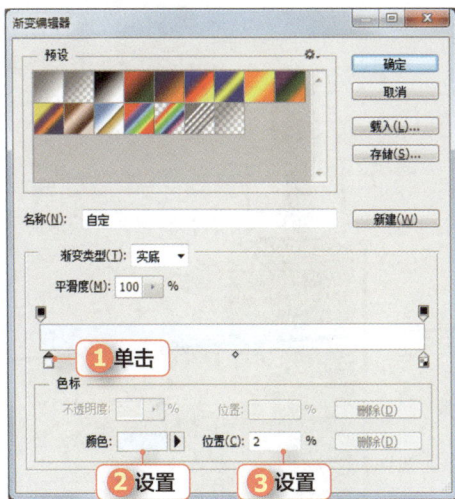

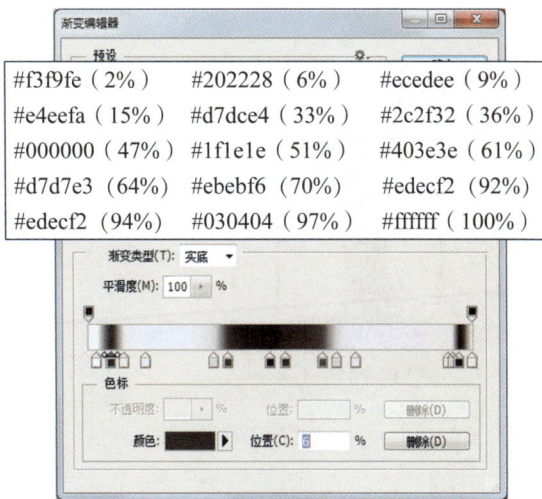

#f3f9fe（2%）	#202228（6%）	#ecedee（9%）
#e4eefa（15%）	#d7dce4（33%）	#2c2f32（36%）
#000000（47%）	#1f1e1e（51%）	#403e3e（61%）
#d7d7e3（64%）	#ebebf6（70%）	#edecf2（92%）
#edecf2（94%）	#030404（97%）	#ffffff（100%）

图2-44	图2-45

STEP 06 单击 确定 按钮，工具属性栏的渐变色条发生变化。然后按住【Shift】键，从选区的左侧边缘到右侧边缘拖动鼠标，创建垂直的渐变填充，效果如图2-46所示。

图2-46

STEP 07 按【Ctrl+J】组合键，将金属瓶盖复制到新图层。选择【滤镜】/【杂色】/【添加杂色】命令，打开"添加杂色"对话框，设置"数量"为"6"，单击选中 ⊙ 平均分布(U) 单选项和 ☑单色(M) 复选框，如图2-47所示，单击 确定 按钮。

STEP 08 在"图层"面板中将瓶盖图层的混合模式设置为"柔光"，效果如图2-48所示。

图2-47

图2-48

STEP 09 选择"钢笔工具" ✐ ，在瓶盖金属上方和下方绘制高光路径，如图2-49所示。

STEP 10 按【Ctrl+Enter】组合键转换为选区，设置前景色为白色，按【Alt+Delete】组合键填充，效果如图2-50所示。

图2-49

图2-50

STEP 11 新建图层4，选择"矩形选框工具" ⬚ ，在瓶盖左侧的黑线附近绘制一个与金属部分等高的反光面小矩形，如图2-51所示。

STEP 12 选择"渐变工具" ▭ ，分别设置渐变填充的颜色和位置为"#000000（0%）""#ffffff（14%）""#ffffff（70%）""#373636（89%）""#e7e6e6（100%）"，如图2-52所示，然后单击 确定 按钮。

图2-51

图2-52

STEP 13 返回图像窗口，拖动鼠标填充选区，然后设置图层4的混合模式为"明度"，效果如图2-53所示。

STEP 14 按【Ctrl+J】组合键复制图层4，得到图层4的拷贝图层，然后将其移动到金属瓶盖右侧，效果如图2-54所示。

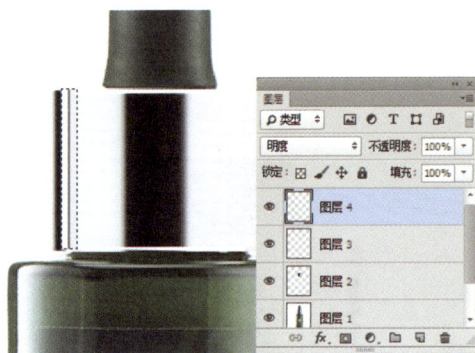

图2-53

图2-54

STEP 15 按【Ctrl+T】组合键进入自由变换状态，向左拖动图层4复制图层的左侧边；向右拖动图层4复制图层的右侧边，调整其大小，使其更贴合瓶身，立体感更强。然后选择"减淡工具" 🔍，涂抹反光面所在图层与金属瓶身的拼接处，使其过渡更加自然，如图2-55所示。

STEP 16 查看处理后的效果并保存，如图2-56所示（配套资源:\效果\第2章\护肤品.psd）。

图2-55

图2-56

2.3 抠取并合成商品图片

好的背景不仅可以增强商品图片的美观性，还能为商品的展示营造良好的氛围，突出商品的质感和美感，因此有必要对商品图片的背景进行处理。除了调色处理外，将商品图片从原背景中抠取出来，为其更换更加美观的背景也是处理商品图片时的常见操作。根据商品的背景、类型，可以将抠取商品的操作分为几种类型。下面先介绍抠取商品图片的方法，再介绍合成新图片的方法。

2.3.1 简单背景抠图

商品或背景的颜色较为简单，商品与背景的边界分明时，可使用"魔棒工具""快速选择工具"单击需要选择的部分区域，快速选择选区。

1. 魔棒工具

"魔棒工具" 通过指定单击处的原始颜色来选定色彩范围或容差颜色一致的区域，而不必跟踪其轮廓。魔棒工具的使用方法很简单，打开需要抠取的商品图片，选择"魔棒工具" ，在工具属性栏中设置属性值，然后单击需要抠取的颜色即可，如图2-57所示。

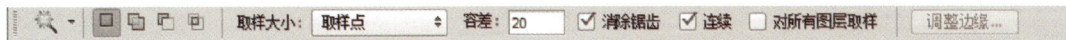

⚡ ▾	■ ■ ■ ■	取样大小:	取样点 ⬍	容差: 20	☑ 消除锯齿	☑ 连续	☐ 对所有图层取样	调整边缘…

图2-57

"魔棒工具"属性栏中各参数的含义如下。

● **选区选项** ■■■■：用"魔棒工具"进行选区设置，包括"新选区" ■、"添加到选区" ■、"从选区减去" ■和"与选区交叉" ■4种状态。默认状态下选中"新选区" ■；当需要执行其他操作时，可在已有选区的基础上单击不同的按钮进行选择，这时鼠标指针会依次变成 ✱、✱、✱、✱状态。图2-58所示为先创建新选区，再通过"添加到选区" ■增加选区内容的效果。

图2-58

提示

在创建选区的状态下，按【Shift】键可切换为"添加到选区"状态，按【Alt】键可切换到"从选区减去"状态，其作用与单击工具属性栏中的按钮相同。

- **"取样大小"下拉列表框**：用于设置选区的取样点像素大小。
- **"容差"数值框**：用于确定所选像素的色彩范围，以像素为单位输入一个值，范围介于 0 ~ 255。如果值较低，则会选择与单击处像素非常相似的少数几种颜色；如果值较高，则会选择范围更广的颜色。
- **"消除锯齿"复选框**：用于创建较平滑边缘选区。
- **"连续"复选框**：只选择使用相同颜色的邻近区域。否则，将会选择整张图片中使用相同颜色的所有像素。如果在单击选中"连续"复选框的状态下单击图片中要选择的颜色，则容差范围内的所有相邻像素都会被选中。否则，将选中容差范围内的所有像素。
- **"对所有图层取样"复选框**：使用所有可见图层中的数据选择颜色，否则"魔棒工具"将只从当前图层中选择颜色。
- 调整边缘... **按钮**：单击该按钮可打开"调整边缘"对话框，可进一步调整选区边界、对照不同的背景查看选区或将选区作为蒙版查看。

2. 快速选择工具

利用"快速选择工具" 可以通过调整的圆形画笔笔尖快速"绘制"选区，如图2-59所示。选择"快速选择工具" ，设置画笔笔尖大小后拖动鼠标绘制选区，选区会向外扩展并自动查找和跟随图片中定义的边缘。若需要改变画笔笔尖的大小，可在属性工具栏中的"画笔"下拉列表框中进行设置。图2-60所示为"快速选择工具"属性栏。

图2-59

图2-60

"快速选择工具"属性栏各参数的含义如下。

- **选区选项** ：与"魔棒工具"类似，分别表示"新选区""添加到选区""从选区减去"。在未选择任何选区的情况下默认选中"新选区"选项；创建初始选区后，将自动更改为"添加到选区"。

● **"画笔"下拉列表框** ![]：用于更改画笔笔尖大小，单击右侧的下拉按钮，可打开"大小"下拉列表，可设置画笔笔尖大小随钢笔压力或光笔轮而变化。在建立选区时，按右方中括号键（【]】键）可增大"快速选择工具"画笔笔尖的大小，按左方中括号键（【[】键）可减小"快速选择工具"画笔笔尖的大小。

● **"对所有图层取样"复选框**：基于所有图层（而不是仅基于当前选定图层）创建一个选区。

● **"自动增强"复选框**：用于减小选区边界的粗糙度，减弱其块效应。也可以单击 ![调整边缘...] 按钮，在打开的"调整边缘"对话框中通过"对比度"和"半径"选项手动进行边缘调整。

> **提示**
>
> 对于一些形状十分规则的图形，可使用"多边形套索工具" ![] 、"磁性套索工具" ![] 沿着图形的轮廓快速创建选区；使用"套索工具" ![] 可以绘制任意选区。

2.3.2 复杂图形抠图

当商品的轮廓比较复杂，背景比较杂乱，或背景与商品的分界不明显时，可使用"钢笔工具"进行抠图。"钢笔工具"是商品图片处理中十分常用的工具，通过绘制路径可以快速勾勒出商品的轮廓，将其转化为选区，从而达到精确抠取商品的目的。下面将使用"钢笔工具"抠取图片中的商品，其具体操作如下。

扫一扫
复杂图形抠图

STEP 01 打开"保湿乳.jpg"图片文件（配套资源:\素材\第2章\保湿乳.jpg），发现瓶子与背景太过接近，且边缘模糊，如图2-61所示。

STEP 02 选择"钢笔工具" ![] ，在工具属性栏中设置工具模式为"路径"，在瓶子周围单击并拖动鼠标创建路径，效果如图2-62所示。在创建直线段时，可直接单击添加锚点；在创建曲线段时，需要在单击添加锚点后，按住鼠标左键不放进行拖动。

图2-61

图2-62

STEP 03 当起点与终点相接时，完成路径的创建，如图2-63所示。

STEP 04 按住【Ctrl】键不放单击路径，即可选择路径并显示路径上的锚点，编辑路径上的锚点使路径更加精确。由于瓶子右侧的边缘不清晰，可拖动标尺创建辅助线，根据左侧边缘进行大致调整，如图2-64所示。

图2-63

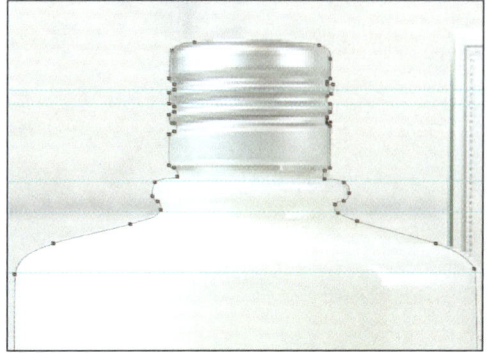

图2-64

提示

按住【Ctrl】键，移动路径上的锚点可调整线条位置，选中锚点，拖动控制柄可调整曲线的弧度；释放【Ctrl】键，单击路径可添加锚点，单击已有锚点可删除锚点；按住【Alt】键，单击锚点可切换平滑点与角点。

STEP 05 完成路径编辑后，按【Ctrl+Enter】组合键将路径转化为选区。选择【选择】/【修改】/【羽化】命令或按【Shift+F6】组合键，打开"羽化选区"对话框，设置"羽化半径"为"1像素"，如图2-65所示，单击 确定 按钮。

STEP 06 打开"海报背景.jpg"图片（配套资源:\素材\第2章\海报背景.psd），选择"移动工具" ，拖动选区到背景中，并将选区图层置于"图层2拷贝2"的下方，按【Ctrl+T】组合键进入自由变换状态，按住【Shift】键不放的同时，向右上方拖动右上角的控制点，放大图片，移动瓶子到画布的合适位置，如图2-66所示（配套资源:\效果\第2章\保湿乳.psd）。

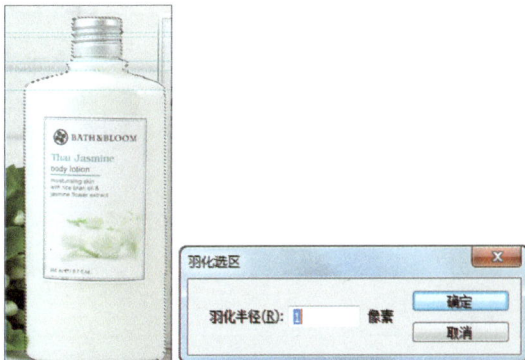

图2-65

图2-66

2.3.3 毛发抠图

扫一扫

毛发抠图

在抠取人物的头发或毛绒物品等时，利用一般的抠图方法既浪费时间，又达不到理想的效果。此时，可利用Photoshop的调整边缘功能快速抠取。下面以抠取人物为例，讲解通过调整边缘抠取头发的方法，其具体操作如下。

STEP 01 打开"人物.jpg"图片文件（配套资源:\素材\第2章\人物.jpg），按【Ctrl+J】组合键复制图层，单击"以快速蒙版模式编辑工具"⬜进入快速蒙版模式。然后选择"画笔工具"，在工具属性栏中设置"不透明度""流量"都为"100%"。

STEP 02 在图片中人物的身上进行涂抹，即涂抹需要保留的部分。涂抹过程中可根据需要按【[】键缩小画笔笔尖大小或按【]】键放大画笔笔尖大小，如图2-67所示。

STEP 03 单击工具箱中的"以标准模式编辑工具"⬜，此时涂抹部分将自动创建为选区，如图2-68所示。

图2-67

图2-68

STEP 04 按【Ctrl+Shift+I】组合键反选选区，选择【选择】/【调整边缘】命令，打开"调整边缘"对话框。在"视图模式"栏中的"视图"下拉列表框中选择"黑底"选项，在"边缘检测"栏中单击选中"智能半径"复选框，在"输出"栏中的"输出到"下拉列表框中选择"新建带有图层蒙版的图层"选项，然后单击选中下方的"记住设置"复选框，如图2-69所示。

STEP 05 将鼠标移动到图片窗口中，在人物四周涂抹，系统会根据人物周边的图像自动匹配涂抹效果，效果如图2-70所示。

STEP 06 单击 确定 按钮，将自动创建带有人物图形的图层蒙版图层，如图2-71所示。

STEP 07 隐藏下方的两个图层，可看到抠取的透明人物图形，效果如图2-72所示。在图层下方新建一个空白图层并填充为白色，可更清晰地看到抠取后的效果，如图2-73所示（配套资源:\效果\第2章\人物.psd）。

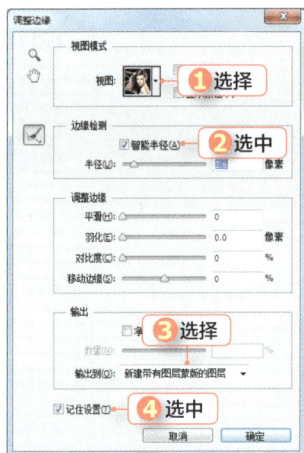

图2-69

图2-70

图2-71

图2-72

图2-73

2.3.4 透明物体抠图

对于一些特殊的商品，如水杯、酒杯、婚纱、冰块、矿泉水等，为了更好地拍摄出其透明感，常选用深色或黑色背景。要将这些商品抠取出来，置于其他背景中时，则需要结合使用钢笔工具、图层蒙版和通道等进行抠图，这样才能完整呈现出其透明感。下面通过抠取透明玻璃杯讲解透明物体的抠取方法，其具体操作如下。

扫一扫

透明物体抠图

STEP 01 打开"酒杯.jpg"图片文件（配套资源:\素材\第2章\酒杯.jpg），按【Ctrl+J】组合键复制图层，以保留原图片，如图2-74所示。

STEP 02 切换到"通道"面板，单击观察红、绿、蓝三个通道，选择黑白对比最强烈的通道，这里选择蓝色通道并单击鼠标右键，在弹出的快捷菜单中选择"复制通道"命令，得到"蓝拷贝"通道，如图2-75所示。

STEP 03 选择"蓝 拷贝"通道，按【Ctrl+L】组合键打开"色阶"对话框，设置"输入色阶"的值分别为"68""0.48""173"如图2-76所示，单击 确定 按钮获得透明部分。

图2-74

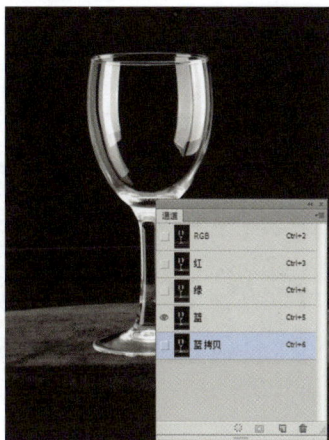

图2-75

STEP 04 查看透明部分的效果，然后将鼠标指针移动到"蓝 拷贝"通道缩略图上，按住【Ctrl】键并单击缩略图，将透明部分载入选区，如图2-77所示。

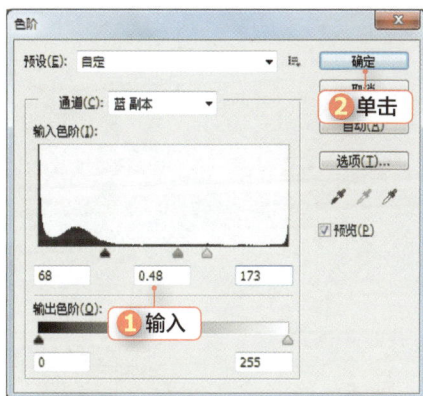

图2-76

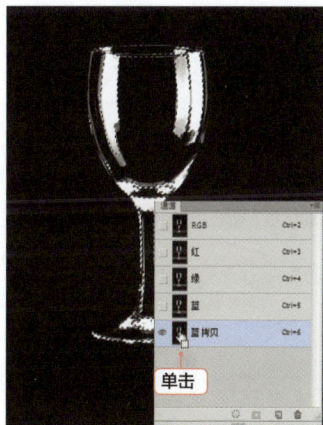

图2-77

STEP 05 返回"图层"面板，单击"创建新图层"按钮 新建一个图层，并重命名为"透明"，如图2-78所示。

STEP 06 选择【编辑】/【填充】命令，打开"填充"对话框，在"使用"下拉列表框中选择"白色"选项，单击 确定 按钮填充透明部分，效果如图2-79所示。

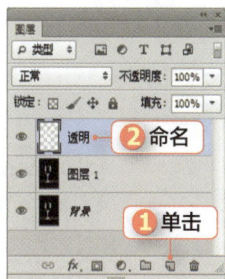

图2-78

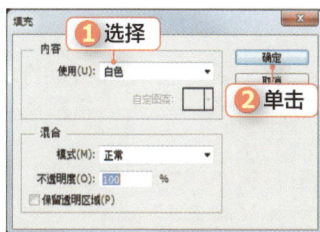

图2-79

STEP 07 按【Ctrl+D】组合键取消选区，打开"酒杯背景.psd"图片文件（配套资源:\素材\第2章\酒杯背景.psd），将"透明"图层拖入，适当调整其大小并按两次【Ctrl+J】组合键复制透明部分，增加酒杯的亮度，效果如图2-80所示（配套资源:\效果\第2章\酒杯.psd）。

图2-80

2.3.5 图片合成

图层好比一张透明的醋酸纸，层与层之间是叠加的。若上层无任何内容，则对当前层无影响；若上层有内容，与当前层重叠的部分，则会遮住当前层的内容。图片合成就是通过多个图层的叠加将单一的图层内容组合成丰富的图片内容。图2-81所示为将不同图层中的内容合成为一张完整海报。

图2-81

图片合成需要掌握的知识较多，主要包括图层操作、图层蒙版等知识。下面以合成护肤品背景为例进行介绍，其具体操作如下。

STEP 01 打开"图片合成"文件夹（配套资源:\素材\第2章\图片合成\）中的图片文件，包括"合成素材.psd""蜂蜜.jpg""菊花.jpg""叶子.png"，如图2-82所示。

扫一扫

图片合成

STEP 02 切换到"蜂蜜.jpg"图片文件，选择【图像】/【调整】/【色阶】命令，打开"色阶"对话框，设置"输入色阶"的值分别为"0""1.41""204"，如图2-83所示，单击 确定 按钮，调整图片亮度。

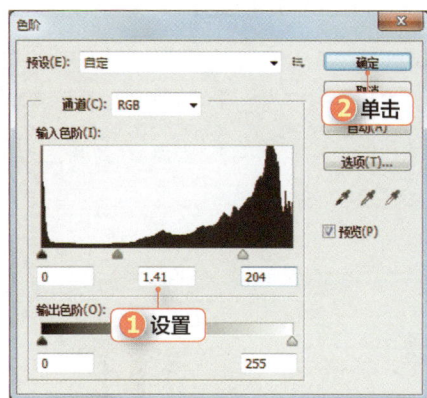

图2-82　　　　　　　　　　　　　　　　　图2-83

STEP 03 选择"移动工具" ，将调整后的蜂蜜图片拖动到"合成素材.psd"图片文件中，并置于"图层1"的下方。单击"图层"面板中的"添加图层蒙版"按钮 ，为蜂蜜图片添加图层蒙版，如图2-84所示。

STEP 04 设置前景色为黑色，选择"画笔工具" ，在工具属性栏中设置"不透明度""流量"都为"100%"，设置画笔样式为"柔边圆"。然后选择"图层"面板中"图层2"创建的蒙版图层，在图片窗口中的蜂蜜图片上涂抹，使其只保留中间的蜂蜜，隐藏其他内容，如图2-85所示。

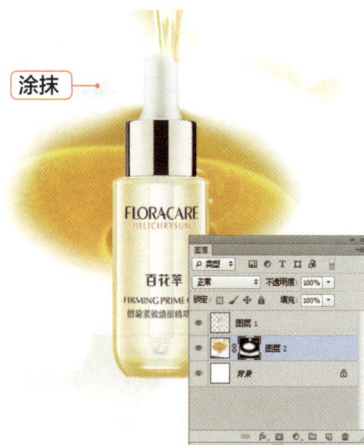

图2-84　　　　　　　　　　　　　　　　　图2-85

提示

　　用黑色画笔涂抹图层蒙版可隐藏图层中被涂抹区域的内容；反之，用白色画笔涂抹则会显示隐藏的内容。

STEP 05 按【Ctrl+T】组合键进入自由变换状态，拖动蜂蜜图片四角的控制点放大图片，使蜂蜜位于瓶子的左上角。然后在"图层"面板中设置蜂蜜所在图层的"不透明度"为"20%"，如图2-86所示。

STEP 06 切换到"菊花.jpg"图片文件。选择"魔棒工具" ，在白色背景上单击，快速选择选区，然后按【Ctrl+Shift+I】组合键反选选区，获得菊花素材。

STEP 07 使用"移动工具" 将其拖动到"合成素材.psd"图片文件中，适当调整其大小并将其移动到画面左下角。按【Ctrl+J】组合键复制图层，将其移动到右上角，效果如图2-87所示。

图2-86

图2-87

STEP 08 将"叶子.png"图片拖动到"合成素材.psd"图片文件中，适当调整其大小和位置，并为其新建图层蒙版。使用黑色画笔涂抹蒙版，改变叶子的形状，效果如图2-88所示。

STEP 09 复制叶子图层，选择复制后的图层中的图层蒙版，在其上单击鼠标右键，在弹出的快捷菜单中选择"删除图层蒙版"命令删除蒙版。最后适当调整叶子图片的方向和瓶子图层的大小，完成素材的添加，效果如图2-89所示。将文件另存为"图片合成.psd"，完成操作（配套资源:\效果\第2章\图片合成.psd）。

图2-88

图2-89

2.4 实战训练

2.4.1 精修羽绒服

1. 实训要求

本实训将对有瑕疵的羽绒服图片进行精修，去掉羽绒服上的褶皱和瑕疵，使其看起来干净、整洁。

2. 实训分析

打开羽绒服图片文件，发现羽绒服上的褶皱太多，因此需要先进行褶皱的修复；其次，羽绒服的色调暗淡，还要对图片进行亮度、对比度的调整；再次，为了使羽绒服表面看起来光滑、整洁，需要使用涂抹工具；最后，还可使用高反差保留滤镜对图片的清晰度进行进一步调整。

高反差保留滤镜主要用于保留图片中颜色、明暗反差加大部分的交界处，而无明显颜色、明暗变化的地方则生成中灰色。使用该滤镜后，需要配合图层混合模式使用，一般设置为"柔光"模式叠加在原图层上就可以进一步提高图片的清晰度，但不适用于太过模糊的图片。图2-90所示为调整前后的效果。

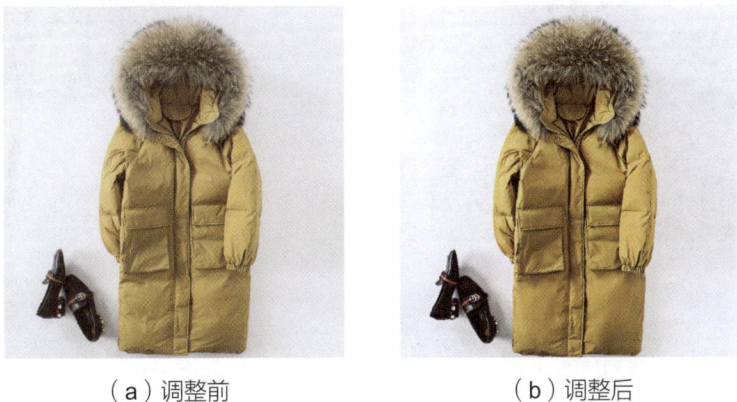

（a）调整前　　　　　　　　　　　　（b）调整后

图2-90

3. 操作思路

完成本实训需要进行以下主要操作。

STEP 01 修复褶皱。打开"羽绒服.jpg"图片文件（配套资源:\素材\第2章\羽绒服.jpg），复制背景图层，然后选择"修复画笔工具" ，在褶皱的平滑部分处按住【Alt】键单击鼠标左键，并在周围拖动进行图片修复。

STEP 02 调整亮度、对比度。选择【图像】/【调整】/【色阶】命令，在打开的对话框中设置两端的滑块值为"11""248"。

STEP 03 光滑材质。选择"涂抹工具" ，设置强度为"44%"，按【[】键或【]】键调整笔尖大小，涂抹粗糙的面料表面，使材质光滑。

STEP 04 提高清晰度。为羽绒服创建选区，并复制到新图层。选择【滤镜】/【其他】/【高反差保留】命令，打开"高反差保留"对话框，设置半径为"8像素"，最后设置图层混合模式为"柔光"，完成制作（配套资源:\效果\第2章\羽绒服.psd）。

2.4.2 为沙发更换背景

1. 实训要求

沙发等家具的图片往往带有场景。若要制作白底图或海报，需要先将图像抠取出来，再放置到其他背景中进行合成。

2. 实训分析

首先，为沙发创建选区，抠取沙发的图像，然后将抠取的沙发图像移动到背景中，调整沙发的大小与位置，最后，根据沙发的光影关系，在背景图上制作投影，使沙发与背景融合得更好。前后效果如图2-91所示。

图2-91

3. 操作思路

完成本实训需要进行以下主要操作。

STEP 01 抠取沙发图像。打开"沙发场景.jpg"图片文件（配套资源:\素材\第2章\沙发场景.jpg），使用"快速选择工具" 在绿色的沙发上创建选区，按住【Shift】键不放，加选沙发腿；然后按【Shift+F6】组合键，在打开的对话框中设置"羽化半径"为"0.2像素"。

STEP 02 添加选区到背景。按【Ctrl+J】组合键，复制选区到新建图层上。打开"沙发背景.jpg"图片文件（配套资源:\素材\第2章\沙发背景.jpg），将抠取的沙发图像拖动到背景窗口中，调整大小与位置。

STEP 03 添加投影。在背景图层上方新建图层2，设置前景色为"#c9c9c9"，选择"画笔工具" ，设置"硬度"为"78%"，设置"不透明度"为"100%"，调整画笔大小，在新建的图层上绘制投影，完成制作（配套资源:\效果\第2章\沙发场景.psd）。

2.5 拓展延伸

为了帮助读者更好地理解本章所学知识，下面介绍一些与本章内容相关的其他知识。通过这些知识的学习，读者可以更加全面地掌握本章所学内容。

1. 图层操作

在Photoshop中进行图片处理时需要大量应用"图层"面板，如图2-92所示。在"图层"面板中选择图层后，在面板上方的下拉列表框中可设置图层不透明度与混合模式；拖动图层到其他位置可移动图层的堆叠顺序，使用移动工具拖动图层中的图片可移动图片在画布中的位置；单击对应的按钮即可完成图层的新建、删除、隐藏与显示、锁定、链接、添加图层样式、添加图层蒙版等操作。

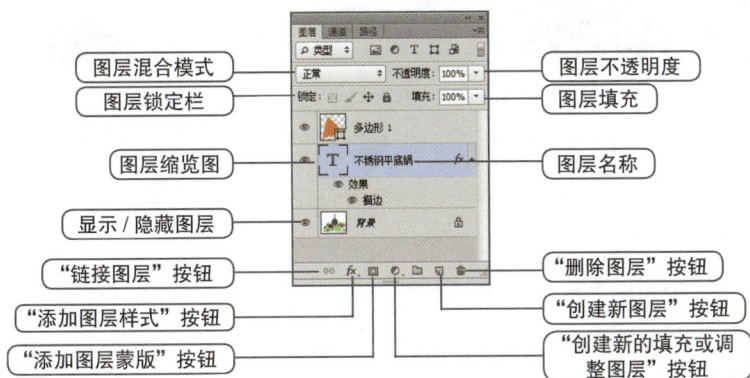

图层混合模式
图层锁定栏
图层缩览图
显示 / 隐藏图层
"链接图层"按钮
"添加图层样式"按钮
"添加图层蒙版"按钮

图层不透明度
图层填充
图层名称
"删除图层"按钮
"创建新图层"按钮
"创建新的填充或调整图层"按钮

图2-92

此外，常用的图层操作如下。

● **复制图层**：按【Ctrl+J】组合键可复制当前选择的图层，拖动图层至"新建图层"按钮上也可复制该图层。

● **合并图层**：选择两个或两个以上要合并的图层，选择【图层】/【合并图层】命令，或按【Ctrl+E】组合键可将多个图层合并为一个图层。选择【图层】/【合并可见图层】命令，或按【Shift+Ctrl+E】组合键将合并可见的图层，隐藏的图层不进行合并。

● **盖印图层**：若要将多个图层的内容合并到一个新的图层中，同时保留原来的图层不变，可执行盖印图层操作。选择多个图层，按【Ctrl+Alt+E】组合键，可将选择的图层盖印到一个新的图层中。

● **利用图层组管理图层**：当图层较多时，可使用图层组进行分类管理，以方便后期查找与修改。选择需要移动到一个图层组中的图层，按【Ctrl+G】组合键即可移动到新建的图层组中，双击组名称或图层名称，可重命名组名称或图层名称；也可单击"创建新组"按钮新建图层组，然后将图层拖动到该图层组中。

2. 文字的应用

根据商品发布的需要，还可在图片中添加文字，作为对商品的补充说明或进行卖点展示。详情页中的文案大部分也是通过在Photoshop中为图片添加文字来制作的。文字在图片中常表现为3种类型，即横排文字、竖排文字、变形文字，如图2-93所示。不同的图片构图需要搭配不同类型的文字才能使图片效果更加吸引消费者。横排文字是最常见的文字排列方式，常用于海报及详情页中的内容说明。竖排文字常用于较突出的区域，以区分横排内容，突出重点。变形文字是将文字的局部或者整体，通过改变大小、外形来进行字形再加工和创造的一种模式，可以使文字更加美观，画面更具创意和辨识度。

图2-93

在Photoshop中可使用"横排文字工具" T 、"直排文字工具" IT 进行横排文字和竖排文字的输入。其使用方法为：选择"横排文字工具" T 或"直排文字工具" IT ，在工具属性栏中设置"字体""字形""字号""颜色"和"对齐方式"等，再在图片中输入文字即可。若需要变形文字，可输入文字后单击"路径"面板中的"从选区生成工作路径"按钮 ，将文字轮廓转换为路径，然后使用钢笔工具对路径进行重新设计，使其更具美感和吸引力。

3. 调整图层

在Photoshop中除了利用【图像】/【调整】命令在弹出的子菜单中选择相应的命令进行图片调整外，还可以在图层面板中单击"创建新的填充或调整图层"按钮 ，在打开的下拉列表框中选择各种类型的填充或调整图层进行操作，如图2-94所示。调整图层与调整命令的最大区别是调整图层可以在不改变原图片的基础上进行调整操作的叠加，创建调整图层后将打开相应的"属性"面板，如图2-95所示。这些"属性"面板中的参数与通过调整命令打开的对话框参数一致，操作方法相同。

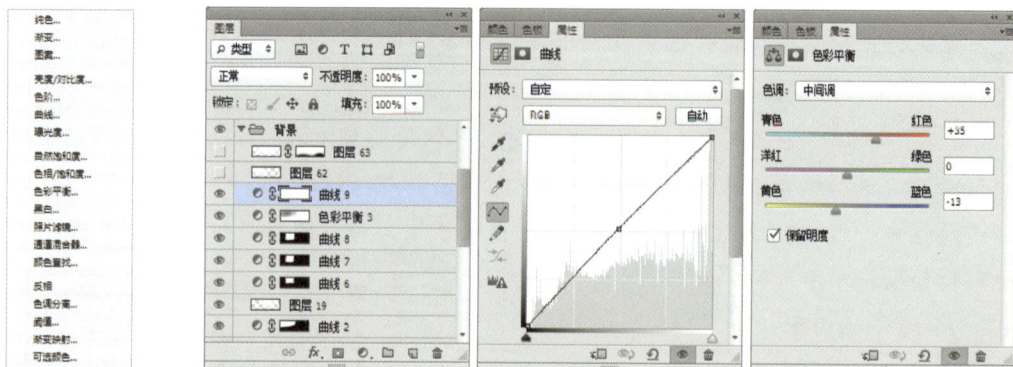

图2-94

图2-95

2.6 思考练习

（1）抠取一款唇膏商品（配套资源:\素材\第2章\唇膏）图像并将其添加到新背景中，前后效果对比如图2-96所示（配套资源:\效果\第2章\唇膏.psd）。

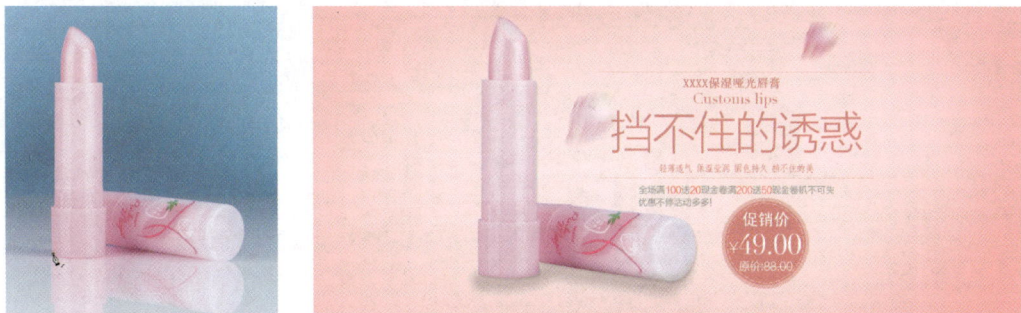

图2-96

（2）抠取一款婚纱商品（配套资源:\素材\第2章\婚纱）图像并将其添加到新背景中，前后效果对比如图2-97所示（配套资源:\效果\第2章\婚纱.psd）。

图2-97

第3章
制作主图与详情页

本章导读

消费者在京东商城中购买商品时，一般根据主图来判断是否查看该商品的详情页。进入详情页后，详情页的好坏则直接决定了消费者是否会产生购买行为。据统计，大多数消费者都是在查看详情页后生成订单的。由此可知，商品主图与详情页对商品销售是至关重要的。在进行商品信息上传时，需要提前设计好商品主图和详情页，以提高商品发布的效率。本章将对商品发布前主图与详情页的制作方法进行介绍，帮助商家制作出高点击量和高转化率的商品主图与详情页。

知识技能

— 掌握主图的制作方法
— 掌握主图视频的制作方法
— 掌握详情页的规划与制作方法

3.1 制作主图

　　主图是消费者搜索商品后展示在眼前的第一张图片，消费者单击该图片后可以进入商品详情页，查看商品的详细信息。在商品搜索结果页、商品详情页顶部和店铺首页都会出现商品主图，主图是展示商品信息的首要途径。图片清晰、细节直观的商品主图可以让消费者快速了解商品，并对商品产生直观的印象，促使消费者进入商品详情页进行深入了解，从而产生流量，最终实现流量的转化。因此，制作主图是在商品发布前必须完成的工作，不仅能够提高店铺商品的点击率和店铺流量，还能吸引消费者进一步了解商品详情信息。

　　在京东商城中，发布商品前需要准备至少1张主图图片、5张细节图片（有些类目是9张）、1张透明素材图。第1张即为主图，也称首图，其他5张（或9张）图片为商品细节图，也称作辅图，透明素材图的主要作用是自动生成广告图片，不需要商家再提供单独的广告透明图片就可以实现广告的自动投放，如图3-1所示。

图3-1

　　商家在进行主图制作前，需要先明确主图的制作规范，以保证主图符合京东商城的上传规则。下面进行具体介绍。

3.1.1 主图规范

　　主图尺寸要求为800像素×800像素，分辨率至少为72dpi，单张图片大小不超出1024KB，仅支持JPG、JPEG、PNG格式的图片。

　　主图图片要清晰，不能虚化，除部分特殊类目（如家纺、服装等需要情景烘托的商品）外，均采用白色背景正面图，具体可参见各行业的标准。图3-2所示为不同类目的商品主图示例。

图3-2

提示

主图中不能出现水印、拼接，不能包含促销、描述等文字说明，也不能包含任何日期、品牌 Logo 等信息（个别类目可添加，具体须参见行业标准）。图 3-3 所示的主图即为错误示例。

图3-3

3.1.2 辅图规范

辅图不强制要求纯白色背景，但要保证图片清晰、无噪点，不能模糊，满画布居中，保证亮度充足，商品细节真实。所谓满画布居中，是指商品位于图片的正中间，且在水平或垂直方向上顶边（可有一定的间距，一般为10~40像素）。图3-4所示为商品满画布图片示意图。

图3-4

辅图的主要作用是对主图进行补充说明，可以是商品不同角度的展示，也可以是商品材质、设计或细节的个性化展示。发布商品时建议尽量多上传辅图，这样可以让消费者快速了解更多的商品信息，以确定购买意向。

动手一试

在京东商城中搜索任意一款商品，对比商品主图中的首图与辅图，查看两者之间的区别。

3.1.3 主图注意事项

除了以上必须符合的规范外，制作商品主图时还需注意以下事项。

- 商品图片不得失真或不清晰。
- 不能有大面积投影或大区域环境物反射。
- 不得出现拉伸、变形、压缩等非等比例缩放的情况。
- 主图中呈现的商品个数与实际商品销售的数量需保持一致。
- 所显示的商品颜色、规格等必须与文字介绍一致。
- 不得出现与所售商品无关的其他商品和物体。

图3-5所示为一些错误的主图示范。商家在制作发布商品主图时，要尽量避免这些问题，以提高主图审核的通过率。

图3-5

提示

　　商家可通过"商家入驻"—"开放平台规则"—"规范体系"—"京东主图发布规范操作手册"路径查看主图的详细要求。特别是对于一些特殊类目的商品，如家电类目，必须要放置能效标识，如图3-6所示。

图3-6

3.1.4 调整主图大小

表3-1所示为常见的相机成像尺寸与成像大小间的关系。

表 3-1 常见的相机成像尺寸与成像大小间的关系

成像尺寸 （像素 × 像素）	成像大小
4608 × 3456（精细）	16MB
4608 × 3456	16MB
4000 × 3000	12MB
3264 × 2448	8MB
2592 × 1944	5MB
2048 × 1536	3MB

由于商品类目不同，商品图片所需要呈现的效果不同，商家在拍摄对应的商品图片时就会选择不同的尺寸与大小进行拍摄。这些拍摄出来的商品图片由于尺寸和大小不符合京东商城的主图规范，因此需要调整，使其符合上传标准。下面利用Photoshop对拍摄的商品图片大小和灰色背景进行处理，使其符合尺寸为800像素×800像素，背景为白色的基本要求。其具体操作如下。

扫一扫

调整主图大小

STEP 01 在"沐浴露.jpg"图像文件（配套资源:\素材\第3章\沐浴露.jpg）上单击鼠标右键，在弹出的快捷菜单中选择"属性"命令，打开"沐浴露.jpg 属性"对话框。单击"详细信息"选项卡，查看商品图片的图像信息和文件信息，如图3-7所示。从中可看出，商品图片的原始大小为4696像素×3130像素，分辨率为300dpi，大小为5.21MB。

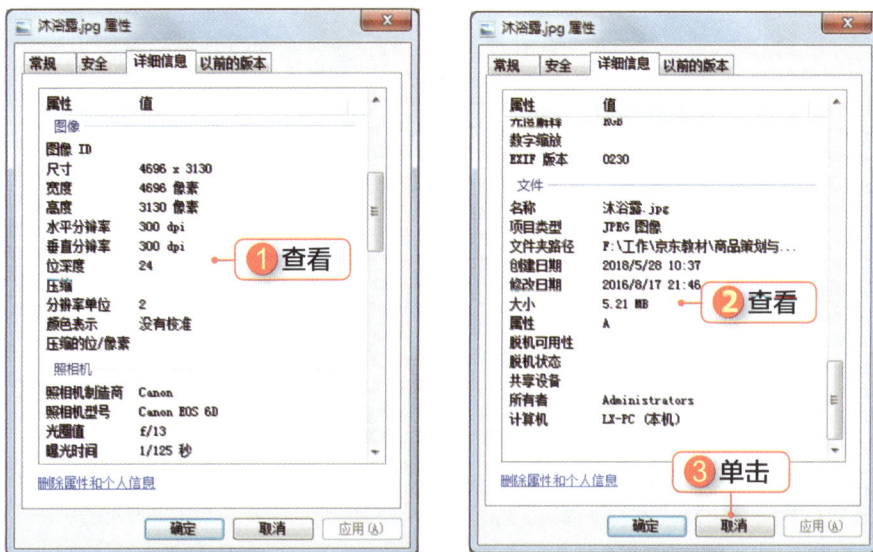

图3-7

STEP 02 单击 取消 按钮关闭对话框。启动Photoshop，选择【文件】/【打开】命令，在打开的对话框中选择"沐浴露.jpg"图像文件，单击 打开(O) 按钮打开商品图片，如图3-8所示。

STEP 03 选择【图像】/【图像大小】命令，打开"图像大小"对话框。在"高度"数值框中输入"800"，此时"宽度"数值框会自动进行比例约束，并填入相应的数值，如图3-9所示。单击 确定 按钮完成图像大小的调整。

图3-8

图3-9

提示

本例通过修改图片的高度来进行图像大小的调整，是因为高度的数值较小。若设置高度的数值为 800 像素后可保证宽度的像素，调整后的商品图片大小将小于 800 像素 ×800 像素。

STEP 04 选择"裁剪工具" ，在工具属性栏中设置裁剪模式为"1×1（方形）"。此时Photoshop将自动裁剪出800像素×800像素大小的图像区域，使用鼠标拖动裁剪区域可调整裁剪后的图像显示内容，保持商品位于正中间的位置后按【Enter】键确认，如图3-10所示。

图3-10

STEP 05 按【Alt】键并向前滚动鼠标滚轮，可放大图片显示比例，然后选择"钢笔工具" ，在商品顶部单击鼠标定位第一个锚点（起始点），在右侧商品轮廓处单击并拖动鼠标，定位第二个锚点并调整路径的弧度，如图3-11所示。

STEP 06 使用相同的方法沿着商品的轮廓绘制路径，并调整路径与商品轮廓相符合，最后与起始锚点位置重合，形成完整的商品轮廓路径，效果如图3-12所示。

图3-11

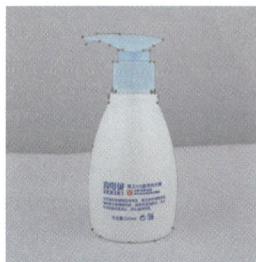

图3-12

STEP 07 按【Ctrl+Enter】组合键将路径转换为选区，然后选择【选择】/【修改】/【收缩】命令，打开"收缩选区"对话框，设置收缩量为"1像素"，如图3-13所示，单击 确定 按钮。

STEP 08 按【Ctrl+J】组合键将选区内容复制为"图层1"，然后单击"图层"面板底部的"创建新图层"按钮 新建"图层2"。将"图层2"拖动到"图层1"的下方，按【Ctrl+Delete】组合键将图层2填充为白色，如图3-14所示。

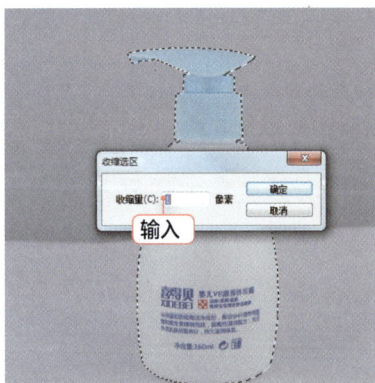

图3-13

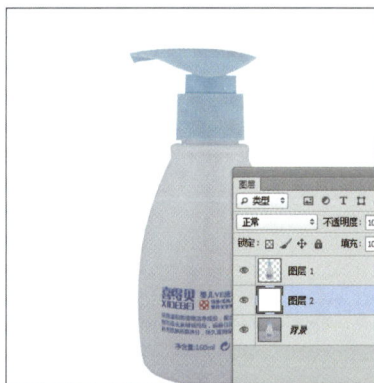

图3-14

STEP 09 选择图层1，按【Ctrl+T】组合键适当调整放大图片，使其与垂直方向边缘的距离为10~40像素，效果如图3-15所示。

STEP 10 在"图层"面板中单击"创建新的填充或调整图层"按钮，在打开的下拉列表中选择"色阶"选项，在打开的色阶"属性"面板中设置参数为"14""0.97""213"，如图3-16所示。

STEP 11 查看调整后的商品图片，此时图片大小合适，背景纯白，符合京东商城对主图的要求，效果如图3-17所示（配套资源:\效果\第3章\沐浴露.psd）。

图3-15

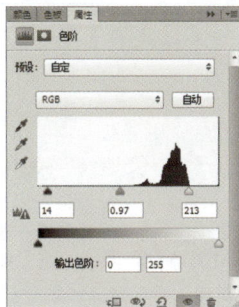

图3-16

图3-17

3.2 制作主图视频

　　主图视频，就是消费者打开商品详情页后，第一时间出现在主图位置的商品视频。这一位置可谓兵家必争之地。一个好的主图视频对转化率的影响不容小觑，在新的京东风向标的指标中，转化能力指的就是主图视频。主图视频对于消费者购物习惯的影响，远超文字和图片。官方数据显示，25%的京东用户会在购买前主动观看视频，观看平均时长约为51秒，播放完成率超过80%。而在家电品类测试中，高质量视频可以将销售转化率提高18%。下面就对主图视频的相关知识进行介绍，以帮助商家了解主图视频的制作方法。

3.2.1 了解京东主图视频

　　京东主图视频是一种依赖于智能终端快速实现拍摄、美化、编辑和播放，并通过京东电商平台快速进行内容分享的一种短视频形式。主图视频中的内容十分丰富，融合了文字、声音、视频等多种内容形式，以更加直观和立体的方式来进行商品的展示，以满足消费者对商品更深层次的了解诉求，促进商品与消费者之间的沟通和信息转化。

　　京东主图视频同时支持电脑端和移动端播放，在电脑端显示为视频播放按钮状态，在移动端显示为"按钮+时间"状态，如图3-18所示。

图3-18

在进行京东主图视频的制作前，我们需要先了解主图视频的规范，包括以下几点。

- **时长**：6~90s。
- **格式**：仅支持MP4格式。
- **宽高**：推荐16：9或1：1，500像素 ≤ 长边 ≤ 1920像素。
- **大小**：50MB以内。
- **背景**：主图视频的背景与主图图片的背景类似，建议为纯白色背景或搭配相应的场景，但应避免出现其他物品或无关的场景、人物。

3.2.2　主图视频的拍摄要求

在拍摄主图视频时，可能会出现一些问题，如未能平稳移动拍摄器材，使拍摄的整体画面出现倾斜、不平衡。在逆光的情况下进行拍摄，画面主体不清晰；固定画面太少，后期编辑时没有过多的镜头；声音不清楚等。为了避免出现这些情况，需要注意视频拍摄的注意事项，总体来说要保证平、准、稳、匀。

① 平：保持摄像机处于水平状态，尽量让画面在取景器内保持平衡，这样拍摄出来的影像才不会倾斜。

② 准：在摇镜头或移动镜头时，起幅和落幅要一次到位，不能晃来晃去。

③ 稳：画面稳定，拍摄时尽量使用三脚架，不要因变焦而出现画面模糊不清的情况。

④ 匀：移动镜头的过程中速度要均匀，除特殊情况外，不能出现时快时慢的现象。

1. 保持画面稳定

画面稳定是视频拍摄的核心，虽然现在很多手机和摄像机都带有防抖功能，但是若想增强视频的稳定性，需要使用三脚架进行固定。在没有三脚架的情况下，需要双手持机：右手正常持机，左手扶住屏幕使机器稳定。若胳膊肘能够顶住身体形成第三个支点，则手机或摄像机将会更加稳定。总的来讲，要遵循以下原则：双手紧握手机或摄像机，重心应放在腕部，同时保持身体平衡，可以找依靠物来稳定重心，如墙壁、柱子、树干等。若需要进行移动拍摄，也要保证双手紧握手机或摄像机，将重心放在腕部，两肘夹紧肋部，双腿跨立，稳住身体重心。只有保证了视频的稳定性，才能取得更好的后期效果。

2. 保持画面水平

若画面倾斜严重，将会影响视频效果。因此，在拍摄过程中，应确保取景的水平线（如地平线）和垂直线（如电线杆或大楼）与取景器或液晶屏的边框保持平行或垂直，保持画面水平，符合客观事实。采用倾斜的机位拍摄，有悖于人们眼睛看到的世界，会让消费者感觉不舒服，如图3-19所示。

3. 拍摄时间的把握

在拍摄视频时，因为长时间同一视角观看视频会使人感到乏味，所以可分镜头拍摄多段视频，然后剪辑在一起形成一个完整的视频，拍摄视频时应尽量对拍摄时间进行控制，保证特写镜头的时间为2~3s，近景的时间为3~4s，中景的时间为5~6s，全景的时间为6~7s，大全景的时间为6~11s，而将一般镜头的时间控制在4~6s为宜。对拍摄时间进行控制，可以方便后期的制作，让消费者看清楚拍摄的场景并明白拍摄者的意图，使视频效果更加生动。

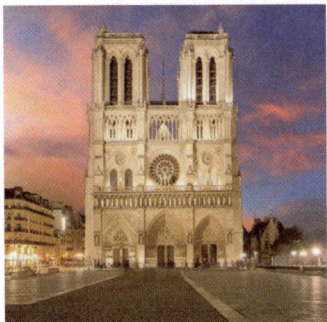

图3-19

4. 独特的拍摄视角

构图的关键在于平衡。拍摄自然风景时，应尽量避免地平线处于画面的等分线上，这样会将画面均分为两半，给人呆板的感觉。地平线处于画面上方，会给人活泼有力的感觉；地平线处于画面下方，会给人宁静的感觉。

在拍摄过程中，使用不同的拍摄机位可形成不同的视角和构图，产生的镜头效果也不同。镜头由下而上拍摄主体，可以使被摄体的形象高大；镜头由上而下拍摄主体，可使被摄体变得渺小，从而产生戏剧性的效果。

3.2.3 使用相机拍摄主图视频

主图视频的主题要突出，注重整体效果的简单、美观，要保证商品始终完整出现在视频的可见区域内，不能出现歪斜、抖动、频闪和失真等情况。在使用相机拍摄主图视频时，商家要根据商品的特点确定需要拍摄的内容。一般来说，商品外观展示、商品使用说明、商品场景应用、商品测试等都是比较常见的视频内容。要注意，视频中不能出现以下内容。

● 不能出现《中华人民共和国广告法》中禁止使用的词语和内容。

● 不能出现任何人名、联系方式、可识别的编号或品牌。

● 不能出现与其他同类商品的对比。

● 若需要添加品牌Logo，建议在视频最后的1~2s添加。

明确以上内容后即可开始进行京东主图视频的拍摄，下面以拍摄护肤品商品为例介绍拍摄主图视频的方法。在进行拍摄前，需要先布置场景和灯光。这里将较为常见的日常生活场景作为拍摄的主场景，并通过拍摄模特使用护肤品的过程来展示商品。拍摄时使用两盏带有柔光箱的摄影灯从左右两侧上方45°位置进行打光，将相机固定在三脚架上，设置相机摄影分辨率为1920像素×1080像素，并使用中长镜头对准中间区域进行拍摄。其拍摄步骤如下。

STEP 01 拍摄护肤品的外观。将相机对准模特，使模特位于画面的中间位置，并取中景拍摄模特从桌面拿起护肤品放到脸旁展示护肤品外观的画面，如图3-20所示。

STEP 02 拍摄取用护肤品的方法。模特用手拧开护肤品的瓶盖，将护肤品瓶身倒转过来，将瓶内的护肤品倒在手心上，如图3-21所示。

图3-20 　　　　　　　　　　　　　　　图3-21

STEP 03 拍摄护肤品使用过程。模特将手上的护肤品涂抹到面部皮肤上，使用双手涂抹护肤品帮助皮肤吸收，如图3-22所示。

STEP 04 拍摄护肤品整体图。转换场景，将护肤品套装中的单品都取出来放在桌面上进行拍摄，如图3-23所示。

图3-22 　　　　　　　　　　　　　　　图3-23

> **提示**
>
> 　　京东商城对主图视频有着非常严格的规定，其时长必须为6~90s，服饰类商品的主图视频长宽比推荐为7∶9，非服饰类商品的主图视频长宽比推荐为16∶9。此外，商家也可在详情页中添加商品说明视频，其拍摄方法与主图视频拍摄方法类似，这里不再赘述。同时，关于京东商品主图视频和详情视频的具体规范，将在第6章中进行更加详细的讲解，这里不做过多描述。

3.2.4 使用京东工具软件生成主图视频

对于一些商家来说，自己编写脚本拍摄视频或联系短视频策划制作公司拍摄视频耗费的成本太高，这时可选择较为折中的方法，如使用工具软件完成。下面介绍两款应用于PC端和移动端的主图视频工具，分别是快剪辑京东版和京东视频助手。

1. 快剪辑京东版

据统计，商家主图视频常因为出现与商品无关的水印、背景音乐侵权、背景音效嘈

杂、视频格式不匹配等问题而被驳回。为了有效地避免这些问题，给商家更好的视频制作
体验，优化视频内容质量，京东与360快剪辑合作定制了一款可以在PC端免费制作专业主图
视频的工具——快剪辑京东版。快剪辑京东版是一款免费的、无须注册和登录的社区类剪
辑软件，下载并安装快剪辑京东版后可直接打开软件界面，单击 ⊞ 新建项目 按钮，可根据需
要选择专业模式或快速模式进行视频剪辑。专业模式主要包括视频剪辑、字幕、音效和转
场特效等内容，快速模式主要包括视频剪辑和声音编辑两部分内容。图3-24所示为专业模
式下的快剪辑京东版界面，完成剪辑操作后可单击 保存导出 > 按钮将主图视频导出。

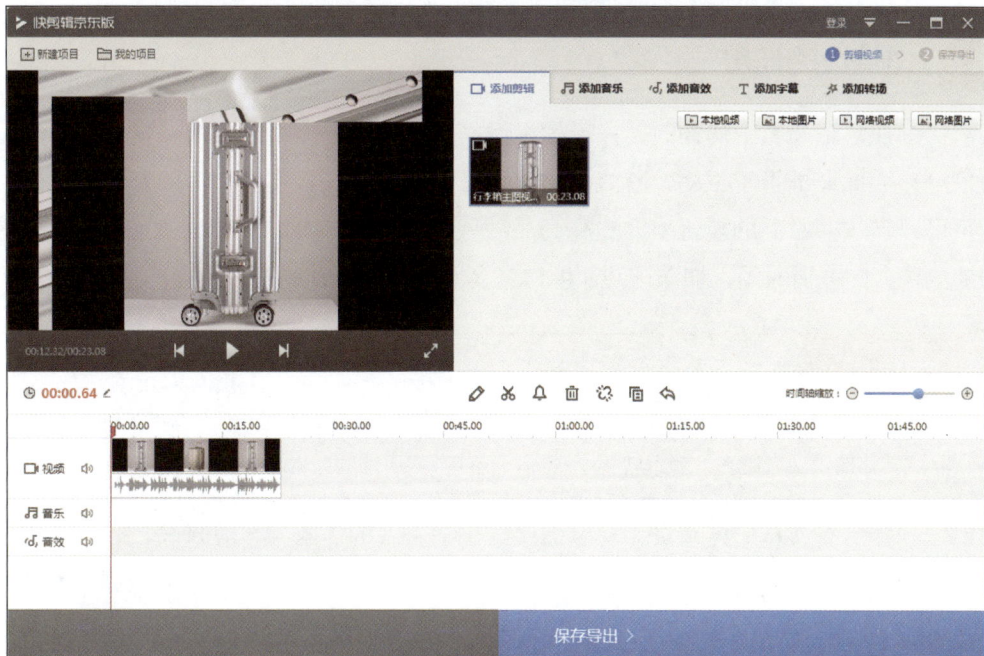

图3-24

2. 京东视频助手

除了通过PC端进行视频剪辑外，还可通过手机等移动
设备进行主图视频的制作与编辑，如利用京东视频助手。
在手机中安装京麦App后，可以直接通过媒体中心移动化进
行视频管理，如图3-25所示。在该界面中，可通过单击"分
段录制编辑视频"来进行视频的制作与编辑；同时，还可
通过"视频管理"栏实时查看视频审核状态。

提示

京麦是京东商城提供的卖家工作台，是商
家店铺运营管理平台。它整合了京东及第三方
软件服务商（ISV）的优质资源，为商家提供了
更多的运营工具。

图3-25

3.3 了解详情页

详情页是商家展示商品信息的页面，包括商品材质、商品设计理念、商品参数、商品颜色、商品实拍照片、商品服务等诸多信息。通过该页面，消费者可以了解商品的详细信息，对其产生购买行为具有重要的引导作用。下面对详情页的作用、详情页规划、详情页图片要求和文案要求等基本内容进行介绍，可帮助商家掌握详情页的基础知识，为制作详情页打下基础。

3.3.1 详情页的作用

消费者在京东商城中购物时，只能通过商品详情页中的文字、图片或视频内容来了解商品信息，因此详情页越生动，越能打动消费者，越能提高转化率。一般来说，高质量的详情页可以产生非常高的转化率，提高商品静默转化率，减少客服人员的工作量，同时，可增加消费者的停留时间，加深访问深度，这会间接提高店铺的搜索权重。

> **提示**
>
> 静默转化是指消费者在详情页中查看商品信息后，不进行任何咨询直接下单购买的行为。静默转化的消费者越多，静默转化率越高，越能节约店铺的成本。

要想制作出高质量的详情页，商家需要明确消费者的需求。一般来说，客户是由使用人群→消费人群→购买人群转化的。需要先明确使用人群的需求，制作出能够吸引使用人群浏览的详情页内容，才能使使用人群向消费人群和购买人群转化，最终为店铺带来成交量。

3.3.2 详情页规划

字体、颜色和主题是制作详情页前需要首先明确的内容，在客户的需求上综合这三点内容可以规划出详情页的整体结构。

1. 字体规划

详情页中会涉及必要的文字描述，此时需要对文字的字体进行统一规划。在满足详情页展示效果的基础上，综合考虑详情页中海报字体字号、商品属性字体字号等的美观与和谐。一般来说，页面中的字体、字号和颜色总共不应超过3种，海报文字和商品属性文字应在符合商品属性的基础上进行选择，并且只使用获得京东授权的字体。

（1）字体的选择

文字是详情页中快速吸引消费者视线的要素，可读性强、搭配合理的文字能够直接展示商品卖点，激发消费者的购物欲望，引导消费者完成商品的浏览与购买。因此，选择合适的字体对于详情页商品信息的展示是非常重要的。字体的选择范围相对广泛，在京东授权的字体范围内，可以根据商品的属性和海报主题来确定字体类型、字号大小和字体颜色。一般来说，常用字体有以下几种。

● **宋体**：宋体是最基础的字体，其笔画的起点与结束点有额外的装饰，横细竖粗，其外形端庄秀美，具有浓厚的文艺气息。系统默认的宋体纤细端美，可用于商品文字说明，而方正大标宋不仅具有宋体的秀美，还具备黑体的醒目性，常用作海报标题。常用的宋体主要有方正大标宋、书宋、大宋、中宋、仿宋、细仿宋等，图3-26所示为某商品的详情页海报中运用的宋体。

图3-26

● **黑体**：黑体笔画粗细一致，粗壮有力，突出醒目，具有强烈的视觉感，宣传性强，用来制作海报中的促销文字和标语会非常醒目，如图3-27所示。黑体也常用来制作商品信息的说明文字，常用的黑体主要有粗黑、大黑、中黑、雅黑等。

● **书法体**：书法体包括楷体、叶根友毛笔行书、篆书体、隶书体、行书体和燕书体等，具有古朴秀美、历史悠久的特征，常用于古玉、茶叶、笔墨、书籍等古典气息浓厚的商品详情页中，如图3-28所示。

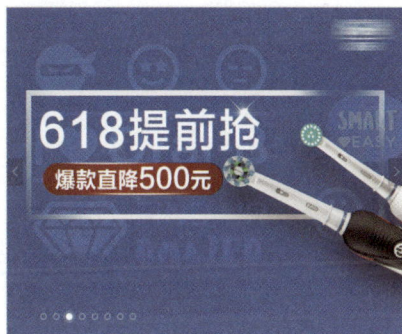

图3-27

● **美术体**：美术体是指将文本的笔画涂抹变形，或用花瓣、树枝等拼凑成各种图形化的文本，装饰作用强，主要用于海报的个性化设计，可有效提升店铺的艺术品味，如图3-29所示。

图3-28

图3-29

（2）字体布局

文字除了传达商品信息外，还有重要的吸引消费者眼球的作用，字体的页面布局在画面空间、结构、韵律上都是很重要的因素。下面对详情页中字体布局的常用技巧进行介绍。

● **字体的选用与变化**：在同一个页面中，应选择2~3种匹配度高的字体进行搭配，这样才能产生最佳的视觉效果。否则，会使页面产生零乱而缺乏整体的感觉，容易分散消费者的注意力，使消费者产生视觉疲劳。在进行商品海报的设计时，可通过加粗、变细、拉长、压扁或调整行间距来赋予文字变化，使同一种字体产生丰富多彩的视觉效果。

● **文字的统一**：在进行文字的编排时，特别是表述性的文字，一定要注重文字的统一性，即文字的字体、粗细、大小与颜色在搭配组合上要让消费者有一种关联的感觉，这样文字组合才不会显得松散杂乱。

● **文字的层次布局**：在详情页中，文字是随着商品的介绍而逐渐深入的，应该根据商品的特点来划分文字的层次。对于重要的内容，通过字体变化、粗细变化、大小或颜色变化来设计显示级别，以区别于普通的描述性文字，让消费者在浏览详情页时有一个重心，能够更好地突显商品特点并让消费者记住。

动手一试

分析图 3-30 所示的商品详情页，说说它用了哪些字体，是否符合详情页字体规范。

图3-30

2. 色系选择

颜色是详情页整体风格的一种表现，可以体现出店铺对商品和消费者人群的定位。合适的视觉感官色彩不仅可以增强页面的亲和力和感染力，还能增加消费者的停留时间，促进转化率的提高。

在进行详情页页面色系的选择时，要根据商品的定位与特点，针对不同消费者人群来进行。这样才能对消费者产生心理暗示，激发他们的购买欲望。如母婴类商品，尤其是婴儿用品，可以选择肤色系或其他较浅的颜色来进行搭配，以突显商品干净、安全的特点，如图3-31所示；户外用品、男装等商品可以选择深色系来体现商品的质感，如深蓝色、墨绿色或黑色，如图3-32所示。

图3-31

图3-32

页面色彩搭配的黄金比例为70：25：5。其中，主色色域应该占总版面的70%，辅助色色域所占比例为25%，而点缀色色域所占比例为5%。在进行页面颜色的整体布局时，首先根据店铺商品选择占用大面积的主色调，然后根据主色调合理搭配辅助色与点缀色，用于突出页面的重点、平衡视觉。主色、辅助色与点缀色是三种具有不同功能的色彩，具体介绍如下。

● **主色**：主色是页面中占用面积最大，也是最受瞩目的色彩。它决定了整个详情页的风格。主色调不宜过多，一般控制在1~3种颜色，过多容易造成视觉疲劳。主色调不是随意选择的，而是系统性分析品牌受众人群的心理特征后找到的群体易于接受的色彩，如童装喜欢将黄色、粉色和橙色等暖色作为主色，护肤品、保健品常将绿色、蓝色等带有生机的颜色作为主色。

● **辅助色**：辅助色是指占用面积略小于主色，用于烘托主色的颜色。合理应用辅助色能丰富页面的色彩，使页面显示更加完整、美观。白色、黑色、灰色等颜色是比较常用的辅助色。

● **点缀色**：点缀色是指页面中面积小、色彩比较醒目的一种或多种颜色。合理应用点缀色，可以起到画龙点睛的作用，使页面的层次更加分明、富有变化、风格独特。

图3-33所示为两种不同商品的详情页对比。第一张图片中的颜色比例失调，商品颜色与主色调（浅绿色）的搭配并不美观，辅助色太多，点缀色红色用作文字颜色并不突出；第二张图片中的主色为红色和黑色，辅助色为灰色，颜色搭配简洁大方。

图3-33

3. 主题选择

　　主题是指详情页整体风格与各结构分类的统称。页面整体风格需要根据商品的定位来进行确定，与字体、颜色等搭配和谐，时尚、简约、酷炫、小清新等是目前比较流行的风格。页面中的结构分类主要根据商品的功能特点或展示信息来进行划分，商品信息、商品特色、商品细节、选择我们的理由、包装清单、售后保养等都是常用的结构分类名称。结构分类名称的颜色、字体、大小要与页面的风格相符合，可选择主色、辅助色或点缀色任意一种颜色，字号可稍大一些，以突出主题，起到醒目的作用。图3-34所示为某商品详情页中的主题示例。

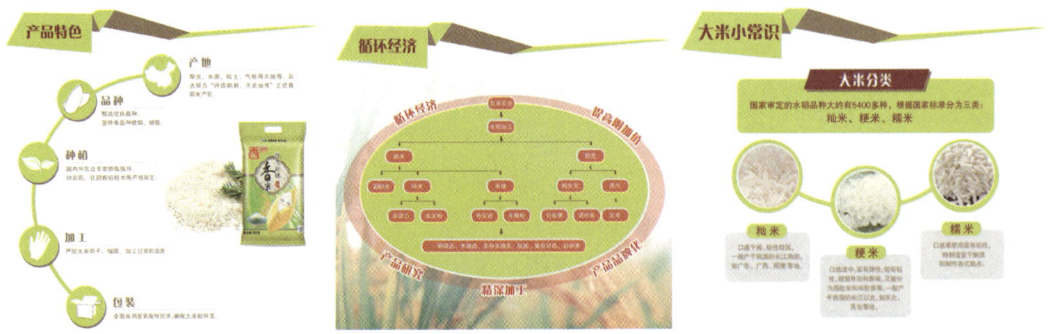

图3-34

3.3.3　详情页图片要求

精美的商品详情页可以为商品增色，吸引消费者关注，提高商品的转化率。为了使商品详情页更规范、完整，需注意以下事项。

● 商品详情页的风格应该与店铺整体风格相适应，不能相差太大，以免页面整体不协调。

● 商品详情页的内容一般比较多，为了避免消费者浏览详情页时加载过慢，建议不要使用质量太高的图片。

● 商品详情页主要通过浏览器进行浏览，因此要保证图片链接正确，其设计也应该符合HTML语法要求，防止出现浏览错误的问题。

● 在店铺管理页面中直接制作商品详情页十分不方便，建议先通过Photoshop制作好商品详情页，再进行上传。

● 商品详情页的图片高度没有具体要求，但是宽度要求为：一般电脑端不超过990像素，移动端不超过640像素。

3.3.4　详情页文案要求

为了吸引消费者浏览详情页，增加停留时间并提高转化率，详情页中常采用一些比较亮点的词汇，但要注意不能使用绝对化用语，不能使用虚假宣传用语，不用使用贬低用语。

1. 绝对化用语

《中华人民共和国广告法》对禁用词进行了规定，绝对化用语不得出现在商品列表页、商品标题、副标题、主图、详情页，以及商品包装等位置。绝对化用语主要包括以下几种。

● 最：最好、最先进、最强、最极致、最棒、最新、最坚固、最完美、最高级等与"最"有关的文字。

● 顶：顶级、至尊等带有"顶"字意味的文字。

● 独：独家、独具、独有等带有"独"字意味的文字。

● 首：首家、首款、首个、首类、首种、首选等带有"首"字意味的文字。

● 一：唯一、第一、No.1等带有"一"字意味的文字。

● 国：国际级、世界级、国家级、全网等带有"国"字意味的文字。

● 其他：填补国内空白、免检、驰名商标、著名品牌、质量免检、质量无须检测、国家领导人推荐、国家机关推荐/专供/特供/指定等其他绝对化用语。

2. 虚假宣传用语

商品详情页中的文案不能使用带有促销价、优惠券、活动价、特价、最低价、底价、直降、降价、让利等性质的虚假宣传用语。

3. 贬低用语

在商品详情页中，不能为了突出自身商品的优势而与同类其他商品进行比较，并使用贬低性的文字来诋毁对方。但可以与自身商品进行对比，如商品升级前后的对比，突出升级后的区别与优势。

3.4 策划详情页

确定了详情页的整体风格后即可开始进行详情页内容的策划。在这个过程中，首先要明确消费人群的需求，根据需求来挖掘商品卖点，根据卖点来设计详情页的内容，打造出符合消费者需求的高转化率详情页。

3.4.1 挖掘卖点

卖点是指商品具有的别出心裁、与众不同的特点。对于部分实用商品，特别是功能性商品而言，要想最大化引入流量，只凭借美观的图片是不够的，还需要展示足够的卖点来激发消费者的购买欲望。一般来说，商品性能、特点、价格、质量、细节等都是消费者想要了解的信息，都可作为卖点展示在详情页中，如通过商品使用图、细节图进行展示，通过商品的配套或赠品进行展示，也可搭配文案进行展示。

卖点众多，应该根据消费者的需求，选择1~3个核心卖点进行展示，这样才能刺激消费者产生购买欲望，最终实现转化率的提高。那么，怎么挖掘商品的卖点呢？可参考以下方法进行卖点分析。

1. 定位消费者需求

商品最终是卖给消费者的，因此要从消费者的角度进行考虑，思考消费者购买商品时最看重的是哪几方面的因素。针对某一类目的商品，可从以下几个方面进行思考。

- 目标消费者是谁？
- 消费者为什么购买我们的商品？
- 消费者是自己购买还是帮其他人购买？
- 消费者对这种类型的商品有什么疑虑？
- 消费者喜欢什么样的页面风格？
- 消费者的购买频率如何？高还是低？造成这种结果的原因是什么？

总的来说，就是要从消费者的角度去思考，深入分析消费者的购买行为，从中提炼出消费者最关心的问题，从而找出打动消费者的卖点，制订有效的营销策略。

2. 竞争对手分析

通过对同类型竞争对手的商品进行分析，商家可以发现自身与竞争对手的区别，选取其中有价值的信息，打造具有差异化的卖点来突出商品的竞争优势。如通过对竞争对手进行分析，一家销售键盘膜的商家将自己的商品卖点确定为"薄透，不粘手"，就是因为有部分消费者在评论中反映该商品虽然价格便宜，但用不了多久就会粘手，使用不便。

3. 卖点的展示角度

卖点是传递给消费者最重要的商品信息，它可以向消费者传递某种主张或某种承诺，告诉消费者购买该商品后会获得什么样的好处，并且是消费者能够接受和认可的。在进行商品卖点提炼时，要注意卖点不能太多，否则容易导致消费者对商品产生质疑，反而适得其反。卖点的展示角度有以下几种，可供商家借鉴。

（1）商品品质

商品品质是消费者决定是否选购商品的最主要因素之一。只有在保证商品品质的前提下，才能让消费者对商品有信心。商品品质可从货源、材质、细节、口碑等角度入手进行提炼。

（2）商品功能

不同的商品拥有不同的功能，消费者购买商品实际上是购买商品所具有的功能。例如，汽车可以代步，冰箱能够保持食物的新鲜，空调可以调节室内温度。如果商品的功能与消费者的需求相符合，且超出了消费者的预期，就会给他们留下良好的印象，从而得到他们的认可。

（3）企业或商品品牌

品牌不仅能够保障商品的质量，还能给消费者带来更多的附加价值，使他们产生一种心理上的满足感。特别是名牌产品，能激起消费者的购买兴趣。如果你的商品具有较好的品牌形象和市场占有率，在进行商品卖点展示时，就可以将商品品牌作为主要卖点。

（4）高性价比

性价比就是商品的性能价格比。商品的性价比越高，消费者越有意愿购买，因为这代表着消费者可以花费较少的钱购买到较好的商品。

（5）特殊利益

特殊利益是指商品在满足消费者需求的前提下所具有的某些特殊商品特性。如"好学生"针对青少年学生设计的渐进多焦点镜片是为了缓解他们的视觉疲劳，控制其近视发展速度，对重视孩子视力保护的家长有很大的吸引力。

（6）售后服务

售后服务就是在商品出售以后所提供的各种服务活动。随着人们消费观念的不断成熟，消费者也将售后服务作为一个判断商品是否值得购买的条件。售后服务完善的商品更能吸引消费者购买，甚至会直接影响消费者的购买行为。

其实，售后服务也是促销手段的一种。商家利用高质量的售后服务可以优化消费者体验，进而提升商家的信誉。当具备了一定的市场占有率后，也可以很好地推动商品的销售，提高商家收益。

常见的售后服务包括以下内容。

● **为消费者安装和调试商品。**

- 根据消费者的要求，进行使用等方面的技术指导。
- 保证维修零配件的供应。
- 负责提供维修服务，并提供定期维护、定期保养。
- 为消费者提供定期电话回访或上门回访。
- 对商品实行"三包"，即包修、包换、包退。
- 处理消费者来信来访以及电话投诉意见，解答消费者的咨询。同时，用各种方式征集消费者对产品的意见，并及时改进。

3.4.2 详情页设计策略

高质量详情页的文案都有一定的逻辑，主要围绕商品的某些主题展开描述，对卖点进行细分，从不同的角度切入。详情页的内容可使用以下策略进行设计。

- 品牌介绍（也可放到最后）。
- 焦点图（引起浏览者的阅读兴趣）。
- 目标客户群设计，即卖给谁用。
- 场景图，用以激发消费者的潜在需求。
- 商品详细介绍，以赢得消费者的信任。
- 为什么购买本商品？即购买本商品的好处有哪些？
- 不购买本商品会怎么样？
- 消费者评价或第三方评价，加强消费者信任度。
- 商品的非使用价值体现，最好通过图文搭配的形式进行展示。
- 拥有本商品后的效果塑造，给消费者一个100%购买的理由。
- 给消费者寻找购买的理由，如自己使用、送父母、送恋人或送朋友等。
- 发出购买号召，为消费者做决定，即为什么马上在你的店里购买。
- 购物须知，包括邮费、发货和退换货等。
- 关联推荐商品信息。

以上的详情页设计策略只是给大家提供一个参考，不同的类目、不同的商品要根据具体情况进行具体分析。

3.4.3 详情页优化

按照上述内容进行详情页的设计构思，会得到一个最基本的详情页内容框架。这个内容框架中包含了能够吸引消费者的信息，但并不是必须将所有信息展示在详情页中。高质量的详情页有一定的逻辑特点，可以使用FABE销售法则来进行优化，保证详情页中具备商品特质、商品优势、商品好处、商品佐证等内容。这样才能打动消费者，增加消费者的停留时间，降低详情页的跳失率。

FABE销售法则包括F（Feature，特质）、A（Advantage，优势）、B（Benefit，好处）和E（Evidence，佐证）4个要素，分别介绍如下。

F：代表商品的特征、特点，是商品最基本的功能，主要从商品的属性、功能等角度来进行潜力挖掘，如超薄、体积小、防水等。

A：代表商品的优点及作用，需要从消费者的角度来考虑，思考消费者关心什么，消费者心中有什么疑问，然后针对这些问题提炼商品特色和优点，如方便携带、电池耐用。

B：代表商品优点、特性带给消费者的好处、益处。应该以消费者利益为中心，强调消费者能够得到的利益，以激发消费者的购物欲望，如视听享受、价格便宜等。

E：代表商品品质的证据，技术报告、消费者好评、专业认证等都是常见的证明商品品质的证据，但要保证证据的客观性、权威性、可靠性和可见证性。

其实，也可以这样简单地理解FABE。

F：产品有什么特点？特色是什么？

A：产品的特点、特色所呈现出来的作用是怎样的？

B：具体能给消费者带来什么好处？

E：怎么证明商品的这些特点和优势？

按照FABE销售法则的顺序来优化详情页，将商品的特质、优势、好处、佐证等内容展示出来，就可以保证详情页内容对消费者具有基本吸引力。图3-35所示为按照FABE销售法则对详情页进行优化的示意图。

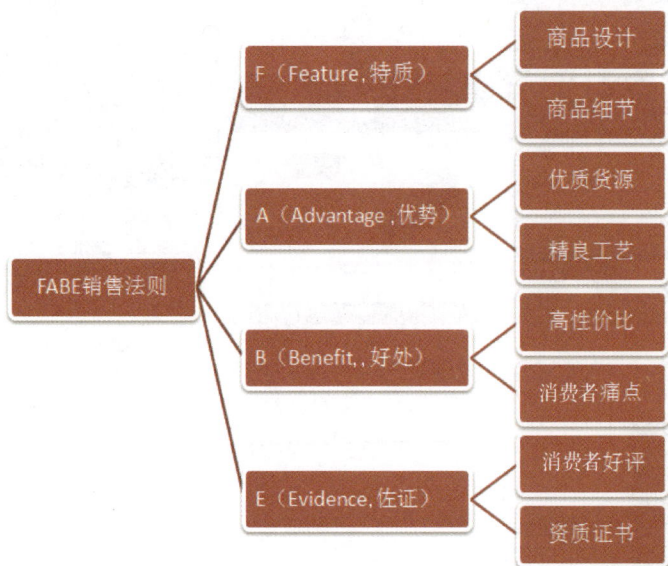

图3-35

图3-36所示为一款充电宝商品的详情页示例。其逻辑清晰，结构完整，是一个比较具有代表性的详情页案例。

图3-36

3.5 制作详情页

　　了解详情页的相关知识后即可开始进行详情页的制作。在制作时，由于详情页的内容较多，建议分别制作各屏内容，或制作好全部内容之后进行切片。商家除了自行设计并制作详情页外，还可直接在京东装吧中快速套用平台提供的详情页模板，当然这些模板是要收费的。

扫一扫

详情页设计

3.5.1 详情页设计

本例将制作一款耳机详情页的"细节展示"与"图片展示"版块。通过这两个版块内容的设计与制作，读者可以举一反三地进行其他版块的设计。本例的商品颜色包含白色、蓝色和红色，为了与商品颜色搭配和谐，详情页主色调采用深蓝色"2e2f39"，搭配白色使整个页面看起来清爽整洁。其具体操作如下。

STEP 01 新建一个大小为750像素×800像素，名为"耳机详情页"的文件。新建图层，使用"矩形选框工具" 📟 在画布上方绘制一个矩形，绘制完成后将其颜色填充为"#2e2f39"，效果如图3-37所示。

STEP 02 新建图层，使用"矩形选框工具" 📟 绘制一个矩形，然后选择"渐变工具" 📟，在其工具属性栏中单击渐变条，打开"渐变编辑器"对话框，将游标的颜色均设置为白色，再将第2个游标的不透明度设置为"0%"，如图3-38所示。

图3-37

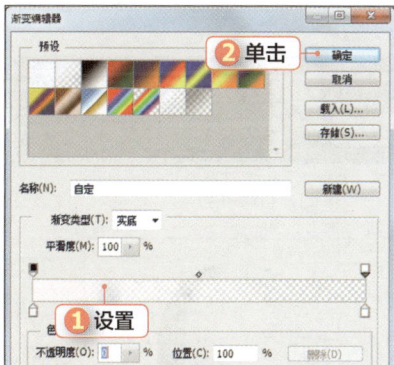

图3-38

STEP 03 单击 确定 按钮，在矩形选区中自上而下进行拖动，对矩形选区进行渐变填充，然后按【Ctrl+T】组合键调整该形状的大小，效果如图3-39所示。

图3-39

STEP 04 绘制一个横向的形状，将其颜色设置为白色，调整其大小，将其与竖向形状连接起来，效果如图3-40所示。

STEP 05 同时选择两个形状，按【Ctrl+J】组合键复制图层，调整复制图层的位置，并将其不透明度设置为"40%"，效果如图3-41所示。

图3-40

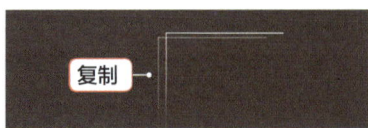

图3-41

STEP 06 同时选择4个形状图层，按【Ctrl+J】组合键复制图层，再按【Ctrl+T】组合键变换形状。在形状上单击鼠标右键，在弹出的快捷菜单中选择"水平翻转"命令，然后调整图层的位置，效果如图3-42所示。

STEP 07 选择"横排文字工具" **T**，输入中文文字"细节展示"，设置格式为"方正大黑简体、48点"，文字颜色为"#f7f7f9"，效果如图3-43所示。

图3-42

图3-43

图3-44

图3-45

STEP 08 继续使用"横排文字工具" **T** 输入英文文字"THE DETAIL SHOW"，设置格式为"Segoe Print、18点"，文字颜色为"#f7f7f9"，效果如图3-44所示。

STEP 09 将"蓝色耳机.png"和"白色耳机.png"素材文件（配套资源:\素材\第3章\蓝色耳机.png、白色耳机.png）拖入当前图像中，调整图片的大小，并将蓝色耳机放置于白色耳机之下，效果如图3-45所示。

STEP 10 选择白色耳机，按【Ctrl+T】组合键变换图形，然后在图片上单击鼠标右键，在弹出的快捷菜单中选择"旋转"命令，旋转图片至合适的角度，效果如图3-46所示。

STEP 11 选择蓝色耳机图层，按【Ctrl+J】组合键复制图层，按【Ctrl+T】组合键变换图层，单击鼠标右键，在弹出的快捷菜单中选择"垂直翻转"命令，然后将垂直翻转后的图层垂直移动到原图层下方，效果如图3-47所示。

图3-46

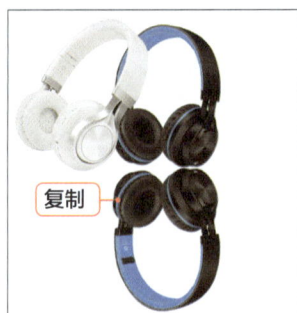

图3-47

STEP 12 为该图层新建一个蒙版图层，然后选择"渐变工具" ，打开"渐变编辑器"对话框，将两个游标的颜色都设置为黑色，将第一个游标的不透明度设置为"100%"，将第二个游标的不透明度设置为"0%"，如图3-48所示，单击 确定 按钮。

STEP 13 在蒙版图层上，自下而上拖动鼠标，创建图层的渐变效果，为原图层制作倒影效果，如图3-49所示。

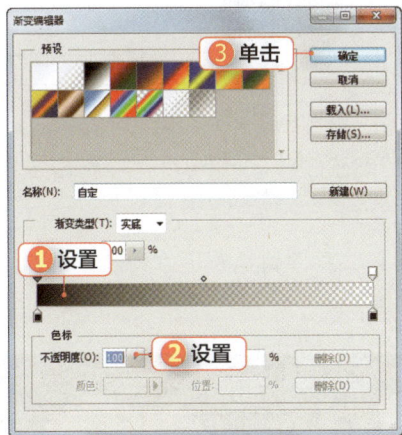

图3-48　　　　　　　　　　　　　　图3-49

提示

　　　为图片添加倒影是为了使图片看上去更加具有立体感和光影感。除了倒影之外，也可选择为图片制作阴影和投影效果。

STEP 14 使用相同的方法复制白色耳机的图层，并为其制作倒影效果，如图3-50所示。

STEP 15 绘制一个圆角矩形，将其颜色填充为"#10374e"，在圆角矩形上输入文字"01"，然后调整圆角矩形和文字的位置，效果如图3-51所示。

图3-50　　　　　　　　　　　　　　图3-51

STEP 16 在圆角矩形下方绘制一条直线，并设置填充颜色为"#10374e"，粗细为"1像素"，然后在直线形状上方输入文字并设置字体为"黑体"，如图3-52所示。

STEP 17 选择"横排文字工具" T ，拖动鼠标绘制一个文本框，在其中输入描述性文字，并设置字体为"汉仪细中圆简"，如图3-53所示。

图3-52

图3-53

STEP 18 绘制一个矩形选区，将其颜色填充为"#2e2f39"。复制白色耳机图层并对其进行垂直翻转，删除不需要的图片部分，如图3-54所示。

STEP 19 绘制一个圆角矩形，将其颜色填充为白色，在圆角矩形下方绘制一条直线，并设置填充颜色为白色，粗细为"1像素"，如图3-55所示。

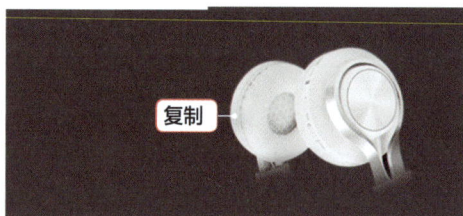

图3-54

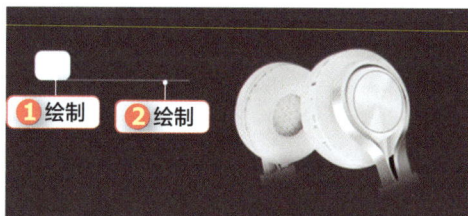

图3-55

STEP 20 输入标题文字和描述性文字，并调整大小和位置，如图3-56所示。

STEP 21 选择【图像】/【画布大小】命令，打开"画布大小"对话框。在"高度"数值框中输入"2400"，在其后的下拉列表中选择"像素"选项；在"定位"栏中单击 按钮，然后单击 确定 按钮，向下扩展画布，如图3-57所示。

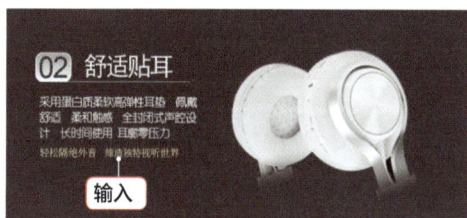

图3-56

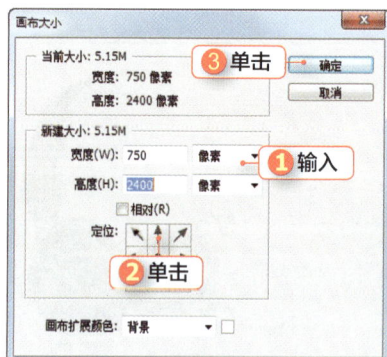

图3-57

STEP 22 使用相同的方法制作页头部分，或复制已制作的页头部分，将其颜色更改为黑色渐变效果。

STEP 23 使用相同的方法，打开"耳机详情页素材.psd"素材文件（配套资源:\素材\第3章\耳机详情页素材.psd），继续制作详情页的其他部分。保存图像，查看完成后的效果（配套资源:\效果\第3章\详情页.psd），如图3-58所示。

图3-58

动手一试

根据以上方法，举一反三地继续制作该商品详情页的其他部分，如品质展示、优点展示、权威认证展示等。

3.5.2 详情页切片

在Photoshop中制作的详情页图片，需要进行切割并存储为网页支持的格式才能便于上传。切片后的详情页图片将被分割为多张小图片，可以加快页面图片的加载速度，提高消费者体验的满意度。在切片时，为了保证切片合理、位置精确，需要掌握一定的技巧。

● **依靠参考线：** 在标尺上拖动鼠标，为图像创建切片的辅助线，在切片时可沿着该辅助线拖动鼠标创建切片。

● **切片位置：** 切片时不能将一个完整的图像区域断开，以避免在网速很慢时图片被断开，不能完整地呈现出来。

● **切片储存的颜色：** 在储存切片时，需要将切片保存为Web可用的格式。由于Web格式可用于存放网页上用的网页安全色，而网页安全色是各种浏览器、各种计算机都可以无损失、无偏差输出的色彩集合，因此，在店铺的配色上尽量使用网页安全色，以避免消费者看到的效果与设计的效果不符。

● **切片储存的格式：** 在储存切片时，可单独为各个切片设置储存格式，切片储存的格式不同，其大小与效果也会有所不同。一般情况下，色彩丰富、尺寸较大的切片，选择JPG格式；尺寸较小、色彩单一和背景透明的切片，选择GIF或PNG-8格式；半透明、不规则以及圆角的切片，选择PNG-24格式。

下面对制作的"耳机详情页"图片进行切片。由于详情页图片不涉及图片的跳转链接，因此可直接按照参考线的位置进行切片，并存储为网页支持的JPEG或PNG格式。其具体操作如下。

扫一扫
详情页切片

STEP 01 将图片另存为"详情页切片.psd"，选择【视图】/【标尺】命令，此时在图像窗口左侧和上方将显示标尺，使用鼠标向下拖动上方的标尺创建参考线，效果如图3-59所示。

STEP 02 选择"切片工具" ，单击工具属性栏中的 基于参考线的切片 按钮自动创建切片，如图3-60所示。

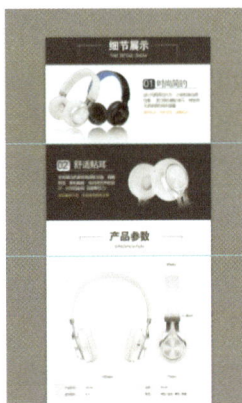

图3-59   图3-60

STEP 03 选择【文件】/【存储为Web所用格式】命令，打开"存储为Web所用格式"对话框，保持默认设置，如图3-61所示，单击 存储... 按钮。

STEP 04 打开"将优化结果存储为"对话框，选择存储的文件夹位置。在"文件名"下拉列表框中输入存储的名称；在"格式"下拉列表框中选择存储的类型，这里选择"仅限图像"选项；在"切片"下拉列表框中选择切片的类型，这里选择"所有切片"选项，如图3-62所示，然后单击 保存(S) 按钮。

> **提示**
>
> 切片类型包括用户切片和默认切片。用户切片即用户通过切片工具切割的切片；默认切片是指没有切割，由Photoshop自动识别而划分的切片。存储切片时一般只保留用户切片。

STEP 05 在打开的提示对话框中单击 确定 按钮，将自动对切片进行优化并存储，打开存储的文件夹即可查看切片后的图片，如图3-63所示。可发现经过切片并优化后的详情页被分割为几张图片，且图片占用的存储空间更小。

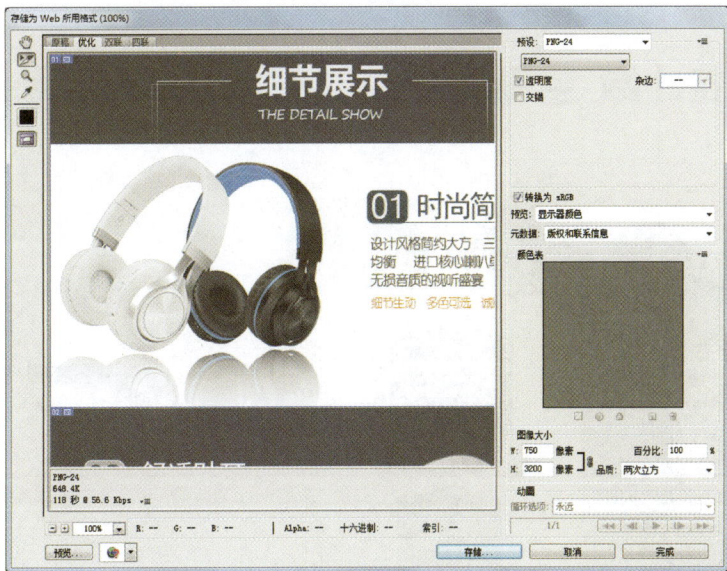

图3-61

图3-62

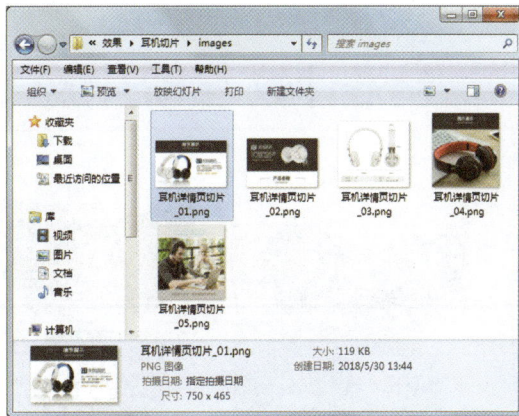

图3-63

> **提示**
>
> 切片后的图片会按照切片编号命名，在上传详情页时需要注意按照编号顺序进行上传，避免因为顺序错误而使图片效果不佳。

3.5.3 京东装吧

京东装吧是京东商城为了方便商家快速进行详情页设计与制作而提供的详情页模板系统，可以让商家快速进行电脑端和移动端详情页的模板套用，简化详情页的设计流程与制作工序，减少花费在设计上的时间，而将精力重点用在详情页内容的填充上。京东装吧中的详情页模板采用模块化的方式进行展示，商家可以直接更换模板中的商品图片、文字、链接地址，快速完成高品质详情页的制作，如图3-64所示。

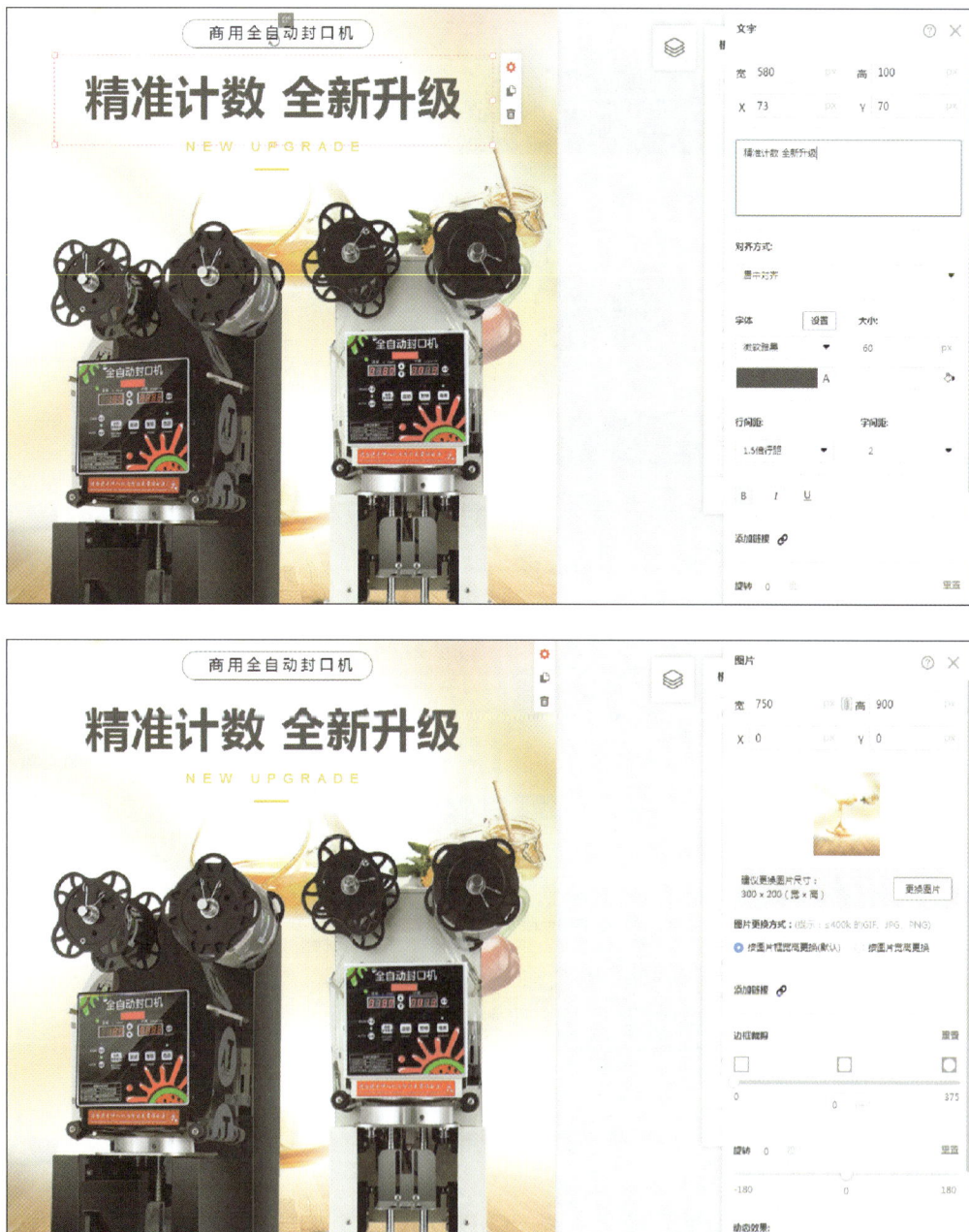

图3-64

登录京东商家后台后，在"商家工具"中单击"详情页装修"超链接即可打开"装吧"页面，如图3-65所示。

图3-65

装吧中的模板有免费模板、普通模板、高级模板和Toplife专享五种类型，提供了不同行业、不同风格、不同色系的详情页模板，商家可根据需要购买对应的模板，购买时需要绑定使用该详情页模板的商品。

3.6 实战训练

3.6.1 制作摄影机主图

1. 实训要求

本例将对摄影机商品图片进行处理，调整其大小为800像素×800像素，并将背景处理为纯白色，使其符合京东商品主图的要求。

2. 实训分析

在处理京东商品主图时，一定要谨记图片大小为800像素×800像素，商品图片居中满画布展示，不添加任何说明性文字。对于背景比较杂乱的商品图片，可直接新建一个800像素×800像素大小的文件，将商品图片抠取出来后置于其中。

打开需要处理的商品图片进行查看，发现商品图片的宽高比、大小和背景颜色均不符合规范，如图3-66所示。因此，需要将商品图片抠取出来为其填充白色背景；为了修饰图片，还可在底部添加小面积的投影，处理后的效果如图3-67所示。

图3-66 图3-67

3. 操作思路

完成本实训需要进行以下主要操作。

STEP 01 打开素材文件"摄影机.jpg"（配套资源:\素材\第3章\摄影机.jpg），使用"钢笔工具"抠取商品图像并将其转换为选区。

STEP 02 新建一个大小为800像素×800像素，分辨率为72像素/英寸的图像文件，将抠取的商品图像拖动到新建的文件中，调整其大小，使其符合要求。

STEP 03 选择【图像】/【调整】/【阴影/高光】命令，在打开的对话框中设置阴影数量为"2%"，高光数量为"5%"。

STEP 04 复制商品图片并垂直翻转，将其移动到图像文件底部。为其新建图层蒙版，填充黑白渐变，制作投影效果。

3.6.2 制作灯具详情页

1. 实训要求

本例将制作灯具商品的详情页，该商品极具创意，以树枝的样式发散灯光，极具美感。本例要求重点体现灯具的创意设计、商品信息与场景展示等内容，以商品的创意与实用打动消费者。

2. 实训分析

根据FABE销售法则的逻辑顺序，本例将灯具商品详情页按照焦点图、创意设计、商品参数展示、细节展示、场景展示和品牌说明的顺序进行设计与制作，完成后的效果如图3-68所示。

图3-68

3. 操作思路

完成本实训需要进行以下主要操作。

STEP 01 设计商品焦点图。添加商品素材，并以黑色底纹突出显示。添加说明文字，展示商品特点。

STEP 02 制作详情页模块样式。主要利用圆、线条与矩形组合出标志性的版块框架，然后添加版块文字内容。

STEP 03 制作创建设计版块。在制作的版块内容下方添加创建设计内容，通过绘制灰色的三角形来点缀画面，体现画面的简洁与设计感，然后添加文字与商品图片。

STEP 04 制作信息展示版块。复制版块内容并进行修改，添加等级参数信息展示内容。

STEP 05 制作细节展示版块。复制版块内容并进行修改，添加灯具材质、工艺的细节展示信息。

STEP 06 制作场景展示和品牌展示内容。以展示灯具场景和品牌建立时间为主。

3.7 拓展延伸

为了帮助读者更好地理解本章所学知识，下面介绍一些与本章内容相关的其他知识。通过这些知识的学习，读者可以更加灵活地掌握本章所学内容。

1. 电脑端与移动端详情页的区别

电脑端与移动端的最明显区别就是屏幕大小不同。电脑端的屏幕尺寸各异，常用的有17in、19in、22in等，页面像素一般为1024~1920像素；而移动端的屏幕尺寸一般为3.5~6in，页面像素大小一般为750像素。因此，在制作移动端详情页时要注意图文比例，文字要清晰，图片要适宜，页面内容不能太长，对商品卖点进行突出展示。

2. 图片的整理归类

不管是主图还是详情页图片，都需要进行分类整理。只有这样，才能在大量发布商品时更好地进行商品区分。整理图片时可按照商品的种类、型号进行分类，建立不同的文件夹以存放对应的商品图片。同时，还要在京东的"图片管理"后台做好对应的图片分类管理，图片可以是商品类型、营销类型、活动类型等不同的类型。还可以在分类下建立子分类，通过一层层的分类做好标识。

在京东商城后台首页的"商品管理"中，选择"图片管理"选项，打开"图片管理"页面，单击 新建分类 按钮可新建图片分类，如图3-69所示。

图3-69

3. 详情页文案写作注意事项

商品的详情页文案一般出现在商品亮点介绍、设计诠释、细节描述和功效介绍等部分。总的来说，需要满足以下要求。

● **统一风格**：商品详情页中需要进行文字描述的部分不止一处，在进行描述时要先统一文案的风格，不能前面使用轻快幽默的语言，后面又使用严肃沉闷的表述方式。这不仅会降低消费者的阅读兴趣，还会让人觉得莫名其妙。这与文章写作相似，只要保证风格统一，表述通俗易懂，能够描述商品的特点即可。

● **确定核心点**：核心点就是商品详情页的重点，主要指商品亮点。明确商品的核心竞争点能更好地组织语言，展开文字描述，突出商品的优势。

● **个性化的语言**：在网店发展如此迅速的环境中，很多店铺的商品详情页文案也千篇一律，没有特色和亮点。如果你能独树一帜，创造独特的语言风格，不仅会吸引消费者，还能引领文案潮流。

4. 详情页色彩搭配方案

不同的色彩作用于人的视觉器官，通常会使人产生不同的心理反应。颜色可以象征一年四季，象征冷暖，不同的颜色表达的感情不同。对于详情页而言，应该注重整体搭配和谐，局部可以做一些颜色比较强烈的对比。下面介绍常见的色彩搭配方案。

● **暖色调**：红色、橙色、黄色等颜色表达出的感情一般以温馨、和煦、热情、积极为主，同时由于颜色明亮，会使人的心情愉悦。

● **冷色调**：青色、蓝色、紫色等颜色表达出的感情一般以清凉、宁静、雅致为主，使人感到冷静、温和。

● **对比色调**：指将色性相反的颜色搭配起来，如红和绿、黄与紫等。这种对比搭配会产生强烈的视觉效果，使人感到亮丽、鲜艳。但这种色彩搭配难度比较大，如果搭配不好，容易落于俗艳。

3.8 思考练习

打开素材文件"主图.jpg"（配套资源:\素材\第3章\主图.jpg），根据京东商品主图的规范进行制作。前后的对比效果如图3-70所示（配套资源:\效果\第3章\主图.psd）。

打开素材文件夹"女包"（配套资源:\素材\第3章\女包），根据文件夹中的图片制

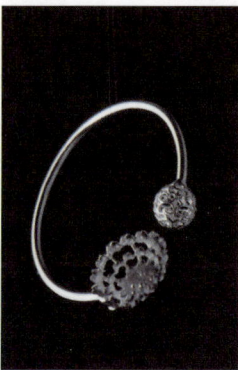

图3-70

作商品详情页。该商品定位于时尚、简洁，以灰色为主色调，以橙色、深灰为辅助色，包括焦点图、亮点图、参数图、对比图、细节展示图等版块，完成后的效果如图3-71所示（配套资源:\素材\第3章\女包详情页.psd）。

图3-71

第4章

仓储物流设置

本章导读

电商的本质不仅是商品销售，还是企业为消费者创造优质品牌体验的舞台。消费者在京东电商平台上购买的不仅是商品，还是整个购物流程带来的良好体验。在电商销售的众多环节中，仓储物流是很重要的一个环节。在发布商品的过程中，京东平台需要商家填写商品的物流信息、设置发货地并选择运费模板，因此，商家了解仓储物流的相关知识是非常必要的。

知识技能

- 熟悉京东仓储的相关知识
- 掌握快递的选择方法
- 掌握物流设置的方法

4.1　了解京东仓储

截至2018年年底，京东仓储共有北京、上海、广州、成都、武汉、沈阳和西安7大物流中心，在运营大型仓库超过500个，总面积超过1200万平方米。京东物流运营的14个"亚洲一号"大型智能物流中心已经投入使用。图4-1所示为京东上海"亚洲一号"物流中心。了解京东仓储的相关知识可以帮助商家更好地选择适合自己的物流服务，为消费者提供更高品质的配送服务。

图4-1

4.1.1　京东物流服务

京东在全国范围内拥有超过500个物流中心，运营的14个大型智能化物流中心"亚洲一号"，是亚洲范围内建筑规模最大、自动化程度最高的现代化物流中心之一。京东物流已经将中国社会化物流成本降低70%，社会化物流效率提高2倍以上。目前，京东自营配送服务已经覆盖了全国99%的人口；京东物流基础设施面积超过1200万平方米，已成为全国拥有最大规模基础设施的物流企业；京东物流大件网络和中小件网络已全部实现中国大陆行政区县100%覆盖；通过整合专业社会资源，京东物流的服务运营线路已超过611万条；物流服务人员（含众包）超过500万人，物流服务车辆超过25万辆，遍布全国的末端服务网点超过30万个；通过京东物流的智慧分仓布局，京东自营90%的订单可在24小时内完成交易；京东物流推出了各类配送标准化的产品，可服务亿万中国家庭，内容如下。

● **211限时达：** 当日上午11:00之前提交的现货订单（部分城市为上午10:00之前，涉及城市有德阳市、杭州市、连云港市、眉山市、绵阳市、西安市、漳州市、资阳市），当日送达；当日23:00前提交的现货订单，次日15:00之前送达。

● **次日达：** 在一定时间点之前提交的现货订单（现货订单从提交时间点开始计算，先款订单从支付完成时间点开始计算），将于次日送达。

● **极速达：** 这是京东为消费者提供的一项个性化付费增值服务，消费者通过"在线支付"方式全额成功付款或通过"货到付款"方式成功提交订单，并勾选"极速达"服务后，京东会在服务时间的两个小时内将商品送至消费者所留地址处。

● **京准达：** 这是京东为消费者提供的一项可以选择精确收货时间段的增值服务。消费者通过"在线支付"方式全额付款或"货到付款"方式成功提交订单，并勾选"京准达"服务后，京东将会在指定的送达时间段内，将商品送至订单收货地址处。

● **京尊达：** "专人配送，尊贵体验。"这是京东物流针对购买高端商品的消费者推出的一项专属定制化配送服务。当消费者在京东商城自营平台上购买了标有"京尊达"的商品后，均可享受专人、专车、专线的顶级配送服务。目前，上线的"京尊达"字头商品包括京东自营的奢侈品、珠宝首饰、手表品类中的部分商品，后续还将继续扩展至其他品类。

● **夜间配：** "夜间配"服务是为消费者提供的一项更快速、更便利的增值服务。如消费者需要晚间送货上门服务，请下单时选择19:00—22:00时段。属"夜间配"服务范围内的商品，京东会尽可能安排配送员在消费者选定的当日晚间19:00—22:00送货上门。

4.1.2 京东仓库体系分类

京东根据商品属性和大小的不同，划分了不同的仓库。下面分别进行介绍。

1. 按商品属性分类

根据商品属性的不同进行分类，京东仓库分为以下几个类别。

● **百货仓：** 主要存放家居、厨具、箱包等品类商品。

● **服装仓：** 主要存放服装、鞋靴等商品。

● **食品母婴仓：** 主要存放食品饮料、奶粉等需要进行保质期管理的商品。

● **3C仓：** 主要存放通信、消费类电子等商品。

● **大家电仓：** 主要存放黑色家电、白色家电、大家具等大家电品类商品。

● **小家电仓：** 主要存放厨房电器、生活电器等小家电品类商品。

● **图书音像仓：** 主要存放图书、音像制品类商品。

● **生鲜仓：** 主要存放海鲜、肉类、蔬果等商品。

2. 按商品大小分类

根据商品大小的不同进行分类，京东仓库分为中小件仓和大件仓。

● **中小件仓：** 单一销售商品的外包装最长边小于100cm，且重量小于30kg的商品，放在中小件仓。

● **大件仓：** 单一销售商品的外包装最长边大于100cm，或重量大于30kg的商品，放在大件仓。

> **提示**
>
> 使用京东仓储配送可以实现多种形式的仓配体验（如夜间配、极速达、送货到家、大家电开箱验货等），让消费者享受到京东高品质的配送服务，并可以实现货到付款和"211限时达"。

4.1.3 京东仓储入库操作

在商家后台左侧的功能区中找到"仓储管理"功能模块，单击该功能模块即可看到京东仓储管理的各个子功能模块。但不同合作模式的商家后台，其仓储管理展示的功能不同。图4-2所示为在FBP（Fulfillment by POP）模式下的仓储管理界面和在SOP（Sale on POP）模式下使用京东仓配一体服务的仓储管理界面。

图4-2

提示

只有在 FBP 模式和 SOP 模式下开通京东仓库服务的商家才具有"仓储管理"模块。

4.1.4 FBP商家商品入仓

采用京东FBP合作模式的商家，在创建好商品后，需要先将商品配送到京东仓库，然后才可以实现前台的销售。所以，商家要先了解京东仓库的入库操作。

如图4-3 所示，从商品新建开始，需要根据流程逐步实现商品的入仓。下面对各个入仓步骤进行具体讲解。

图4-3

1. 租仓管理

要进行商品入库，需要先申请租仓，京东审核通过后才能进行下一步的操作。租仓管理共包括申请租仓、选择仓库、设置仓库参数、审核开仓、查看租仓状态五步操作。

（1）申请租仓。上传好商品后，进入"租仓管理"界面，单击右上角的 申请租仓 按钮，如图4-4 所示。

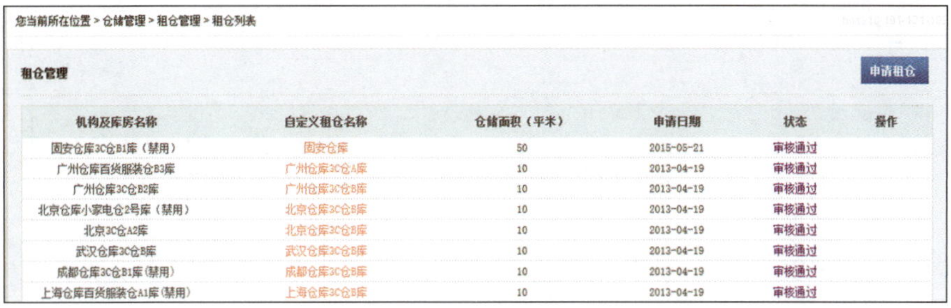

图4-4

（2）选择仓库。商家根据商品属性，结合自身销售区域情况，选择需要入库的京东仓库。建议商家在早期选择一些商品热销的地区，在后期仓库数量可以逐步放开，当然也要考虑各个仓库的覆盖区域因素，如图4-5所示。

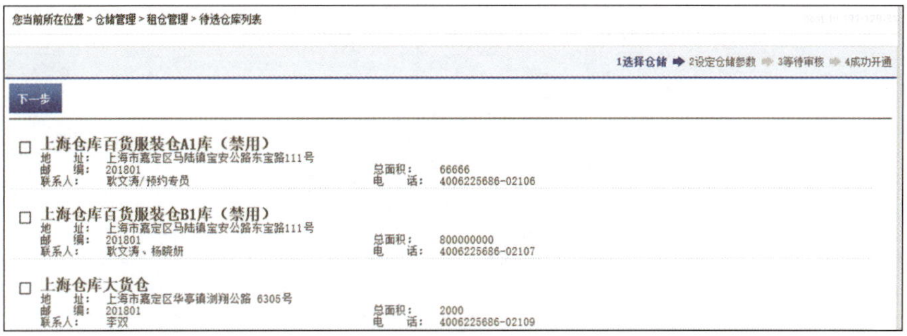

图4-5

（3）设置仓库参数。设定好自定义库房名和订购面积后提交申请，此处要按入库商品的日常数量情况填写订购面积，如图4-6所示。需要注意的是：首批入库商品不宜过多，如果商品出现滞销，则会产生仓储费用，也有可能导致退库成本过高。

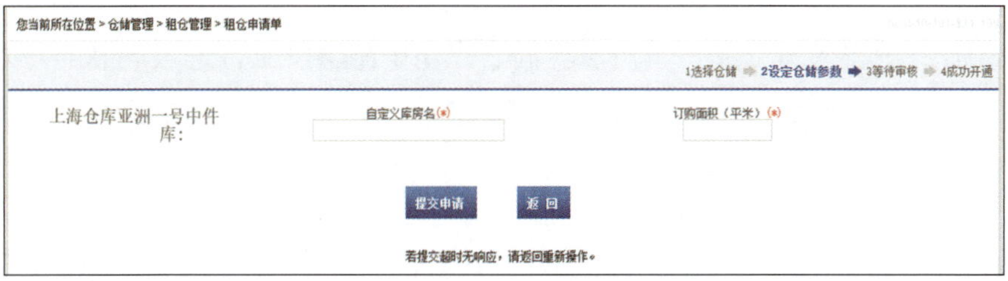

图4-6

（4）审核开仓。商家提交申请之后，京东物流的工作人员会对商家提交的申请进行审核，审核通过后即可进入"成功开通"状态。

（5）查看租仓状态。商家提交申请后，可以在"租仓管理"界面查看京东物流的审核状态，如审核状态为通过，则商家即可使用；同时，还可看到"机构及库房名称""自定义租仓名称""仓储面积（平米）""申请日期""状态"等相关信息，如图4-7所示。

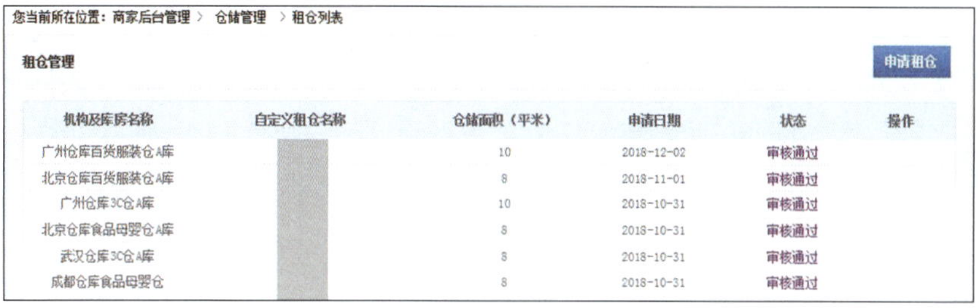

图4-7

2. 入库管理

在商家后台单击"仓储管理"—"入库管理"—"入库单列表"选项，即可打开"入库单列表"界面。在该界面中，可以查看商品的不同入库状态，包括等待入库、入库完成、已删除、删除失效、无法删除、删除处理中、超期也可以通过"入库单号""仓库""申请日期""关联ID"查询商品的入库情况，如图4-8所示。

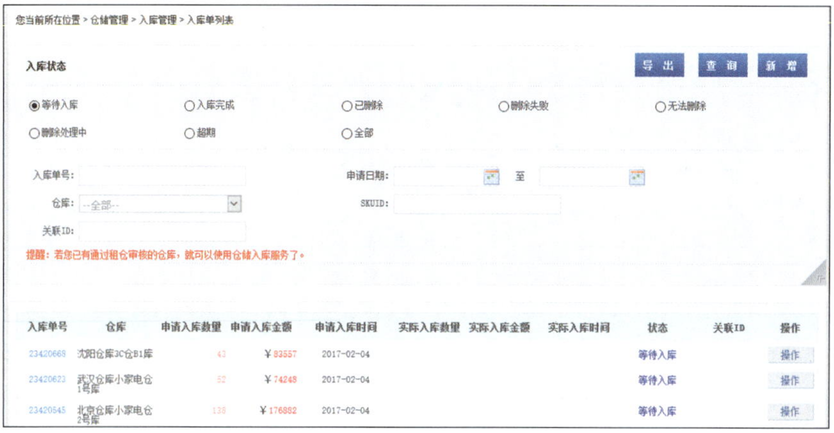

图4-8

若商家需要新增入库商品，单击该界面右上角的 新增 按钮，进入产品的"入库申请单"界面，如图4-9所示。在该界面中，单击 查询 按钮查询需要入库的商品，补齐需要入库的仓库、入库数量等数据后，单击 提交 按钮即可，如图4-9所示。

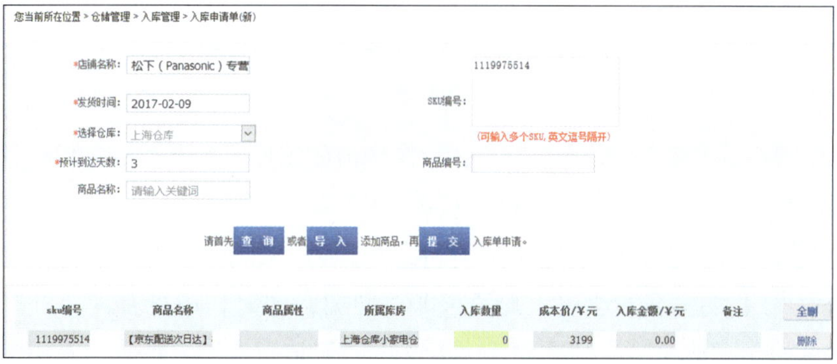

图4-9

3. 入库预约

在商家后台单击"仓储管理"—"入库预约",进入"预约操作"界面,如图4-10所示。在该界面中单击"添加"按钮,在打开的界面中填写采购单的相关信息后提交,即可完成入库预约。完成后,商家可在下方看到入库预约的相关信息,如采购单号、采购数量、可预约数量、预约送货数量、预约送货箱数、预约未送货量、已收货量、供应商、机构库房等信息。

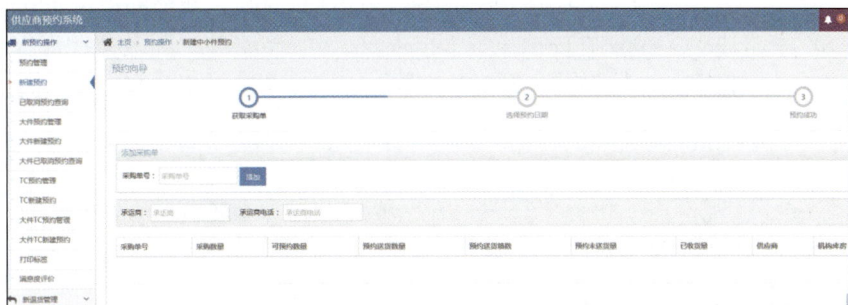

图4-10

提示

入库预约前要保证信息的对接。若商家不预约,而仓库当日预约时间已满,则会造成商品拒收。商家一般需在入库前2～3个工作日预约,在促销活动期间则需要多提前几天,以给京东平台预留出足够的时间、人力和仓储面积。

4. 物流入库

物流入库即指将商品放入预约的仓库中。该过程需要快递人员到发起预约的商家处收取商品并将其运送到仓库中进行分拣。物流入库需要注意以下事项。

● 所有入库京东仓储的商品在进行入库操作前,必须完成在线预约,并在规定时间内送至仓库进行入库操作。

● 预约信息要添加完整,否则容易导致后续流程无法操作,影响入库和发货时间。

● 所有入库京东仓储的商品,必须确保商品在收货前最小包装的完整性,包装出现褶皱、破损、脏污等情况时均有可能会被拒收。

● 商家供应商到货时应出示送货单号。快递人员取货时应注意查验商品的数量、规格是否一致,商品是否完好。

● 若商家商品较多,需要延长收货时间,需主动告知收货人员,以做好收货时间的合理安排。

● 商家送货人员应与快递取货人员一起做好仓库卸车清点工作,在送货单上签字后,方可离开。若发现商品有异常情况,如商品无明显标识、破损、临近保质期等,快递取货人员应及时与商家取得联系,按照双方确定的异常处理方式进行处理。

● 建议选择与京东各地仓库合作顺畅的物流公司进行商品入库操作,以确保收货流程的有效性。

仓储物流入库的程序较为繁杂，需要商家送货人员与快递取货人员共同协作。只有做好入库环节，才能保证后续销售过程的畅通无阻。

5. 库存管理

通过库存管理，商家可以及时掌握在库商品的销售占用情况和补库情况，及时做出相关补库操作。在商家后台单击"仓储管理"—"库存管理"选项，进入"库存管理"界面，即可进行操作。在该界面中，可利用商品的SKU编码、商品名称、商品销售状态来查询商品的库存状态，包括仓库名称、可用库存、现货库存、订单预订库存、其他预订库存、订单转移预订库存、不可售库存、内配出预订库存等信息，如图4-11所示。

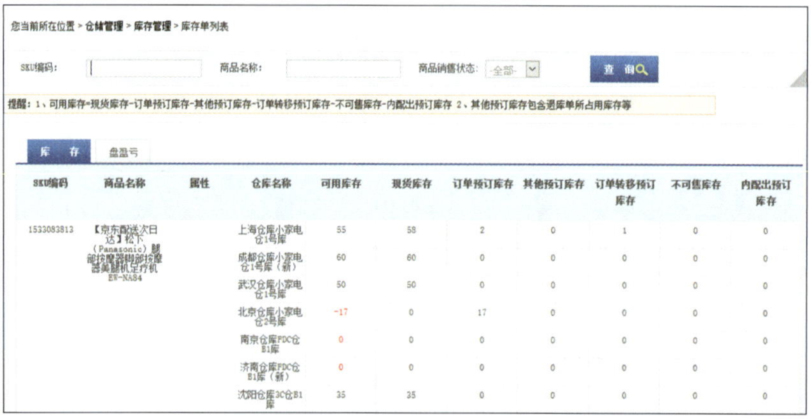

图4-11

6. 退库操作

当需要进行退库操作时，可在商家后台单击"仓储管理"—"退库管理"选项。其方法与新增入库商品类似，单击"退库单列表"界面右上角的 新增 按钮，然后填写退库操作的相关信息即可，如图4-12所示。

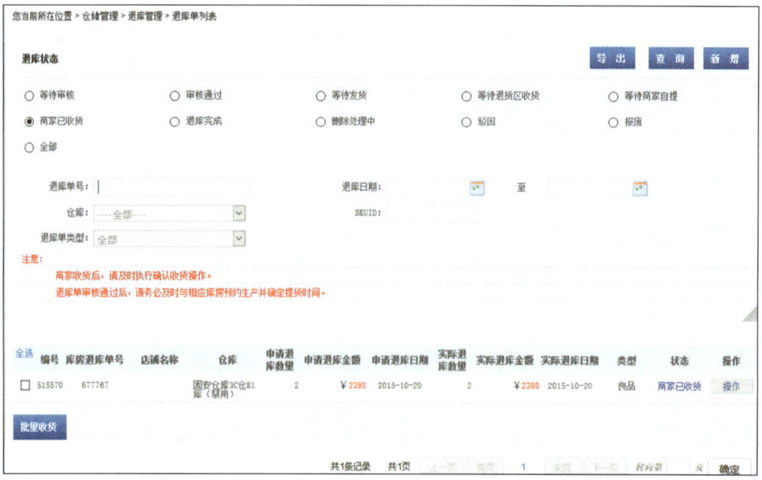

图4-12

4.1.5 SOP 商家商品入仓

目前，京东物流也可以为SOP商家提供仓储一体服务，商家可选择部分SKU入仓，京东负责存储、打包、发货、物流，商家负责前台店铺维护和销售、后端售后和发票开具。

1. 入京东仓的好处

SOP商家入京东仓主要有以下几点好处。

- 可支持全国多地入仓——提高时效（接近京东自营时效）。
- 京东具备强大的仓储物流能力——大促时订单积压不再是问题。
- 可支持部分品类入仓——采用灵活多变的模式，可随时切换至自己发货。
- 可减少商家人力、耗材、设备的投入——耗材报价包含在京东仓储服务费内。
- 在前台可实现"京东物流"搜索与商品详情页显示"京东发货"。

2. 入京东仓的特色

SOP商家入京东仓可以更加灵活地开展商品的库存管理和配送服务。

- 入仓地可选，可入一地，向全国发货；可多地入仓，各地仓发对应区域。
- 入仓商品可选，店铺内商品可部分或全部入仓。
- 入仓量可变，可根据商品的平均销量，结合实际情况，入适当的量到京东仓。
- 入仓后订单可随时切换发货地，可随时切换由京东发货和由商家发货。
- 入仓后发货地可选，可部分地方由京东发货，部分地方由商家自己发货。

3. 入京东仓的流程

京东物流签约流程如图4-13所示。

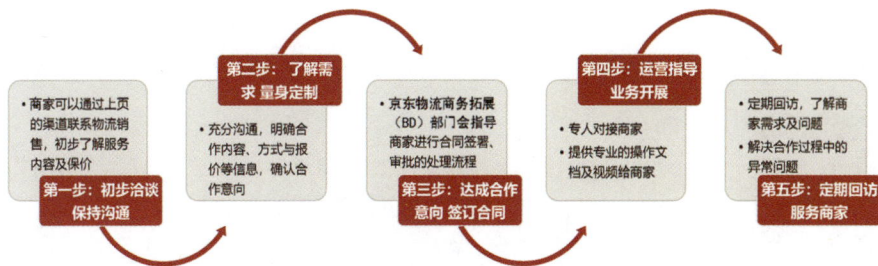

图4-13

SOP入仓操作流程如图4-14所示。

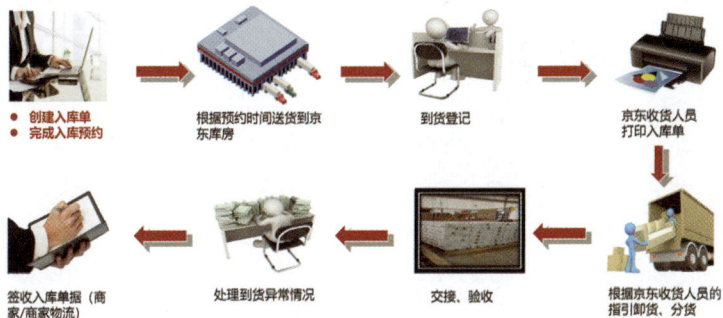

图4-14

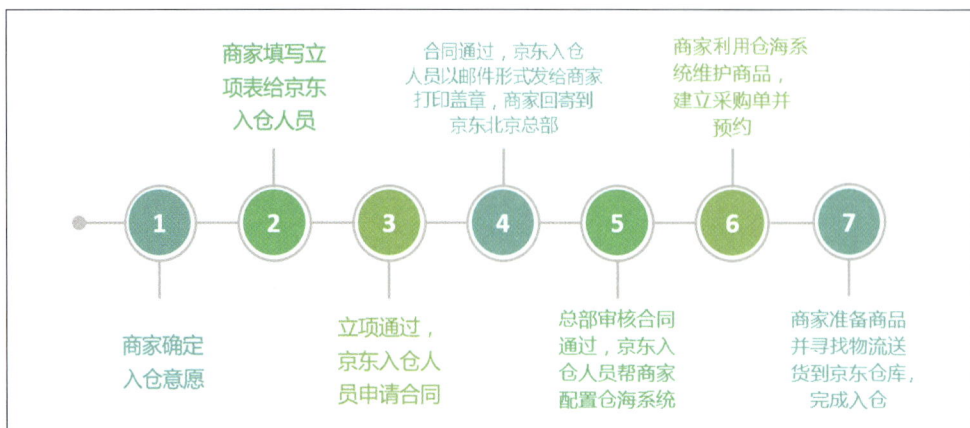

图4-14（续）

4.1.6 分区仓库管理

分区仓库管理主要针对在SOP模式下使用京东物流仓配一体服务的商家。在该模式下，可以设置商家仓库及其状态，查看京东仓库及其状态，设置仓库覆盖区域。

1. 设置商家仓库及其状态

在商家后台单击"仓储管理"—"分区仓库管理"选项，打开"库房列表"界面，默认显示"商家仓库管理"选项卡，单击选项卡上方的 新建商家仓库 按钮，打开"新建商家仓"对话框，在其中设置"仓库名称""仓库地址"等信息后单击 确认提交 按钮即可添加，如图4-15所示。

图4-15

添加成功后，即可在该界面看到添加的仓库信息及状态。在默认状态下，新添加的仓库为启用状态，在"操作"栏下单击"暂停"选项，在打开的对话框中单击 确认 按钮，可更改仓库状态为暂停。在暂停状态下，仓库无法下单，若需要重新启用，可单击"启用"选项更改其状态。

2. 查看京东仓库及其状态

在商家后台单击"仓储管理"—"分区仓库管理"选项，在打开的界面中单击"京东仓库管理"选项卡，可在打开的界面中查看京东仓库编号、仓库名称和状态信息，如图4-16所示。

图4-16

3. 设置仓库覆盖区域

在商家后台单击"仓储管理"—"分区仓库管理"选项，在打开的界面中单击"仓库覆盖区域管理"选项卡，在打开的界面中可以按照全国、一级区域、二级区域、三级区域几种级别进行仓库设置和查看，如图4-17所示。例如，单击某一级区域（如"北京"），则右侧会显示对应的二级区域；单击某二级区域（如"密云区"），则右侧会显示对应的三级区域。

图4-17

单击仓库后面的"设置"选项可进行仓库优先级的设置。设置的数值越小，其优先级越高，且优先级不能重复。图4-18所示为"一级区域"北京仓的优先级设置。设置完成后，单击"查看"选项可查看仓库的相关信息。需要注意的是，仓库区域的优先级是三级区域＞二级区域＞一级区域＞全国。

图4-18

4.2 选择快递

入驻京东商城的商家既可以选择京东快递，又可以选择第三方快递公司进行物流运输。商家需要了解不同物流运输方式的优缺点，选择适合的方式，才能为消费者提供最佳的物流服务。

4.2.1 京东快递

京东从2007年开始自建物流。2013年6月，京东配送正式对外开放，目前已成为全国最大的B2C快递专业服务商。京东配送在全国范围内布局华北、华南、华东、华中、西南、东北和西北7个大区，遍布全国的末端自提及服务中心超过30万个，物流服务人员（含众包）超500万人。京东物流大件网络和中小件网络已全部实现中国大陆行政区县100%覆盖，解决了电商企业"最后一公里"的问题。

1. 京东快递的适用范围

京东配送网络覆盖全国，同时支持在线支付和货到付款订单的配送业务。除以下3类商品外，其余商品都在京东配送范围以内。

● 国家法律明令禁止快递运输的商品。

- 单件商品重量超过30kg，体积超过100cm×70cm×70cm，可能不能享受此服务。
- 单个包裹保价金额超过20 000元人民币的商品。

2. 京东快递签约开通

商家可以通过京东物流客服热线950616或者在京东物流官网上联系在线客服咨询签约开通事宜，如图4-19所示。商家可以从客服处咨询到当地京东快递负责人的联系方式并申请京东快递签约开通。签约开通的基本流程为：了解京配服务→申请电子签约→完成系统对接→打印测试→准备发货。

图4-19

3. 开通京东快递的好处

开通京东快递的商家会获得有利的竞争优势，主要包括以下几点。

- 开通京东快递的商品通过搜索"货到付款"会获得更多的流量导入，基本增加幅度在30%以上，转化率会更高。
- 九重增值服务可选：留站暂存、代收汇款、改派地址、签单返还、京尊达、自提服务、短信通知、协商再投和保价服务。
- 京东的官方营销活动，如资源展示位、闪购活动等要求必须开通京东快递。如果未开通，则商家无法提报活动。

4.2.2 其他快递

在商家后台单击"我的配送"—"物流公司管理"选项，在打开的"物流公司列表"界面中单击 新增物流公司 按钮，打开"添加物流公司"对话框。在该对话框中的"承运商"下拉列表框中可以看到除了京东快递外的其他快递服务商，如图4-20所示。对于最为常规的小件商品（如服饰、鞋帽、电子产品等），商家可以选择第三方快递承运商，京东配送系统为商家推荐了图4-21所示的快递公司（常见的有申通、圆通、汇通、中通、韵达、邮政EMS、顺丰等）。

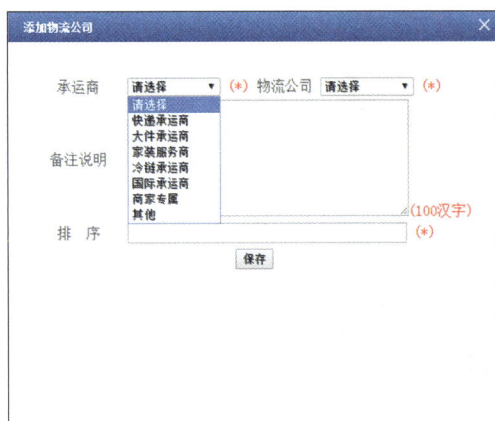

图4-20

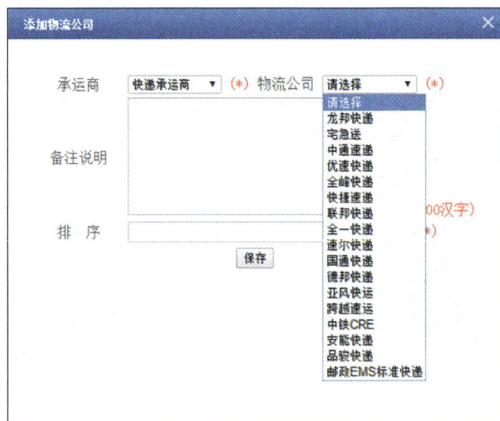

图4-21

商家可以与当地有网点的快递公司洽谈合作事宜。建议多洽谈几家第三方快递公司，通过一段时间的合作后，再根据送达时效、服务、价格等因素，确定1~2家快递公司长期合作。另外，也可以在商家后台的"我的配送"—"物流公司管理"—"物流公司列表"界面中，通过京东咚咚直接与常见快递公司洽谈合作，如图4-22所示。

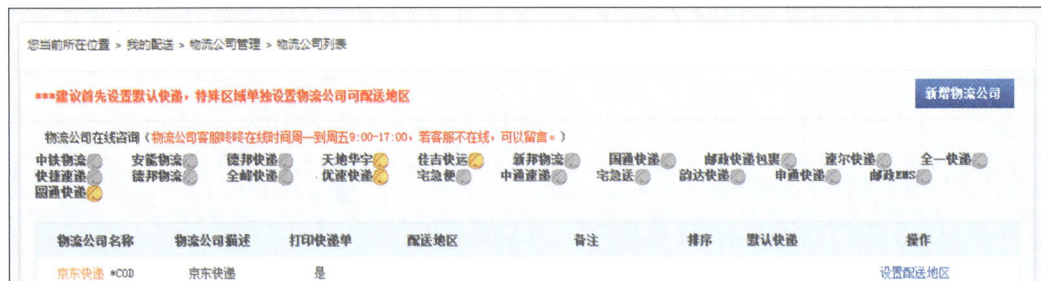

图4-22

除京东快递、其他常见小件快递公司外，商家还可以根据商品的品类，选择大件承运商、家装服务商、冷链承运商、国际承运商、商家专属、其他特殊物流方式等。

如果销售的是较大件的商品，如小型家具、跑步机等，则商家可以选择货运物流公司（如佳吉快运、德邦物流等）；如果销售的是大件商品，如家具，则商家可以选择家装服务商（如易宅配物流、贝业新兄弟等）；生鲜类商家可以选择冷链承运商（如宅急便）；全球购、外贸商家可以选择国际承运商（如斑马物联网）。对于商家专属货运（如如风达等），以及其他特殊物流方式（如海关自提、厂家自送、微特派等），有很多物流在线服务商可以通过京东咚咚软件与物流公司洽谈合作。在"添加物流公司"界面中可以添加适合商家的物流货运公司，如图4-23所示。

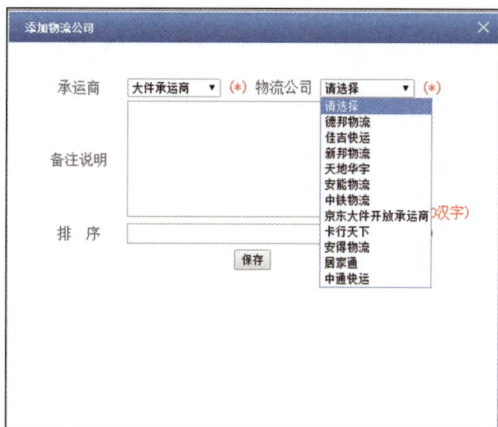

图4-23

4.3 物流设置

添加物流公司后，还需要对物流进行设置才能便捷地进行商品配送。下面主要对物流公司设置与管理、发货地址及无界电子面单设置、运费模板管理及设置、发票信息设置和物流时效承诺等内容进行介绍。

4.3.1 物流公司设置与管理

在商家后台单击"我的配送"—"物流公司管理"选项，可在打开的界面中进行物流公司的添加、修改、删除、设置配送地区等操作。图4-24所示为添加的物流公司；图4-25所示为单击"操作"栏下的"设置配送地区"选项后打开的对话框，在该对话框中可设置物流公司的配送地区，完成后单击 确定 按钮即可。如图4-24所示，将鼠标指针放在"圆通快递"的"默认快递"栏上，单击"设为默认"选项可设置该快递公司为默认的快递公司。

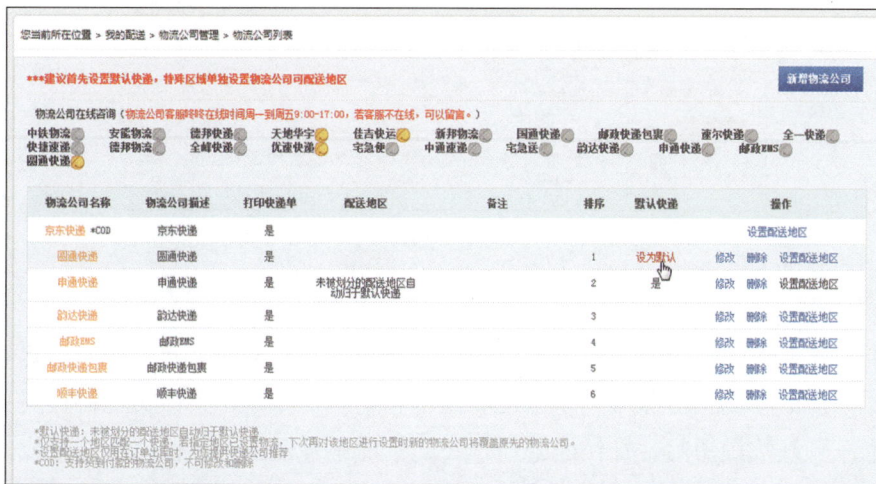

图4-24

图4-25

4.3.2 发货地址及无界电子面单设置

设置好物流公司后，接下来需要进行发货地址及无界电子面单设置。下面分别进行介绍。

1. 发货地址设置

在商家后台单击"我的配送"—"发货地址管理"选项，在打开的界面中单击 新增发货地址 按钮，打开"新增发货地址"界面，填写发货地址的相关信息，包括所在地区、详细地址、邮编、联系电话、发货人姓名等，完成后单击 确认 按钮即可。图4-26所示为"新增发货地址"界面和新增发货地址后的效果。

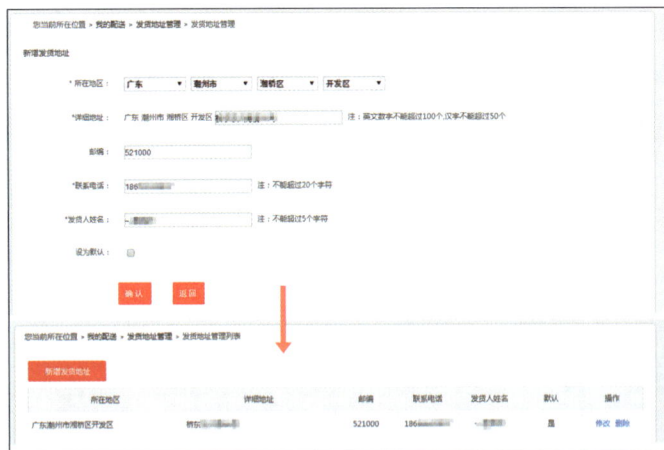

图4-26

2. 无界电子面单设置

京东无界电子面单服务，是指快递公司通过京东向商家提供的一种通过热敏纸打印输出纸质物流面单的物流服务（京东提供技术和系统支持）。具体实现流程是：由快递公司向京东预发物流单号，在快递公司预发的物流单号范围内，快递公司授权京东向开通此项服务并申请物流单号的商家下发物流单号，当商家产生销售订单继而产生物流需求时，商家可在绑定的物流面单号后生成物流面单信息，并通过热敏纸打印输出纸质物流面单。

与传统的纸质面单相比，无界电子面单的最明显区别在于是通过热敏纸、热敏打印机进行打印的，没有复写联，只有上下联。无界电子面单具有以下服务价值。

● **提高打印速度**：无界电子面单的打印速度是普通纸质面单的4~6倍，平均每单打印时间只需1~2秒。高效率的打单大大缓解了商家大批量打单的压力，从而轻松应对大促。

● **提高发货效率**：传统发货模式下，操作员需要将已打出的快递单和订单信息匹配后再发货。电子面单不需要对快递单和订单信息进行逐一匹配操作，在订单申请快递单号的时候就已完成了订单匹配；商家无须再安排人员专门抽取"发货联"，从而提高了操作效率。

（1）开通无界电子面单服务

在"商家后台"—"我的配送"—"无界电子面单服务"—"无界电子面单"界面中，可以进行电子面单的服务商申请，如图4-27所示。

图4-27

提示

商家也可直接输入网址进行电子面单服务商的申请。

申请电子面单服务商的操作很简单，下面以申请"中通快递"服务商为例进行讲解，其具体操作如下。

STEP 01 在"商家后台"—"我的配送"—"无界电子面单服务"—"电子面单"界面中，单击"申请服务商"选项卡下的"中通快递"后的 开通服务商 按钮，如图4-28所示。

扫一扫

开通无界电子面单
服务

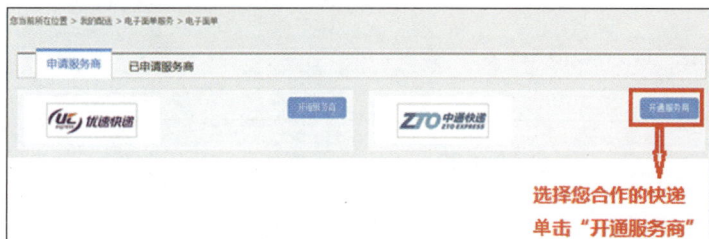

图4-28

STEP 02 打开"申请服务商"界面，在其中依次填写并提交无界电子面单申请信息，包括选择发货地、选择网点、联系人、联系电话，并单击选中"我同意 京东调用电子面单服务协议"复选框，如图4-29所示，最后单击 提交 按钮。

图4-29

💡 **提示**

商家的每一个发货地（仓库）如果对应的是快递公司的不同网点，那么每一个发货地（仓库）需要分别申请开通一次；同理，若使用不同的快递公司，则需分别申请开通一次。

STEP 03 此时将提示申请提交成功，如图4-30所示。在该界面中单击"查看已申请服务商"可查看已提交的申请列表，单击"返回服务商列表"可返回申请列表继续申请。

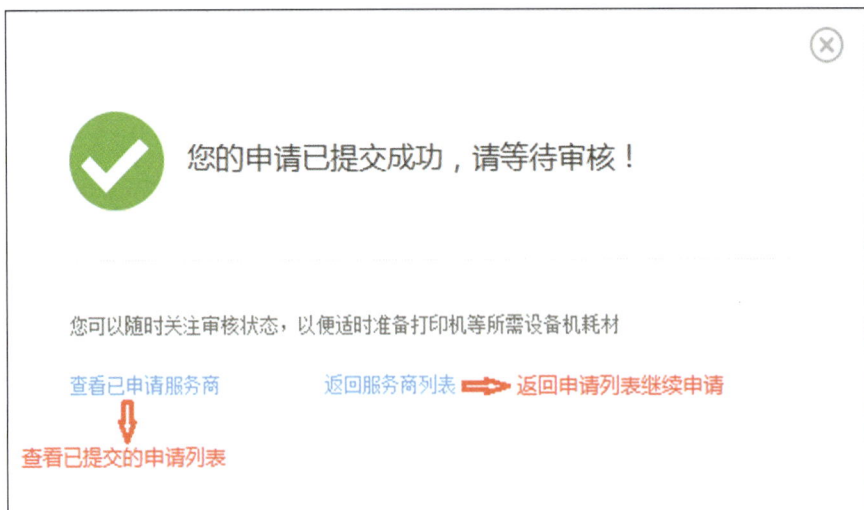

图4-30

STEP 04 审核通过后，商家可在"商家后台"—"我的配送"—"无界电子面单服务"—"电子面单"界面中单击"已申请服务商"选项卡，查看审核通过的服务商，如图4-31所示。

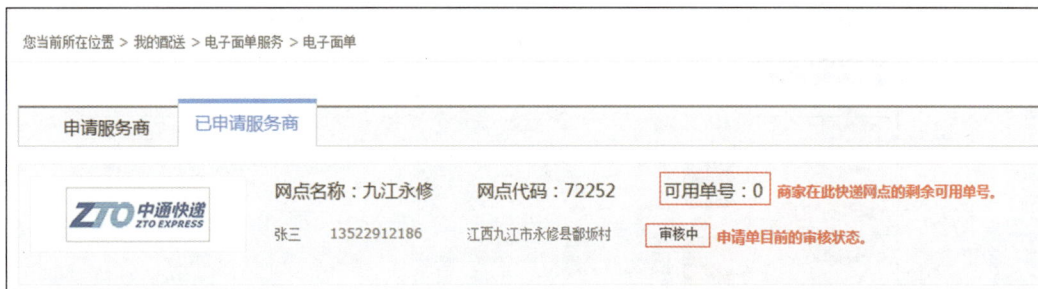

图4-31

STEP 05 返回服务商列表，可继续开通其他服务商。

提示

至少需要通过 1 个快递服务商网点的审核，才能实现无界电子面单发货。

（2）下载京麦并安装打印工具

申请服务商成功后，需要下载京麦并安装打印工具才能使用无界电子面单，其具体操作如下。

STEP 01 商家使用商家账号登录京麦工作台，在该页面中选择适合自己的版本进行下载并安装，如图4-32所示。

扫一扫

下载京麦并安装打印工具

图4-32

STEP 02 下载并安装京麦工作台后，在京麦服务市场中搜索"电子面单"，找到需要的打印工具，如"传美打印"，如图4-33所示。

图4-33

STEP 03 单击"传美打印"工具，在打开的界面中选择版本、周期等信息，然后单击 立即订购 按钮完成订购，如图4-34所示。

图4-34

STEP 04 订购完成后，在京麦工作台桌面或"我的插件"中单击 立即使用 按钮，即可使用打印工具，如图4-35所示。

图4-35

STEP 05 打开"传美打印"工具，依次单击"更多功能"—"快递模板设置"选项，创建快递模板，如图4-36所示。

图4-36

STEP 06 打开"快递模板设置"界面，单击 新增模板 按钮新建模板，如图4-37所示。

图4-37

STEP 07 打开"新增模板"界面，在其中选择快递公司、快递模板，单击 添加模板 按钮添加模板，如图4-38所示。

图4-38

STEP 08 打开"添加模板"对话框，如图4-39所示，在"网点id"文本框中输入网点代码，完成模板添加操作。

图4-39

STEP 09 完成后返回"传美打印"首页，单击"待发货打印"选项卡，在打开的界面中选择订单同步，如图4-40所示。

图4-40

STEP 10 在目标订单后选择"京东无界电子面单—某快递公司"，单击"快"按钮，即可生成打印预览。商家可以调整打印区域位置参数，以保证完美打印，如图4-41所示；也可以选择多个快递单，批量打印。

> **提示**
>
> 在订单中可查询到运单号码，并完成订单出库操作。同时，"传美打印"工具还有宝贝简称、常用短语、多店共用热敏单、快递结算对账、提醒充值、短信通知等功能，非常容易上手。

图4-41

4.3.3 运费模板管理及设置

运费设置一直都是消费者很关注、商家很头疼的部分。如果运费设置不合理，消费者会因为不合理的运费而放弃购买，商家也可能会出现运费吞噬订单利润的情况，因而要重视运费模板的设置，这样才会让商家卖得省心，消费者买得放心。运费信息会在商品（非免邮费商品）前台显示，如图4-42所示。

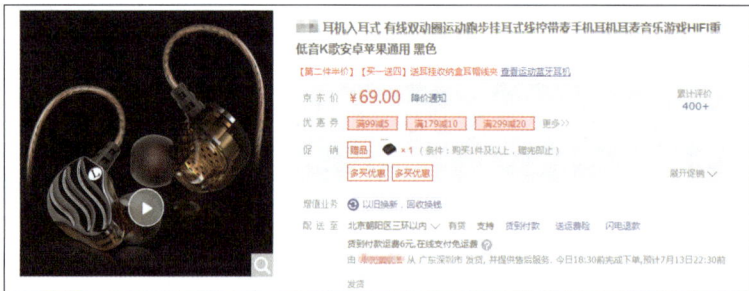

图4-42

在商家后台单击"我的配送"—"运费模板"选项，打开"运费模板列表"界面，在界面中可分别对"单品运费""店铺运费""店铺运费与单品运费同时生效"选项进行设置，如图4-43所示。

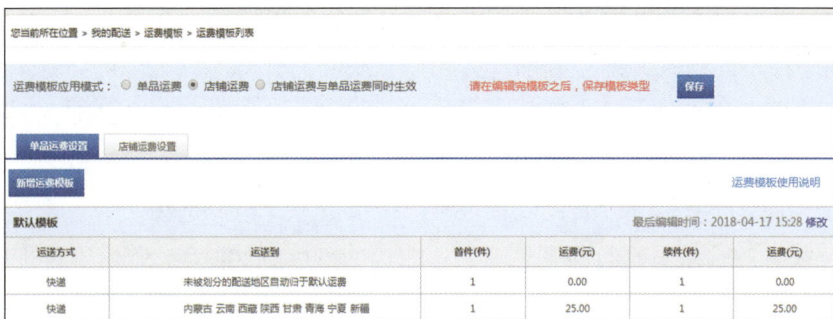

图 4-43

1. 店铺运费设置

整个店铺采用统一的运费标准时，商家可设置收取固定费用，如收取固定运费10元，或者满额包邮，如订单满69元包邮，不满69元收取10元运费，支持不同区域设置不同的运费标准。

在"运费模板列表"页面中，单击选中"店铺运费"单选项，在下方单击"店铺运费设置"选项卡，在打开的界面中单击 新增运费模板 按钮，打开"新增运费模板"界面。在该界面中填写运费模板名称，设置地区和计费规则后单击 确认 按钮即可，如图4-44所示。店铺运费提供了满额包邮计费和每单固定运费两种计费规则，计费方式灵活，但不管采用哪一种方式，都要求运费必须大于等于0且小于500，并且不能为小数。

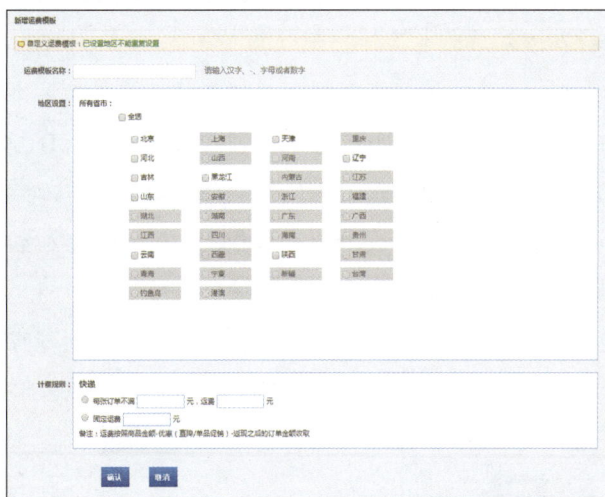

图4-44

2. 单品运费设置

单品运费模式是为店铺内的每种商品设置自己独有的运费收取方式，每种商品的运费独立计算。当一个订单中包含多种不同商品时，京东提供了"叠加计算""按最高值计算"两种运费计算方法。同样，每个单品运费模板支持按区域、按支付方式（在线支付、货到付款）的个性化设置。

在"运费模板列表"界面中单击选中"单品运费"单选项，在打开的界面中可看到单品运费的两种不同模式，即"叠加计算""按最高值计算"，如图4-45所示。商家可以看到这两种模式前有"一单多品"字样，表示同一个订单中有多个SKU，而这些SKU的运费模板选择的不是同一个。例如，同一订单中有两个SKU，运费模板一个是按重量设置的，另一个是按体积设置的；或者虽然都按重量设置，但是它们的首重和续重收费规则不同。总之，就是一个订单里有多个SKU，而且它们的运费模板设置规则是不相同的。

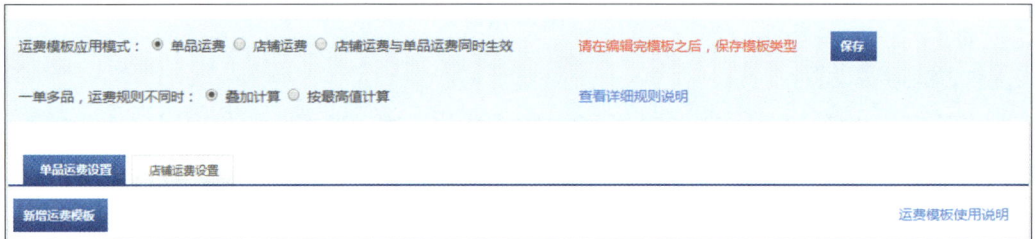

图4-45

● **叠加计算**：先对这些SKU分别单独计算（采用同一个运费模板的SKU，一起计算），得出运费结果，然后相加。例如，订单中有A、B、C3种商品。A商品设的运费是首件15元，B商品和C商品设的是同一个运费模板，假如都是首重1kg内收10元，那么单独算A商品的运费是15元；假如B商品和C商品加起来重量不到1kg，那么B商品和C商品单独算运费是10元。所以该订单的运费按25元计算。

● **取最高值计算**：先对这些SKU分别单独计算运费值（采用同一个运费模板的SKU，一起计算），最后订单取运费值中最高的。例如，订单中有A、B、C3种商品。A商品设的运费是首件15元，B商品和C商品设的是同一个运费模板，假如都是首重1kg内收10元，那么单独算A商品的运费是15元；假如B商品和C商品加起来重量不到1kg，那么B商品和C商品单独算运费是10元。所以该订单的运费按15元计算。

新建单品运费的方法是：在单品运费模式下选中一种运费计算方式，单击 新增运费模板 按钮，打开"自定义运费模板"界面，设置运费模板名称、是否包邮、计费规则、运送方式、指定条件免邮等信息后，如图4-46所示，单击 保存且返回 按钮，返回"运费模板列表"界面，单击右上角的 保存 按钮即可。

单品运费设置提供了"按件数""按重量""按体积"3种不包邮的计费规则。当设置为按体积计费时，需注意运费模板中的单位，如立方米，并进行相应转换。若要单独为某商品设置满××包邮，可单击选中"指定条件免邮"复选框；在运送方式模板中，如果想对某个地区设置运费，则可以单击"为指定地区城市设置运费"按钮并选择该地区。如果开通了COD（京东货到付款）服务，那么可以分别或同时选中并设置"快递"和"货到付款"两种模式的运费收取规则。

图4-46

提示

　　要注意的是，其中"是否包邮"和"计费规则"两个选项，如果在已经设置好的前提下进行修改和调整，则一定要确认无误后再保存。因为如果将原有计费规则切换为其他方式的计费规则（如原来是按重量计费，现在改成按件数计费），那么原来设置的计费信息将被清空，商家需要重新设置当前所选的计费模式的其他信息。

　　图4-47所示为设置好的单品运费模板，条件是按重量计费，快递和货到付款都支持。这个模板分为两部分，内容清晰。不包邮的商品，如果北京的消费者选择货到付款，则商品在1kg内收10元，续重每千克加收8元。免运费的商品，无论订单商品的重量是多少，都不收邮费（包括普通快递、货到付款）。

标准运费--1公斤内小件					最后编辑时间：2017-02-04 22:27 修改 删除
运送方式	运送到	首重(kg)	运费(元)	续重(kg)	运费(元)
快递	未被划分的配送地区自助归为默认运费	1.000	8.00	1.000	6.00
快递	辽宁 吉林 黑龙江	1.000	6.00	1.000	5.00
快递	北京 上海 天津 重庆 河北 山西 河南 内蒙古 江苏 山东 安徽 浙江 湖北 湖南 江西 四川 陕西	1.000	7.00	1.000	5.00
货到付款	辽宁 吉林 黑龙江	1.000	8.00	1.000	6.00
货到付款	北京 天津 河北	1.000	10.00	1.000	8.00
货到付款	上海 重庆 山西 河南 江苏 山东 安徽 浙江 福建 湖北 湖南 广东 江西 四川 陕西	1.000	12.00	1.000	8.00
免邮费产品					最后编辑时间：2015-09-29 21:56 修改 删除
运送方式	运送到	首重(kg)	运费(元)	续重(kg)	运费(元)
快递	全国	1.000	0.00	1.000	0.00

图4-47

3. 店铺运费与单品运费同时生效设置

　　该模式又称混合模式，是指店铺运费模板与单品运费模板同时生效，店铺运费优先判断。例如，单品运费设置的是北京地区的消费者购买的商品在1kg内收取运费8元，店铺运费模板设置的是北京地区的消费者购买的商品满99元免运费，那么无论订单中商品的重量是多少，只要订单金额超过99元，就免运费。当订单金额满足了设置的免邮条件时，按照店铺运费模式计算；不满足时，按照单品运费模式计算。如店铺运费设置为订单金额不满59元，运费为10元；当订单金额为59元及以上金额时，该订单免邮。若不满足店铺运费设置的免邮条件，则按照单品运费收取。

需要进行特殊说明的是，如果单品运费模板上设置了单品运费优先店铺运费，那么单品运费模板绑定的商品的运费将单独计算，即使订单金额满足店铺免邮条件，也会按照单品运费模板计算运费。该种方式集合了单品运费和店铺运费模式的优点，商家自主选择单品运费和店铺运费优先级。店铺运费与单品运费同时生效模式的设置方法是：在"运费模板列表"界面中，单击选中"店铺运费与单品运费同时生效"单选项，在打开的界面中单击 新增运费模板 按钮，如图4-48所示，即可进行运费设置，其设置方法与单品运费设置方法相同。

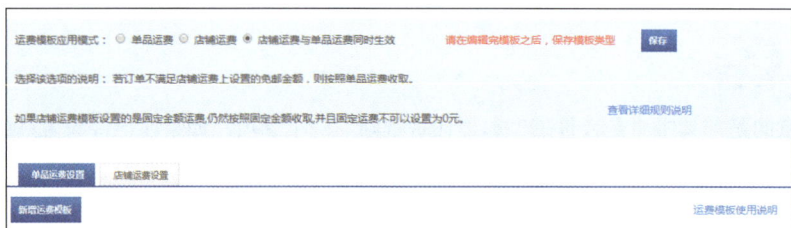

图4-48

在该模式下设置运费需要注意以下几点。

● 单品运费模板设置并生效后，需要绑定商品，或者商品选择了此运费模板并保存后，该商品才会按照该运费模板规则计算运费。否则，按照设置的"默认运费模板"计算，如图4-49所示。

图4-49

● 商品绑定运费模板时，可以在商家后台商品管理页中的在售或者待售商品管理列表页中批量绑定，也可以在商品信息编辑页中选择合适的模板并保存。

● 店铺运费模板不需要绑定商品，设置完成并保存后可立即生效。

> **提示**
>
> 设置运费模板比较复杂，商家要结合商品的特点，选出一套最适合店铺的运费模板。为了带给消费者良好的购物体验，建议商家尽可能降低消费者需要支付的快递费用或者降低全店满额免邮费的门槛。

4.3.4 发票信息设置

发票信息可以根据企业的实际情况进行勾选，内容包括发票类型、发票抬头、发票内容，如图4-50所示。单击 确认 按钮，设置立即生效。

图4-50

4.3.5 物流时效承诺

物流配送是电商流程中很重要的一环，京东平台注重给消费者提供"多、快、好、省"的购物体验。所以，商家在物流公司的选择上要多下一些功夫，可以通过比较一段时间内承诺时效的履约率，优选出速度相对较快、服务相对较好的快递公司。

Promise 时效履约功能是京东平台为商家提供的一系列Promise 履约功能及时效参考。该功能的内容主要包括快递路由时效查询、Promise 时效模板设置。物流时效承诺设置好后会在商品详情页中展示，如图4-51所示。建议商家都开通此服务，这样可以提高消费者的购买信心。同时，设置并展示了配送时效承诺且履约率高（时效快）的商品和店铺，会被优先展示出来，从而会增加商品和店铺的曝光率，有利于提高店铺的转化率。

按时发货是京东平台为帮助商家提高转化率而提供的打标服务，开通后店铺商品详情页将标识"按时发货"。从店铺的合作快递公司处了解到发往各地区的配送时效后，首先要去商家后台中"我的店铺"—"商家服务中心"界面开通"展示商家配送时效和按时发货标识服务"，如图4-52所示，签订电子协议后即可开通按时发货服务。

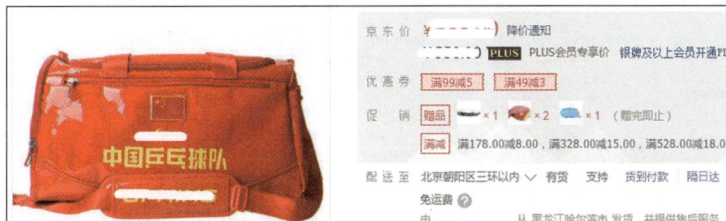

图4-51

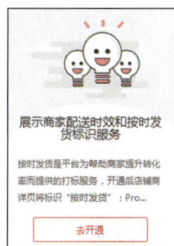

图4-52

开通后，单击"设置服务模板"或单击商家后台中"我的配送"—"承诺配送时效（新）"选项，阅读并同意Promise时效服务协议，单击选中"我同意协议内容"复选框并单击 提交 开通服务，然后进入图4-53所示的界面进行模板设置。在这里，可以设置指定地点的配送时效承诺。例如，商家地处黑龙江省哈尔滨市，那么可将2日达设置为距离较近的地区，如辽宁、吉林、黑龙江，而对于相距较远的地区，快递通常要十几天才能送达，所以这里可以设置10~15日达。注意，这个时效不是随意设置的，要与当地的物流公司确认后再设置，以避免履约率不及格。

图4-53

确定并设置好发货地址、周六日和节假日是否发货、每日截单时间（即快递员每日最后一次取件的时间，如16:00）、预计发货时间（指商家将截单时间前的订单打包完毕并放置在发货区等待交付给快递的时间，也叫点击出库时间）、预计揽件时长（即根据商家设置的发货时间，推算出预计在几个小时内快递公司会上门揽件）及选择使用系统快递时效或使用修正系统时效等信息后，单击"保存"按钮即设置完毕。设置完毕后，次日会生效。

服务模板设置完成后，在售商品管理、待售商品管理、添加新商品状态的商品均可以进行商品SPU与模板的绑定设置。以在售商品为例，依次单击"商家后台"—"商品管理"—"在售商品管理"，选中需要绑定的商品SPU，如图4-54所示，单击 配送时效 按钮，打开"设置配送时效"对话框，如图4-55所示，在其中选择配送模板，单击 保存 按钮即可。

图4-54

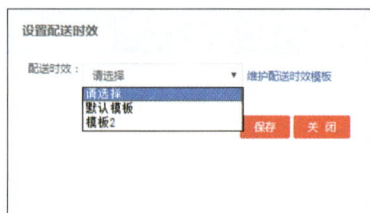

图4-55

以上步骤完成后，消费者可以在商品页、结算页、订单详情页中看到Promise 时效话术。其中，商品页显示如下话术。

● **截单时间前Promise 话术：** ×点前完成下单，预计×月×日×点前发货，×月×日×点前送达。

● **截单时间后Promise 话术：** 现在至明日×点前完成下单，预计×月×日×点前发货，×月×日×点前送达。

4.4 实战训练

4.4.1 设置物流公司

1. 实训要求

某店铺主要销售厨卫小家电商品，请根据该店铺商品的特点为其添加物流公司。

2. 实训分析

对于常见的小件商品，如服饰、鞋帽、电子产品、小家电等，既可以选择京东快递进行运输，又可以选择第三方快递承运商。京东配送系统为商家推荐了很多快递承运商，商家只需按照店铺商品所在地，结合成本选择一家服务质量、配送速度较优质的物流公司即可，如申通、圆通、汇通、中通、韵达、邮政EMS、顺丰等，如图4-56所示。同时需为快递公司设置配送区域，如图4-57所示。

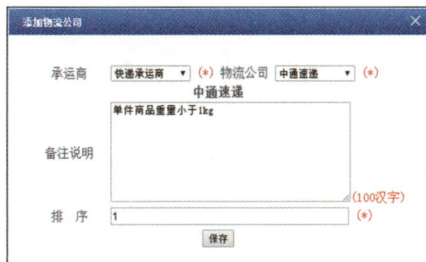

图4-56

图4-57

3. 操作思路

完成本实训需要进行以下主要操作。

STEP 01 进入商家后台，单击"我的配送"—"物流公司管理"选项，打开"物流公司列表"界面。

STEP 02 单击 新增物流公司 按钮，打开"添加物流公司"对话框，在其中选择快递承运商和物流公司，设置排序，单击 保存 按钮。

STEP 03 查看添加的物流公司，在"操作"栏中单击"设置配送地区"选项，打开"设置物流配送区域"对话框，在其中进行配送区域的设置，完成后单击 确定 按钮。

4.4.2 建立通用运费模板

1. 实训要求

某店铺需要为店铺内的某商品设置运费，现要求该商品免运费，但西藏、新疆按件数收取运费，起件50元，续件50元；黑龙江、内蒙古、甘肃、青海、宁夏按件数收取运费，起件25元，续件25元。

2. 实训分析

由店铺的要求可知，本次运费设置是针对单件商品的，因此可排除店铺运费模式，选择单品运费模式。其次，除要求的特殊地区以外，其他配送地区免邮费，因此，可新建一个按件数收取运费的模板，然后选择由消费者承担运费，设置运费为0元，并设置指定地区的运费，如图4-58所示。

图4-58

3. 操作思路

完成本实训需要进行以下主要操作。

STEP 01 进入商家后台，单击"我的配送"—"运费模板"选项，打开"运费模板列表"界面。

STEP 02 单击选中"单品运费"单选项，由于该商品没有多个SKU，运费模板只有一个并不冲突，所以可以任选一种模式。

STEP 03 单击 新增运费模板 按钮，打开"自定义运费模板"界面，按照图4-58所示方式进行设置，完成后单击 保存且返回 按钮，然后再次单击 保存 按钮进行保存，完成操作。

4.5 拓展延伸

1. 京东销售模式

京东销售模式主要包括京东自营和非自营（POP）两种模式。其中，京东自营是指京东直销模式，由京东采购货物，负责配送、售后等一系列事项，以保证商品质量；非自营模式是一种京东与商家联营的模式，京东商城作为一个开放的第三方平台，为厂家或商家提供销售平台，由厂家或者商家发货，京东平台向厂家或商家收取平台使用费用，这种模式又包括FBP、SOP两种。

- **FBP**：FBP类似于京东采购模式，京东提供给商家一个独立操作的后台，由商家自行上传商品，描述商品信息，但商品仓储、配送和客服由京东来操作，京东自营商品能享受的服务，商家都能享受，但要求商家必须具备一般纳税人资格，需要给京东开具增值税发票。

- **SOP**：即京东给商家一个独立操作的后台，由商家自行上传商品，描述商品信息，要求订单产生后12小时内发货，由商家自行承担所有的服务。

2. 物流成本核算

随着电子商务的快速发展，市场上衍生出了包括京东快递在内的数十家大型物流公司。相比于电商发展初期，现在的物流成本比较低廉和稳定，但是在实际运营中也是不可忽视的一笔成本，因此商家有必要对物流成本进行核算。物流成本包含3个维度：快递成本、物料成本、人工成本。

- **快递成本**：商家如果自己联系第三方快递公司，则可以与其洽谈合作价格，即洽谈将商品从商家仓库所在地发至全国各地的价格，如果达到一定发货规模还可以签深度合作协议，价格会更低廉。例如，对选择京东配送、自主发货的商家来说，可以从京东地区销售经理处要到在线支付及货到付款业务的快递价格。若入京东仓库，则各地区对应的配送价格可以从京东仓储销售经理处获得，京东配送产生的每笔实际支出可以在"商家后台"—"结算管理"界面中查询。为了带给消费者良好的购物体验，同时减少因消费者退换货、拒收货到付款的货物所产生的运费损失，建议商家开通运费险和拒收险。商家可以在"商家后台"—"我的店铺"—"保险服务"界面中选择订购运费险和拒收险。这个支出也要计算在快递成本内。

- **物料成本**：物料成本包括商品内包装、外包装、吊牌、售后卡、包装耗材（纸箱、快递袋、填充物、胶带等）及耗材印刷费用等。

- **人工成本**：人工成本即仓储、打包人员的成本。

4.6 思考练习

（1）简述京东仓储的主要方式，并分别说明其操作流程。

（2）在商家后台为自己的店铺添加常用的物流公司。

（3）在商家后台设置自己的发货地址，并根据选择的物流公司设置快递单。

（4）在商家后台设置一个店铺运费模板，要求满99元免运费。

（5）在商家后台设置一个单品运费模板，要求按重量收取运费：所有商品首重1kg内15元；超过1kg，每多1kg续费15元。

第5章

商品发布

本章导读

　　做好商品发布前的相关准备工作，并熟悉京东后台的基本流程后，商家就可以开始发布商品了。商品发布涉及的操作较多，包括商品相关分类，主、副标题撰写，销售属性等影响搜索引擎排名的信息；主图、详情页等主导商品点击率和转化率提高的信息的填写。要在商品发布阶段就填写好这些信息，并注意各项细节内容的完善，以提高商品对消费者的吸引力。本章将对商品发布各个环节的知识进行介绍，以帮助商家掌握商品发布的具体方法。

知识技能

- 掌握类目设置的方法
- 掌握标题写作与优化的方法
- 掌握品牌填写的方法
- 掌握属性设置的方法
- 掌握功能、物流和其他内容设置的方法

5.1 类目设置

在综合搜索排名中，商品分类的相关度的权重分值对商品的搜索排名有很大影响。很多新商家在上传商品时将商品放错了类目，导致商品的主关键词排名不高，因此商品没有流量，也没有转化率和销售额。由此可见，为商品选择类目对于搜索和引流有很大影响。下面对类目设置的方法进行介绍，以帮助商家掌握商品发布的第一步操作。

5.1.1 类目选择方法

在京东商家后台单击"商品管理"—"添加新商品"选项，打开"添加新商品"界面，在该页面中需要先选择商品的类目，如图5-1所示。

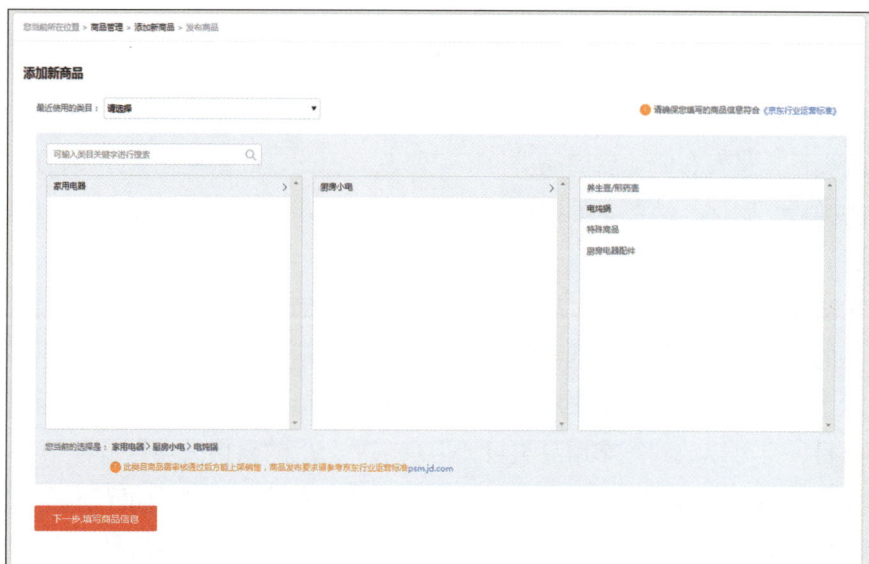

图5-1

商品类目的选择主要有以下几种方法。

● 根据商品的属性一级一级进行选择，直到最后一级类目为止。这是最常用的选择方式，可保证商品的类目不出错。

● 在"可输入类目关键字进行搜索"搜索框中输入需要发布的商品关键词，如"帆布鞋"，系统会自动匹配出相应的类目，供商家进行选择。

● 如果商家每次发布商品时都使用同一个浏览器，则系统会自动根据商家以往发布商品时选择的类目为商家提供最常用的几个类目供其选择，商家可直接在"最近使用的类目"下拉列表框中进行选择。

5.1.2 选择类目时的注意事项

选择类目的方法非常简单，但类目与商品是否高相关关系着商品的综合搜索排名，因此，要选择与商品高相关的类目。那么，什么是高相关类目呢？打开京东首页，搜索商品的主关键词，在搜索结果页的分类筛选区中可以看到相关类目的排序，高相关类目会被优先放在靠前的位置（双重类目除外）。例如，关键词"收纳盒"的一级类目是"收纳用品"，高相关分类是"收纳箱/盒"，如图5-2所示。如果发布商品时选择"收纳柜"或"收纳袋"等类目，则无法与搜索结果进行匹配。

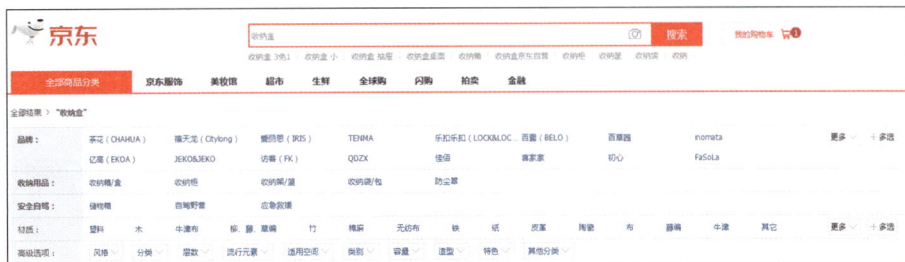

图5-2

商家所销售商品的类目并不是唯一的，但在发布商品时只允许选择一个类目，将其作为该商品的类目，且发布成功后商品类目不可修改。因此，商家要在一开始就选择好与商品高相关的类目，确保与消费者的搜索需求和京东平台匹配度高度相关，从而增加被搜索展示的次数。

商家在选择类目前，可先通过观察同类商品的分类来进行判断。其方法是：在京东首页搜索商品的主关键词，然后在搜索结果中查看京东展示的高相关类目，并结合下方搜索结果的展示来进行选择。以"安全座椅"为例，安全座椅是放在汽车后座的座椅，既可以放到母婴类目，又可以放到汽车用品类目，但京东平台上的高相关类目是母婴。

图5-3所示为在京东首页搜索"耳机"，其下方展示了"手机配件""影音娱乐""游戏设备"3个大类，每个大类下还有小类。此时，就要根据商品的主要功能特点先选择大类，再选择小类。

图5-3

例如，一款iPhone手机的耳机，既可以选择"手机配件/苹果周边"类目，又可以选择"影音娱乐/苹果配件"类目。这时，商家需要分别选择这两个类目，对比搜索结果中的商品数据。图5-4所示为"手机配件/苹果周边"类目下的搜索结果，图5-5所示为"影音娱乐/

苹果配件"类目下的搜索结果。从中不难看出，"手机配件/苹果周边"类目的整体销量
更好，该类目的相关度更高，但竞争也更激烈。

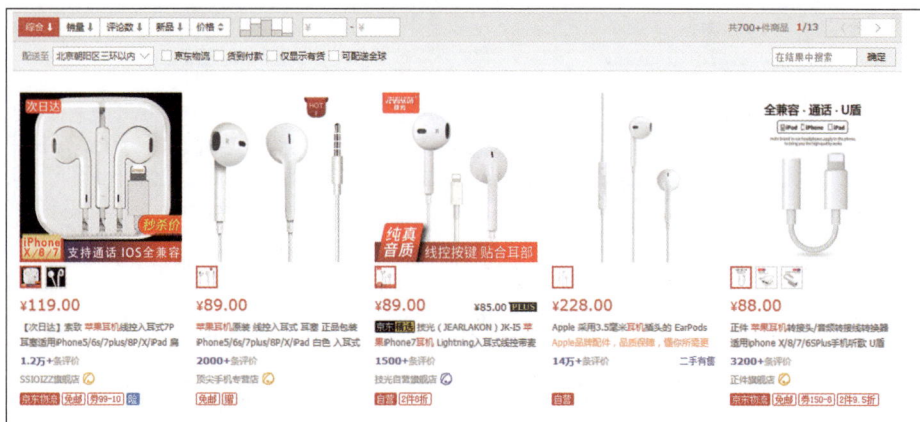

图5-4

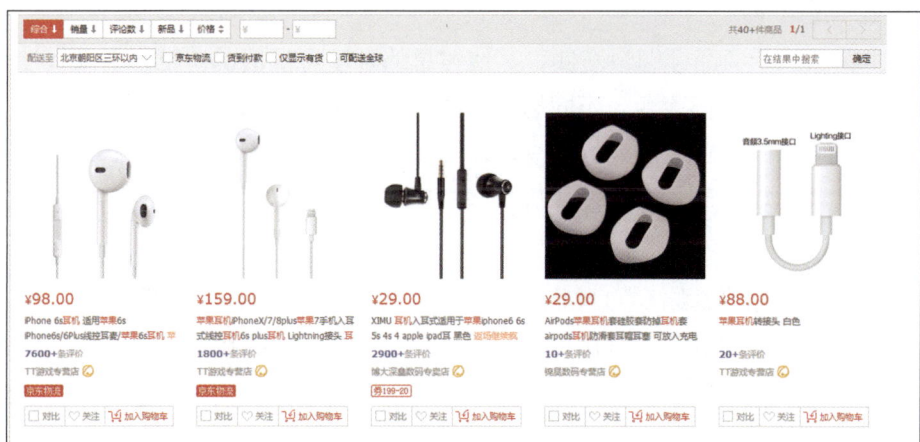

图5-5

5.2 标题设置

标题是消费者搜索到商品的关键，也是消费者进入商品详情页的入口。它就像人的名字一样，是商品的一个称谓。通过标题，消费者可以了解商品的重要信息，形成对商品的基本印象。同时，标题还影响着京东搜索的展示结果，标题中包含的内容是否与消费者搜索的关键字和京东平台的匹配程度高度相关，是标题能否被搜索到的关键。因此，一定要掌握标题的命名规范与优化策略，写出符合消费者需求的成功标题。

5.2.1 标题的命名规范

选择好类目后单击 下一步,填写商品信息 按钮，进入商品"基本内容"编辑页面。在该页面中要

设置商品的基本内容，包括商品标题、商品标语、标语加链接的文字、标语链接地址4部分内容，如图5-6所示。

图5-6

《京东搜索白皮书》中对商品标题格式的要求是：中文品牌（英文品牌）+基本属性（材质/功能/特征）+商品品名+规格参数（型号/颜色/尺寸/规格/用途/货号）（非必填），如"海尔（Haier）冰箱 BCD-118TMPA 智能恒温 118升 两门冰箱 冷冻速度快体积小不占地 黑色"。

品牌名称须位于商品标题最左侧，其他信息的顺序可视情况调整，不同属性关键词之间可用"/"隔开，不同颜色、不同规格的商品须建立多个SKU。图5-7所示为商品标题示例。在发布商品时，京东后台最多支持输入50个汉字的标题，标题为必填内容。如果有对商品比较好的描述或宣传用语，可在商品标语中进行填写，作为商品副标题进行展现。若商品参加了促销活动，同时设置了促销宣传语，则促销宣传语的优先级要高于商品原来设置的商品标语，原来的商品标语内容会在前台被促销宣传语所覆盖。商家也可以对标语中的部分文字进行超链接设置，将链接文字和地址分别填入"标语加链接的文字"和"标语链接地址"文本框中即可，设置后消费者单击标语中的蓝色带下画线文字即可跳转到目标页面。

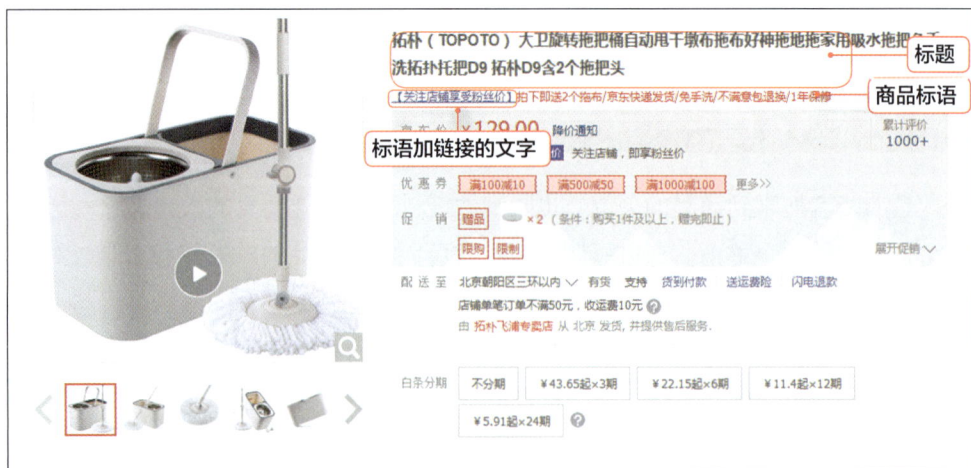

图5-7

> **提示**
>
> 在当季或预售新品标题中，商家可增加描述"年份＋季节＋新款"来表示新品／新款。此描述须在品牌名称右侧且与品牌名称相邻，其他商品描述要求不变，如"韩都衣舍 2018 秋冬新款×××"。当销售套装或多件商品时，须明确为套装，可写明套装内的 1~3 种商品，如"韩都衣舍（HSTYLE）2018 年新款 女装两件套（蓝黑色上衣＋黑色裙裤）"。

5.2.2 标题优化策略

标题的好坏直接决定了搜索结果的展示效果，也决定了消费者是否会看到商品标题并产生点击行为。决定标题搜索结果展示的关键性因素是关键词。关键词是包含在标题中的用于描述商品信息的关键性词语，在不考虑其他因素的前提下，该词语与消费者搜索的匹配度越高，标题在页面前列中展示的机会越大。因此，在填写标题的过程中，要注意对标题进行优化。标题要尽量简单直接、突出卖点，要针对消费者的搜索习惯和要求来优化标题中的关键词，以增加商品被搜索到的概率。

在实际进行优化操作时，要注意两个关键点。一是将商品的主关键词完整地放入标题中。例如，在"iPhone 7Plus手机"中，"iPhone"为商品的品牌主关键词，"7Plus"为型号的主关键词，消费者在购买该商品时，不管是搜索"iPhone""7Plus"还是"iPhone 7Plus"，都会与搜索关键词高度匹配；而一些目标非常明确的消费者，一般会直接搜索"iPhone 7Plus"。因此，当商品标题中出现了与消费者搜索关键词完整匹配的关键词时，标题的权重就非常高，在搜索结果中的排名就会靠前。二是关键词在标题中放置的先后顺序虽然对权重的影响很小，但是也要避免关键词堆砌的情况，否则会降低标题的权重，减少标题的展现。如一款相机商品，商家在写标题时为了全面展现相机的特点，在标题中添加了很多与商品相关的功能性关键词"相机""单反相机""变焦相机""Wi-Fi相机"。这些关键词具有一定的重复性，属于关键词堆砌，会降低标题的权重得分。标题关键词堆砌的情况包含但不限于以下情况。

- **品牌堆砌**：如阿迪达斯、耐克。
- **属性堆砌**：如人造革、真皮。
- **商品品名堆砌**：如棉服、羽绒服、棉袄。
- **商品规格堆砌**：如10寸、11寸、12寸／红色、蓝色、黑色。

京东商城的商品标题有两个特点，分别是"标题短，权重高，曝光小""标题长，权重低，曝光大"。以iPhone 7Plus为例，"iPhone 7Plus手机"这则标题很短，但与这款手机的匹配度很高，权重也就高。但如果消费者以"学生机""流行手机""苹果"等为搜索关键词时，这则标题就无法匹配消费者的需求，因此会出现曝光量小的情况。而标题内容越丰富，与消费者的需求越匹配，曝光量就越大。

5.3 品牌设置

品牌需要经过严格的审核之后才可以添加使用，品牌在提交申请时需要提供品牌授权书。商品在上传时务必要选择正确的品牌，而且需要与商品包装、详情页描述及标题中的品牌保持一致，不然会被判为虚假宣传。

5.3.1 品牌填写规范

填写完标题内容后即可继续填写商品品牌。若商家已有自己的品牌，可直接在"品牌"下拉列表框中进行选择，如图5-8所示。若需要添加品牌，可单击"申请新品牌"超链接，打开"品牌管理"页面，在"新增品牌"选项卡下的"品牌名称"文本框中输入需要添加的品牌关键字，单击 检索 按钮进行查找，然后在查找结果的"操作"栏中单击"申请"进行申请，如图5-9所示。

图5-8

图5-9

若没有查找到需要申请的品牌，可单击 直接提交品牌信息 按钮提交品牌信息，在提交时要注意符合京东对品牌的规范，如图5-10所示。

品牌类别	品牌名称	品牌中文名称	品牌英文名称	品牌首字母	商标持有人	备注
中英文品牌	布鲁雅尔（Blueair）	布鲁雅尔	Blueair	B	布鲁雅尔股份有限公司	1、括号必须是中文括号
						2、品牌首字母：品牌名称为中文或中文时，为中文汉语拼音的首字母
						3、品牌首字母：品牌名称为纯英文时，为英文首字母
						4、品牌首字母：数字品牌为第一个数字的拼音首字母
						5、品牌首字母：首字母统一大写
纯中文品牌	旺仔	旺仔	旺仔	W	宜兰食品工业股份有限公司I LAN FOODS INDUSTRIALCO,LTD.	6、纯中文/英文/数字品牌，中文名/英文名填写其中一项名称即可
纯英文品牌	a02	a02	a02	L	凯峰（亚洲）有限公司AZONA (ASIAN) LIMITED	7、商标持有人：如有中英文，请全部填写。格式为：中文;英文。分号必须是英文格式
数字品牌	1230	1230	1230	Y	恩波丽（北京）水业有限公司	8、商标持有人：需与中国商标网上的商标持有人一致

图5-10

5.3.2 品牌名称填写时的注意事项

品牌名称填写时的注意事项具体如下。

（1）品牌名称严格采用该品牌的官方描述名称，包括品牌中的中文描述、英文字符的大小写以及字符之间的符号（如两个单词间的空格有且仅有一个）。

正确：THE FACESHOP　　　　　错误：the face shop、The face shop、thefaceshop

正确：玉兰油（OLAY）　　　　　错误：玉兰（olay）、玉兰油（Olay）

（2）对于没有明确官方描述的英文名称，采用每个单词首字母大写、其他字母小写的方式录入。

（3）英文品牌所有字符（含非字母字符）皆须是在英文半角状态下输入的字符，不能出现在中文状态下或全角字符状态下输入的字符，中文与英文品牌的分隔符"（"和"）"在中文状态下除外。

正确：O.S.A　　　　　　　　　错误：O。S。A

正确：卫博士（V-BOT）　　　　错误：卫博士（V—BOT）

（4）品牌同时有英文与中文名称时，格式为"中文（英文）"，且中英文顺序不能颠倒；品牌同时有英文与中文名称时，中英文品牌不可单独出现；英文名称与中文名称均须符合第（1）点中的要求。

正确：小米（MIUI）　　　　　　错误：MIUI（小米）

正确：联想（Lenovo）　　　　　错误：Lenovo、lenovo

（5）同一品牌有且只有一个品牌名称，即官方发布的品牌名称，不能使用别称、简称。

正确：联想（Lenovo）　　　　　错误：联想（ThinkPAD）、Lenovo、联想

（6）对于企业通过特许经营、兼并、收购或其他形式取得的外来品牌，品牌可作为独立品牌出现，如ThinkPad、ThinkCentre与Lenovo均可作为单独的品牌录入。

（7）品牌应录入其全称，不得录入简称。

正确：索尼爱立信（Sony Ericsson）错误：索爱

（8）对于没有明确品牌的商品（如生鲜食品类商品），品牌定为"其他"，如"蛋类组合（苏北土鸡蛋3份+新鲜鹌鹑蛋2份）毛重约3kg（1004292299）"，其品牌为"其他"。

5.4 属性设置

属性设置包括商品属性设置、商品基本信息设置、销售属性设置3个方面的内容。商家在进行属性设置时，要根据所选商品类目对应的信息进行填写。

5.4.1 商品属性设置

不同的商品具有不同的属性，如材质、使用人群、包装等，不同类目的商品所需要填写的商品属性也不同。在商品搜索结果页中，消费者会在筛选区对商品进行精准筛选。如果在发布商品时将属性选错，那么由筛选带来的流量就不精准了，该商品在属性筛选区的成交转化率会很低，如图5-11所示。

图5-11

以一款类目为"家用电器→厨房小电→养生壶/煎药壶"的商品为例，其商品属性主要包括图5-12所示的属性，商家只需根据需要填写信息即可。如果不清楚哪些属性是商品的主要属性，可以参考同类目热销商品的属性。

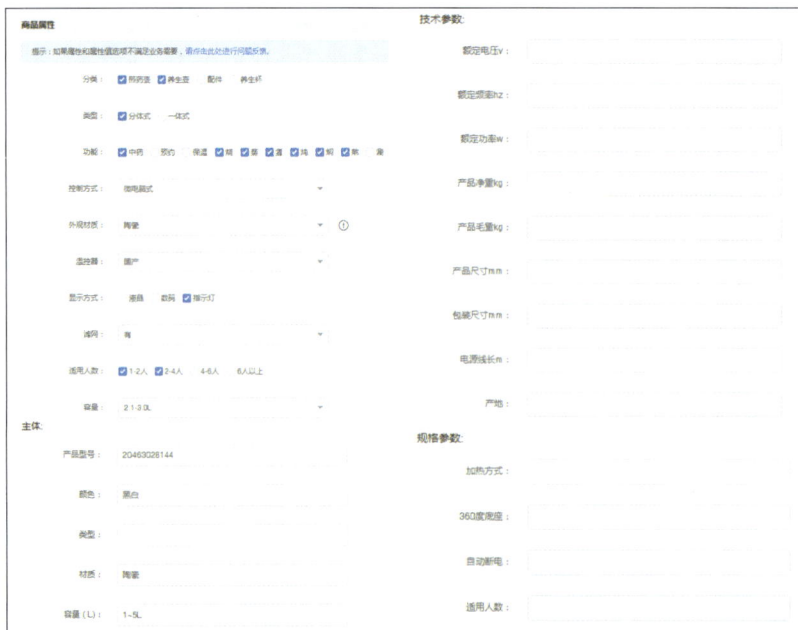

图5-12

5.4.2 商品基本信息设置

商品基本信息主要包括价格、商品包装尺寸、货号、产地、UPC编码、密度等。需要注意的是，商品包装尺寸的单位是"mm"，在填写数值时要注意换算单位。商品基本信息中标有星号标志的信息为必填项，未标有星号标志的部分建议填写完整，如图5-13所示。

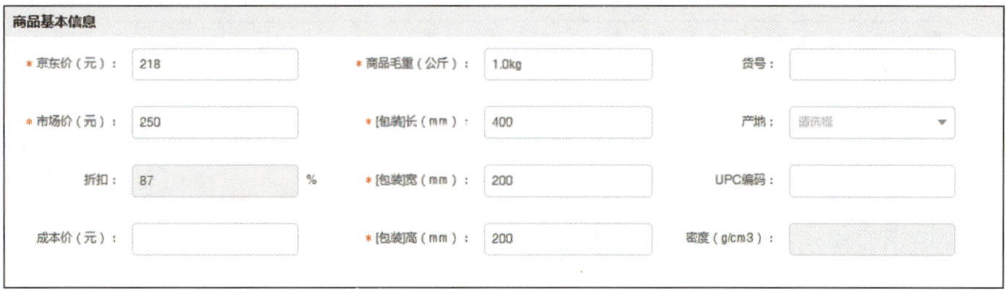

图5-13

在设置商品基本信息时，要特别注意京东价。所谓京东价，就是指消费者在京东商城上购买商品时的最终成交价，最终成交价为消费者未使用礼品卡、优惠券、返现、京豆、京东余额的价格。京东价的定价标准是：京东价应小于等于专柜价（或吊牌价、建议零售价），价格需在正常区间，符合国家发改委对此类商品的价格认证；同样商品或服务的京东价不得高于该品牌线下实体店的正常售价；同样商品或服务的京东价不得高于该品牌在其官网或其自身电子商务平台的正常售价。

提示

很多商品设置的京东价都会高于商品的销售价（将京东价单品利用单品促销设置成商品的销售价），因为商品的生产成本及商家的运营成本都在变动。这种设置方式可使商家在价格调整上更加灵活。

5.4.3 销售属性设置

在设置商品销售属性前，需要先明确SPU和SKU的概念。标准产品单元（Standard Product Unit，SPU），是产品不同属性、规格之间的编码。商超库存计量单位（Stock Keeping Unit，SKU），是商品编号对应到每一款商品的每一种颜色和型号，可以简单理解为属性与规格。一个商品只能有一个SPU，表示唯一的编号，与规格、颜色和款式无关；一个商品可以有多个SKU。以iPhone 7Plus为例，它的SPU是iPhone 7Plus，SKU则可以是iPhone 7Plus玫瑰金16GB、iPhone 7Plus磨砂黑128GB、iPhone 7Plus磨砂黑32GB等。

销售属性主要包括商品的SKU属性，如商品规格、颜色、款式等属性。商家设置好SKU属性后还需要添加相应的价格和库存，如图5-14所示。若后台提供的SKU属性不满足设置需要，可单击 ＋添加 按钮进行添加，完成后在下方列表框中分别设置每个SKU属性的京东价和库存数量即可。需要注意的是，填写的商品库存数量需要与商品实际库存数量相同，以避免出现消费者下单后商家无法发货的情况。

> **提示**
>
> SKU 内容需要遵循销售属性的本质内容，并在合理的范围内进行自定义编辑。在"颜色"中使用颜色名称或商品实物图片，在"尺码"中使用商品的正常规格。SKU 价格的最低价和最高价之间的差距不可过大。

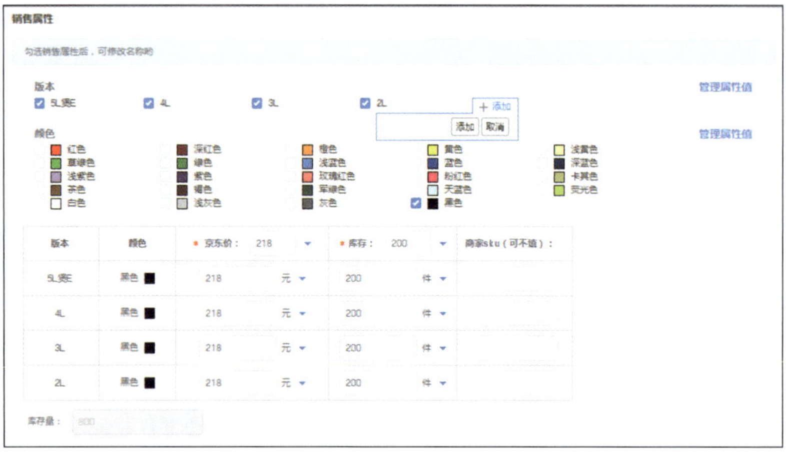

图5-14

5.5 图片管理

发布商品时，必须要有商品主图。主图包括两种：一种是商品正面图、多角度图和细节图，另一种是透明图（PNG格式）。

5.5.1 上传图片

在"发布商品"页—"图片管理"中直接上传制作好的商品图片，即可完成图片的添加。商家在添加图片时主要有两种方法：一种是本地上传图片，另一种是从图片空间中选择，如图5-15所示。

图5-15

1. 本地上传图片

选择需要上传图片的图片类型，如主图，在"商品图片"栏的右侧单击"图片上传"，在下方单击"本地上传图片"，在打开的界面中会显示对该图片类型的规范要求；接着单击 上传文件 按钮，打开"打开"对话框，选择需要上传的图片；最后，单击 打开(O) 按钮，如图5-16所示。需要注意的是，商品透明图只能通过本地上传方法进行上传。

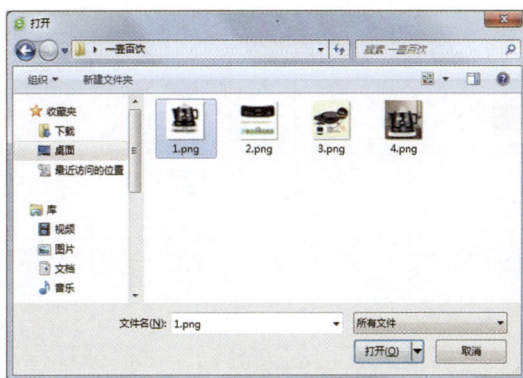

图5-16

2. 从图片空间中选择

图片空间是京东商城单独为商家开发的一款工具，主要用于存储店铺所需的商品图片。在京东商家后台中单击"商品管理"—"图片管理"选项，打开"图片管理"界面，如图5-17所示。

图5-17

在该页面中可对图片进行分类和上传。

● **图片分类**：对图片进行分类可以区别不同类型的图片，将具有相同特征的图片放在同一个类别下，以方便图片的识别和管理。在"图片管理"界面中单击 新建分类 按钮，打开"新建分类"对话框，在"新建到"栏中单击 修改位置 按钮选择新建分类的位置，在文本框中输入分类名称，单击 确定 按钮即可完成新建分类工作，如图5-18所示。

● **图片上传**：在商品发布页面中，从图片空间中选择图片时，需要先保证图片空间中已经保存了需要上传的商品图片，因此需要事先在图片空间中上传图片。上传图片的方法是：单击"图片管理"界面中的 [⬆上传图片] 按钮，打开"上传图片"对话框，在"上传到"栏中选择目标上传位置，单击 [● 选择图片] 按钮打开"打开"对话框，如图5-19所示。然后，在对话框中选择需要上传的图片，单击 [打开(O) ▾] 按钮完成操作。

图5-18

图5-19

发布商品时，在"图片管理"栏中选择需要上传的图片类型，接着在下方单击"从图片空间选择"选项卡，将会自动显示图片空间中符合上传要求的所有图片，然后利用"请选择要查询的分类""请输入查询的关键词""请选择排序方式"文本框筛选图片，最后单击图片即可完成图片的选择，如图5-20所示。

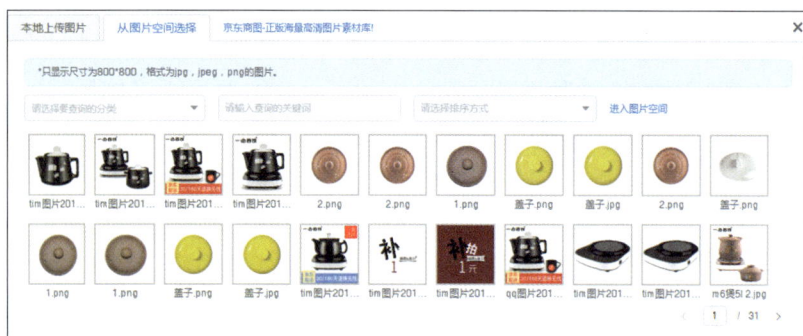

图5-20

5.5.2 管理图片

上传图片后可以对图片进行管理，管理的内容主要包括删除图片和调整图片顺序。

● **删除图片**：若发现上传的图片不正确，可删除上传的图片后重新上传。其方法是：将鼠标指针放在需要删除的图片上，在下方的工具栏中单击"删除"按钮[🗑]进行删除，如图5-21所示。

图5-21

● **调整图片顺序：** 若需要改变上传图片的前后顺序，可将鼠标指针放在图片上，在下方的工具栏中单击"向前"◀按钮向前移动图片位置，或单击"向后"▶按钮向后移动图片位置。

5.6 商品描述

商品描述主要用于展示商品详情信息，包括PC版商品描述和手机版商品描述。在进行商品描述设置时，若商家自己设计了商品详情页，则可在"使用文本编辑"选项卡中单击"插入图片"按钮🖼，插入切片后的各部分商品详情页即可，如图5-22所示。

图5-22

若需要添加其他内容，可利用工具栏中的按钮进行设置。图5-23所示为每个按钮的功能。

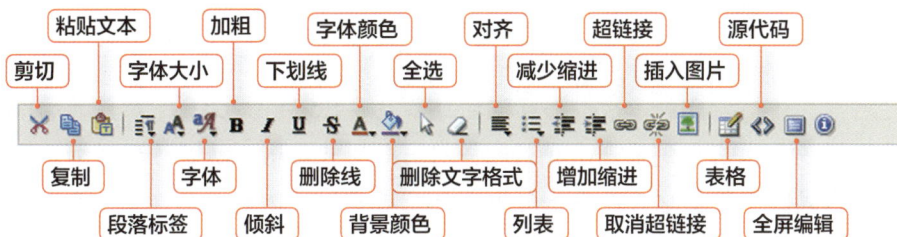

图5-23

若单击"使用模板编辑"选项卡，则会进入京东装吧选择模板，设置详情内容，如图5-24所示。需要注意的是，PC版商品描述和手机版商品描述的尺寸不同。要求手机端商品详情的每张图片宽度为640像素，高度小于等于960像素；每张图片的容量应小于等于3000KB；图片格式为JPG、GIF或PNG；图片总张数建议大于5张，但不超过30张；图片上的文字字号建议不小于20号。

图5-24

5.7 功能、物流信息设置

设置完主图和详情信息后，商家可以继续进行功能和物流信息的设置。下面介绍其具体设置方法。

5.7.1 功能设置

功能设置主要包括支付方式限制、发票限制和其他信息的设置，如图5-25所示。

图5-25

● **支付方式限制**：目前，京东移动端的订单量占比在80%以上，在移动端下单付款已经非常便捷，开通京东白条可以有效地提高商品的转化率，从而达到增加销售额的目的。在支付方式限制设置中，只单击选中"先款后货"复选框表示仅支持在线支付；只单击选中"付款只能用京东白条"复选框则表示商品仅支持使用京东白条支付；同时单击选中两个复选框表示两种方式都支持。

● **发票限制**：如果商家能够提供增值税发票，就不选中"限制开增值税发票"选项；如果单击选中了此选项，则默认开具普通发票。

● **其他信息**：包括下单验证码、24h最大购买数、是否危险商品、是否平台专享、是否展示划线价等信息，商家根据商品的特性进行相应的设置即可。

5.7.2 物流信息设置

物流信息设置主要包括发货地、运费设置两方面内容，如图5-26所示。

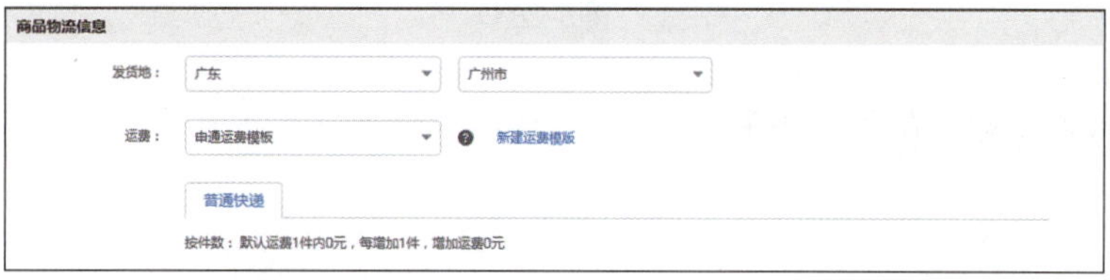

图5-26

● **发货地**：填写商品的实际发货地址。
● **运费**：选择商品的运费模板，若没有合适的选项，可单击"新建运费模板"选项。

5.8 其他信息设置

除了以上信息外，商家还需设置商品的包装、售后、店内分类和定时上下架信息，完成后单击 开始销售 按钮即可立即发布商品；而单击 保存且下架 按钮，可将商品信息保存到"商品管理"—"待售商品管理"中，需要发布时，商家选择需要发布的商品并单击 上架 按钮进行发布即可。

5.8.1 包装清单、售后服务

在"其他商品信息"界面中可进行包装清单和售后服务的设置，如图5-27所示。商家只需在对应的选项栏中输入内容即可。成功发布商品后，这部分内容会显示在商品详情页中的"规格与包装"和"售后保障"模块中。

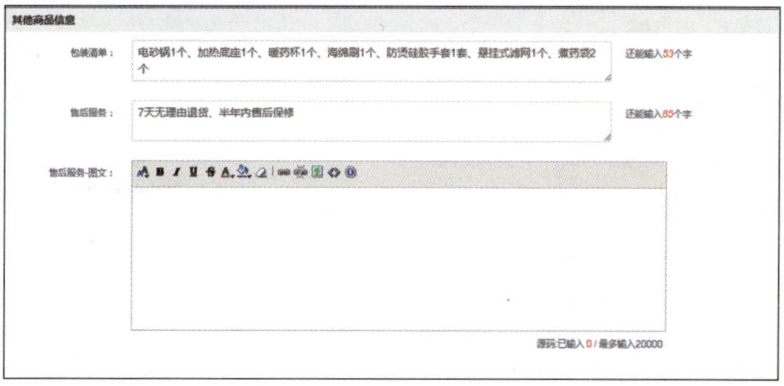

图5-27

5.8.2 店内分类

设置店内分类可以对店铺中不同类别的商品分类整理，以方便消费者准确、快速地找到想要的商品。另外，通过分类，商家也可以更好地管理商品，如图5-28所示。

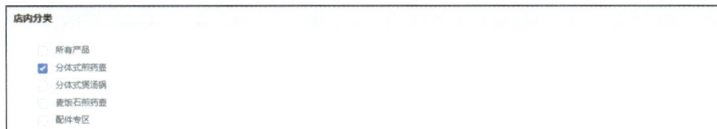

图5-28

5.8.3 商品发布和下架时间

商品的发布时间、下架时间可以根据商家的需求进行设置。如图5-29所示，单击选中"设定"复选框，在后面的文本框中设置发布和下架的时间即可；若都不选择，可立即发布。需要注意的是，商品临近下架时间不会得到加权。

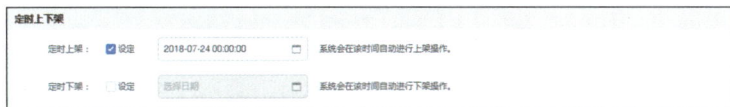

图5-29

5.9 实战训练

5.9.1 上传家用电器商品

1. 实训要求

假设"九阳官方旗舰店"需要上新一款豆浆机商品，现要求你进行该商品的发布。该商品的规格参数如图5-30所示。

图5-30

2. 实训分析

发布商品前应该首先明确商品的类目和规格信息，然后在商家后台添加商品并填写商品对应的各项信息。图5-31所示为九阳豆浆机成功发布后的效果。

图5-31

3. 操作思路

STEP 01 设置类目、标题和品牌。单击"商品管理"—"添加新商品"选项，首先明确该商品的类目为"家用电器>厨房小电>豆浆机"，然后根据商品标题的命名规范和优化原则来拟定标题，如"九阳（Joyoung）豆浆机免滤快速制浆米糊1.3L家用全自动DJ13B-D08EC"，再添加对应的商品标语和品牌"九阳（Joyoung）"。

STEP 02 设置属性信息。进一步设置豆浆机的属性，包括商品功能、材质、产地、适用人数、库存、价格和SKU等信息。

STEP 03 设置详情信息。制作并上传商品主图、辅图、细节图等。

STEP 04 设置其他信息。设置商品的支付方式、发票、物流、包装、店内分类、上下架时间等信息，最后单击 开始销售 按钮进行发布。

5.9.2 上传服装商品

1. 实训要求

假设"花笙记旗舰店"需要上新一款男士T恤，现要求先设置好商品的信息，在第二天的凌晨发布。该商品的规格参数如图5-32所示。

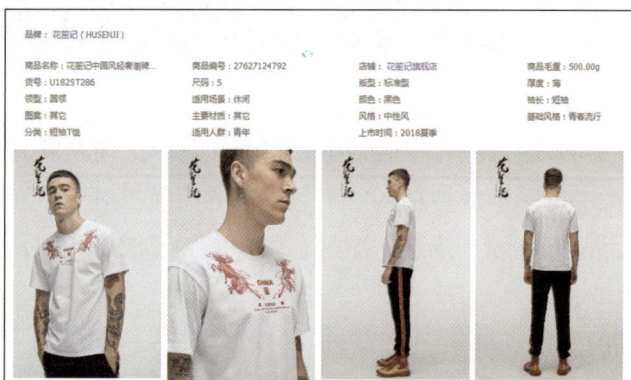

图5-32

2. 实训分析

发布商品前应该首先明确商品的类目和规格信息，然后在商家后台添加商品并填写商品对应的各项信息。图5-33所示为花笙记服装成功发布后的效果。

图5-33

3. 操作思路

STEP 01 设置类目、标题和品牌。单击"商品管理"—"添加新商品"选项，首先明确该商品的类目为"服饰内衣>男装>T恤"，然后根据商品标题的命名规范和优化原则来拟定标题，如"花笙记中国风轻奢潮牌双麒麟印花短袖黑白色圆领纯棉情侣T恤男装 白色 L"，再添加对应的商品标语和品牌"花笙记（HUSENJI）"。

STEP 02 设置属性信息。进一步设置T恤的属性，包括商品类型、衣长、材质、袖型、版型、领型、上市时间、流行元素、袖长、款式、库存、价格和SKU等信息。

STEP 03 设置详情信息。制作并上传商品主图、辅图、细节图等。

STEP 04 设置其他信息。设置商品的支付方式、发票、物流、包装、店内分类。最后设置商品发布的时间为第二天的凌晨，单击 保存且下架 按钮进行保存。

5.10 拓展延伸

1. 同款商品和重复铺货的区别

重复铺货是指在同一店铺或多个店铺中发布两件及以上同款商品的行为，而同款商品是指完全相同或商品的重要属性相同、高度相似的商品。对于不同的商品，商家填写信息时须保证各商品间的标题、描述、图片、重要属性等信息不同，否则将被判定为同款商品。

2. 非约定商品的发布须知

发布非约定商品是指商家通过京东平台发布或出售未经平台允许的商品。情节轻微的，每次扣25分，并删除违规商品；情节严重的，每次扣100分，并删除违规商品。其情形包括但不限于发布未经平台允许的品牌的商品；商家资质不具备该商品经营权，发布超范围经营的商品。

商家需要明确发布非约定商品与错放类目商品的区别。例如，商家在平台经营A类目/品牌，并未申请开通B类目/品牌（无相关资质或资质未提交申请），却在A类目/品牌下发布了B类目/品牌商品，属于发布非约定商品；若商家在平台上经营A类目和B类目，将B类目商品发布在A类目下，则属于错放类目。

3. 店铺在售商品SPU的数量限制

京东商城为了优化消费者的购物体验，对店铺主营一级类目进行了在售商品SPU数量限制，如图5-34所示。主营一级类目是指店铺入驻时所选择的主营类目，可在商家后台"我的店铺"—"店铺管理"—"经营资质"中查看。

主营类目	在售商品牌值上限	主营类目	在售商品牌值上限
宠物生活	6000	电脑、办公	4000
服饰内衣	7000	手机	4000
礼品箱包	7000	数码	4000
鞋靴	5000	本地生活&旅游出行	3000
运动户外	7000	图书	500000
钟表	6000	教育音像	65000
珠宝首饰	7000	邮币	4000
生鲜	5000	二手商品	36000
医药保健	8000	音乐	30000
家具	9000	影视	30000
厨具	10000	IP	200
汽车用品	5000	教育培训	10000
家装建材	10000	数字内容	500
家居日用	20000	工业品	10000000
拍卖	1000	家用电器	10000
整车	10000	食品饮料	3000
房地产	1000	美妆个护	3000
化学制剂药	1000	玩具乐器	3000
卖家服务	1000	酒类	1500
家纺	10000	农资绿植	8000
处方药	1000	母婴	10000

图5-34

4. 上传商品透明图的目的

在2018年7月3日发布的规范中，京东要求一级类目，如数码、计算机、办公、家用电器、服饰内衣、美妆护肤、运动户外、母婴、食品饮料、家居日用、礼品箱包、图书、音乐、影视、教育音像、钟表、珠宝首饰、厨具、玩具乐器、汽车用品、宠物生活、医药保健、家具、家装建材、手机、鞋靴、生鲜、酒类、农资绿植、艺术品、家纺、家庭清洁/纸品、个人护理等必须提供透明图。

提交商品透明图后，商家在参加部分活动时无须额外提交图片素材，减少了重复操作，提高了效率，同时，还享有京东所有千人千面入口（App首页、首页焦点图、首页各频道入口等）、搜索推荐页、微信购物频道及各类活动的优先曝光机会。但在上传透明图时一定要注意图片要干净，居中摆放，尽量满画布，不得出现牛皮癣Logo等水印。商品透明图的尺寸与商品主图一致，都为800像素×800像素，图片格式为PNG，大小控制在1024KB内。

5.11 思考练习

根据自己店铺的主营类目选择商品类目并进行发布。发布时注意商品信息要填写完整且尽量详细。

第6章

商品视频上传与关联

本章导读

除了通过文字和图片展示商品信息之外，视频也是目前较为主流的展示方式。它可以更加生动、形象地展示商品的特点，具有很强的即视感和吸引力，能够增加消费者对营销内容的信任度。并且，商品视频的内容十分丰富，既可以是对商品材质的说明、商品的使用方法介绍，又可以是企业品牌实力的展示。在发布商品时，主要涉及商品主图视频和详情视频，要在保证视频内容真实的基础上将视频与商品关联起来，这样才能将视频展示在商品页面中。本章将对商品视频的上传与关联方法进行介绍，帮助读者掌握其操作方法，以更好地展示商品信息，提高转化率。

知识技能

- 熟悉商品视频上传前的准备工作
- 掌握商品视频的上传与关联方法
- 掌握商品视频的管理方法

6.1 商品视频上传前的准备

商家发布商品后可根据需要上传商品视频，以更加完整地展示商品信息。上传前需要先了解前期的准备工作，如商品视频上传的入口和规范。

6.1.1 商品视频上传的入口

为了帮助商家更好地进行商品信息的展示，京东提供了视频功能。该功能不收取费用，只要商家登录京东商家后台，单击"我的店铺"—"媒体资源管理中心"—"媒体资源列表"，然后单击 上传视频 按钮即可上传视频，如图6-1所示。

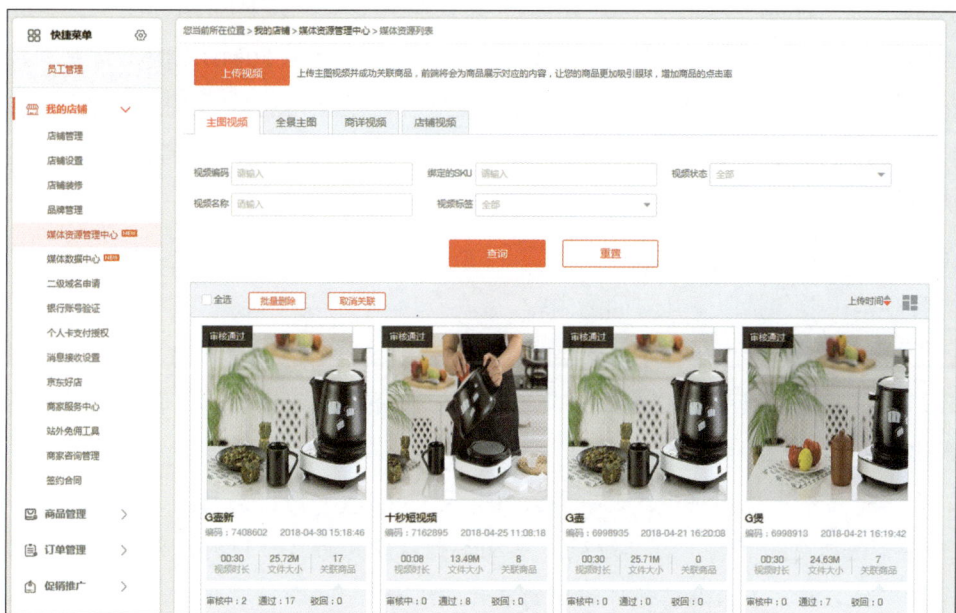

图6-1

6.1.2 商品视频上传的规范

在"媒体资源列表"页面中可以看到，京东为商家提供了主图视频、全景主图、商详视频、店铺视频4种不同类型的视频。下面分别对商品视频上传的规范进行介绍。

1. 主图视频规范

上传了主图视频的商品会优先在主图位置进行展示，能够给消费者带来良好的视听体验，提高商品的转化率。据京东统计，上传了优质主图视频的商品比没有上传的转化率平均提高了18%，视频平均停留时间大概在34s，有68%的消费者会主动单击"播放"按钮观看视频内容（数据因视频质量及品类不同可能存在差异），因此，了解主图视频的规范并掌握其上传方法是非常有必要的。下面详细介绍主图视频的品类通用规范，主要包括版权规范、格式规范、内容规范和其他内容。

（1）版权规范

京东规定主图视频必须为原创，版权应归商家或供应商。如果版权所有方为第三方，则商家或供应商应获得版权所有方的授权；如果商家或供应商使用品牌广告或片段，须获得品牌方的授权。主图视频中涉及的人物、音乐或其他内容也应获得相应的使用权，如主图视频中包含模特等人物，必须获得相应的肖像使用权；使用了背景音乐或背景音效的，需要确保拥有音频的使用权；使用了任何影视作品及其他有版权的视频片段的，需要提供相应的授权证明。

（2）格式规范

在第3章中介绍商品主图视频的制作时就提及了主图视频的格式规范，这里再强调一下，京东主图视频要求时长为6~90s，长宽比推荐16：9或1：1两种比例，且长度在500~1920像素之间；主图视频只支持MP4格式，大小控制在50MB以内，背景为纯色或相应的使用场景，尽可能减少出现其他物品及景观，禁止与商品无关的人物出现在视频中，同时要求商品始终完整地出现在视频画面中，保持水平视角，严禁歪斜、抖动、频闪、失真等。

（3）内容规范

内容规范主要包括以下几方面的内容。

● 主图视频的内容应该遵守国家法律法规，严禁黄赌毒、低俗、诱导性、侮辱性的内容出现；尤其注意不能出现广告法中禁用的词汇，并且不能出现不符合商品实际情况的夸大或虚假宣传。

● 严禁视频中出现各种形式的联系方式，禁止出现QQ号、微信号、手机号、非京东网址链接（包括商品官网）、二维码，以及各种以音频形式出现的联系方式；严禁出现车牌号、单位名称、人名及其他可识别的名称或编号。

● 严禁出现其他同类别商品，以及各种形式的同类别商品的比较；禁止使用人民币作为参照，禁止出现其他电商、商家平台信息。不建议相同片段重复播放使用，不建议使用单纯用图片拼接的低质量视频。

● 视频中若出现外文及方言（包括文字、音频），必须要有中文翻译、注释；主图视频中禁止出现与商品无关的Logo水印及马赛克，如优酷、美拍、爱剪辑等，品牌Logo可结合京东元素在视频最后1~2s出现。

● 视频如果出现画面抖动、背景嘈杂、比例不协调、方向颠倒等问题，会导致审核不通过。

（4）其他内容

除此之外，商家还要注意主图视频应尽可能与商品主图风格保持一致，且避免与商品详情中的视频内容相同。由于主图视频的时长较短，展示的内容有限，因而应尽量少用字幕且不使用夸张的动态特效。若需要展示专利，需要提供专利号或文件截图。

> **提示**
>
> 以上是对京东全品类主图视频的通用规范，一些特殊的类目，如家电、3C数码、居家、时尚、生鲜等类目，还须在行业标准中查看更加细致的标准。同时，版权、内容等规范也适用于其他类型的视频。

2. 全景主图

上传全景主图并审核通过后，全景主图可在对应商品的单品界面进行展示，全方位、多角度地展示商品特色。全景主图的素材类型和格式规范如下。

（1）素材类型规范

全景主图的素材类型有3种，包括视频、对比效果图、3D家。目前，视频、对比效果图类型全品类开放使用权限；3D家仅限非自营商家使用，按一级类目开放，如有需求，可提交一级类目名称ID，说明该类目适用的理由，发送至京东工作部门邮箱，待京东评估通过后可用。不同类型的素材对内容的要求不同，视频类型要求上传视频素材，重在表现商品不同角度下的外观细节或进行其他动态呈现；对比效果图重在表现使用商品前后的效果；3D家重在从空间视角展示外观细节，重点用于家具家装类目组合售卖的商品。

（2）格式规范

视频、对比效果图、3D家的格式规范分别如下。

● **视频**：要求大小不超过30MB，时长为3~20s，采用MP4格式，视频宽高、画面尺寸不低于800像素×800像素，不做强制限制。

● **对比效果图**：原始图片和效果图片的图片大小不超过1MB，格式支持JPG、JPEG、PNG，并且原始图片和效果图片的图片格式必须相同，图片尺寸必须为800像素×800像素。

● **3D家**：全景大图每张图片不能超过5MB，支持JPG、PNG格式，图片尺寸为4096像素×2048像素。

3. 商详视频

商详视频就是商品详情页中展示的视频，一般出现在商品单品页面的图文详情处，以对商品功能进行讲解与详细介绍。商详视频的格式规范主要包括以下几点。

● **视频大小**：上传视频的大小不能超过500MB。

● **视频时长**：时长建议为30~180s，不建议太长。

● **视频格式**：支持绝大多数的视频格式，推荐使用MP4、WMV等主流视频格式。

4. 店铺视频

店铺视频主要在装修店铺的时候使用，用于展示店铺的相关内容。其规范与商详视频类似，不同的是，其时长范围为5~300s。

6.2 商品视频的上传与关联

了解了商品视频上传的准备工作后，即可开始商品视频的上传工作。上传成功后，商家还需将视频与商品关联起来，才能在商品页面中进行展示。下面将详细介绍商品视频的上传与关联方法。

6.2.1 上传商品视频

商品发布主要涉及主图视频和商详视频，这两种视频的上传操作是完全相同的，商家只需在上传时选择不同的媒体类型即可。下面以上传主图视频为例，介绍商品视频的上传方法，其具体操作如下。

STEP 01 在京东商家后台单击"我的店铺"—"媒体资源管理中心"—"媒体资源列表"，然后单击 上传视频 按钮，打开"视频上传"界面，在"媒体类型"中单击选中"主图视频"单选项，接着单击 本地视频上传 按钮，如图6-2所示。

扫一扫
上传商品视频

图6-2

STEP 02 打开"打开"对话框，选择需要上传的主图视频文件，单击 打开(O) 按钮，如图6-3所示。

STEP 03 返回"上传视频"界面，可看到 本地视频上传 按钮已变为视频文件名称按钮，这里为 主图.mp4 按钮。然后，在"视频名称"文本框中输入视频的名称，在"视频简介"文本框中输入对视频内容的说明，如图6-4所示。

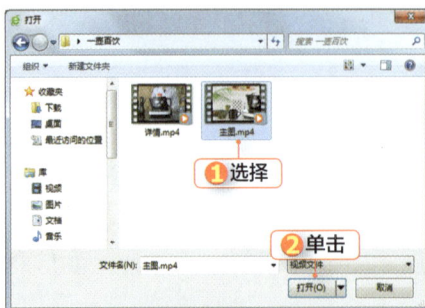

图6-3

图6-4

STEP 04 单击"视频封面"中的"照片"按钮 📷，打开"打开"对话框，选择需要的封面图片，单击 打开(O) 按钮上传封面图片。然后单击选中"同意《上传服务协议》"复选框，单击 确定上传 按钮，如图6-5所示。

图6-5

> **提示**
>
> 主图视频封面图片仅支持 JPG、PNG、GIF 格式，图片尺寸要求不低于 160 像素 ×160 像素，图片大小要求不超过 1MB。主图视频的封面不会影响前台展示。

STEP 05 开始上传并显示上传进度，完成后将打开"上传成功"对话框，如图6-6所示。单击 继续上传 按钮可继续上传主图视频；单击"返回列表页"可返回"媒体资源列表"界面，在其中可看到刚刚上传的主图视频文件，如图6-7所示。该文件正处于转码状态，转码完成后即可进行关联操作。

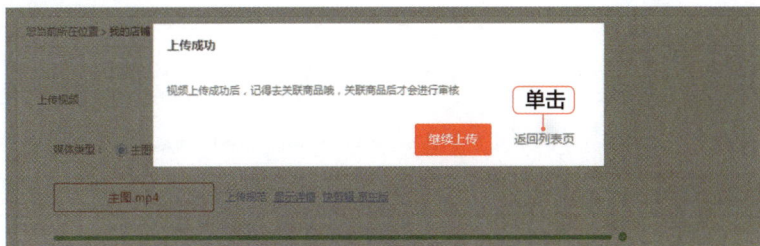

图6-6

图6-7

6.2.2　视频关联

视频上传完成后的最初状态为待转码，转码完成后即可进行商品关联。在"媒体资源列表"界面中可以看到上传并转码成功的视频文件，此时视频文件左上角会显示"转码完成"，如图6-8所示。将鼠标指针放在视频文件缩略图上，在打开的工具栏中单击 关联商品 按钮，打开"关联商品"界面。在"店内商品"栏中的"商品编号"或"商品名称"文本框中输入需要查找的商品编号或名称，单击 查询 按钮，将根据输入的内容查询并显示查询结果，单击选中需要关联商品前的复选框，单击界面下方的 关联 按钮即可进行关联，如图6-9所示。商家可根据需要进行多种商品与视频的关联，只需选中需要关联的多种商品前的复选框即可。

图6-8

图6-9

> **提示**
>
> 商品若有多个 SKU，可单击"操作"栏中的"展开"选项查看与关联多个 SKU，也可以只关联商品的某一个 SKU。已经关联过视频的 SKU 不能再次关联。

6.2.3 视频审核

关联视频与商品后，在"媒体资源列表"界面中可以看到此视频的状态为"待审核"，此时将进入等待京东审核人员核实视频合规性和关联关系准确性的状态（约一个工作日完成审核）。审核通过后将显示"审核通过"；审核未通过将显示"审核驳回"，并在视频文件缩略图下方显示审核的结果，如图6-10所示。当审核通过后，对应商品的单品界面即可展示出主图视频效果，且在"媒体资源列表"界面中再次单击 关联商品 按钮，在打开的"关联商品"——"已关联商品"中可看到关联成功的商品信息，如图6-11所示。

图6-10

图6-11

6.3 商品视频的管理

当视频文件太多时，商家需要对视频进行管理。商家在明确每个视频文件内容的基础上，对视频文件进行适当的管理操作，可更加充分地利用媒体资源。

6.3.1 查询视频

随着商家店铺的规模越来越大，商品越来越多，上传的商品视频也会越来越多。此时若想查看某个视频文件，可在"媒体资源列表"界面的"视频编码""绑定的

SKU""视频状态""视频名称""视频标签"文本框中输入信息，接着单击 查询 按钮来查找特定的视频文件。图6-12所示为输入绑定的SKU信息进行查找的结果。

> **提示**
>
> 若需要重置查询信息，可单击 重置 按钮清空信息，重新进行查询。

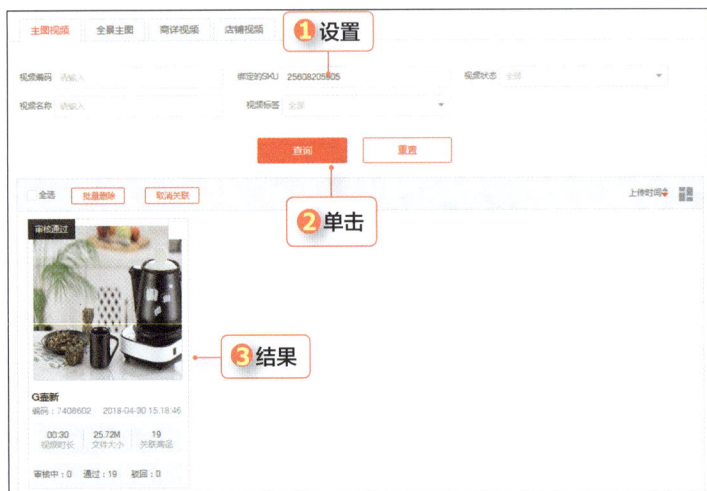

图6-12

6.3.2 编辑视频基本信息

若发现视频基本信息有误，可对其进行编辑。其编辑方法是：将鼠标指针放在视频文件缩略图上，在打开的工具栏中单击"编辑"按钮，打开视频信息编辑界面，重新进行视频标题、简介和封面文件的编辑后单击 保存 按钮即可，如图6-13所示。视频基本信息可以方便商家管理和查找视频，但不会直接体现在前台。

图6-13

6.3.3 删除视频

如果不再需要某个视频，可删除该视频。其方法是：将鼠标指针放在视频文件缩略图上，在打开的工具栏中单击"删除"按钮 🗑，在打开的提示对话框中单击 确定 按钮确认删除即可，如图6-14所示。视频删除后会同时解除视频与SKU的绑定关系。

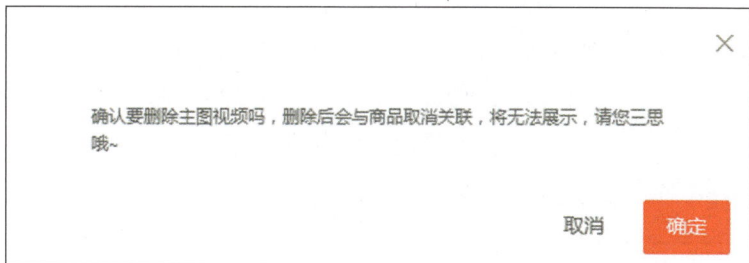

×

确认要删除主图视频吗，删除后会与商品取消关联，将无法展示，请您三思哦~

取消　　确定

图6-14

6.4 实战训练

6.4.1 上传并关联商品主图视频

1. 实训要求

现有一款商品需要进行主图视频的上传与关联，以在商品单品界面中看到视频并进行播放。

2. 实训分析

商品主图视频上传前，需要先明确主图视频的上传规范，即必须保证主图视频为MP4格式，且大小控制在50MB以内，然后在商家后台的媒体资源管理中心选择媒体类型为主图视频并进行上传。上传后等待京东工作人员审核，审核通过后即可关联需要展示视频的商品。

3. 操作思路

STEP 01 在京东商家后台单击"我的店铺"——"媒体资源管理中心"，进入"媒体资源列表"界面。

STEP 02 单击 上传视频 按钮，打开"视频上传"界面，在"媒体类型"中单击选中"主图视频"单选项。

STEP 03 单击 本地视频上传 按钮，在打开的对话框中选择需要上传的主图视频，然后完善主图视频的名称、简介、封面等信息。

STEP 04 同意上传协议，然后单击 确定上传 按钮完成上传。待视频转码完成后，单击视频缩略图上的 关联商品 按钮，打开"关联商品"界面，在其中选择需要关联的商品并单击 关联 按钮进行关联。

6.4.2 上传并关联商品详情说明视频

1. 实训要求

现有一款商品需要进行商品详情说明视频的上传与关联，以在商品详情页面中对商品信息进行展示与说明。

2. 实训分析

在商品详情说明视频上传前，需要先明确商品详情说明视频的上传规范，即保证视频内容与商品相关，且大小控制在500MB以内，时长为30~180s，然后在商家后台的媒体资源管理中心选择媒体类型为商品详情说明视频并进行上传，如图6-15所示。上传后等待京东工作人员审核，审核通过后即可关联需要展示视频的商品。

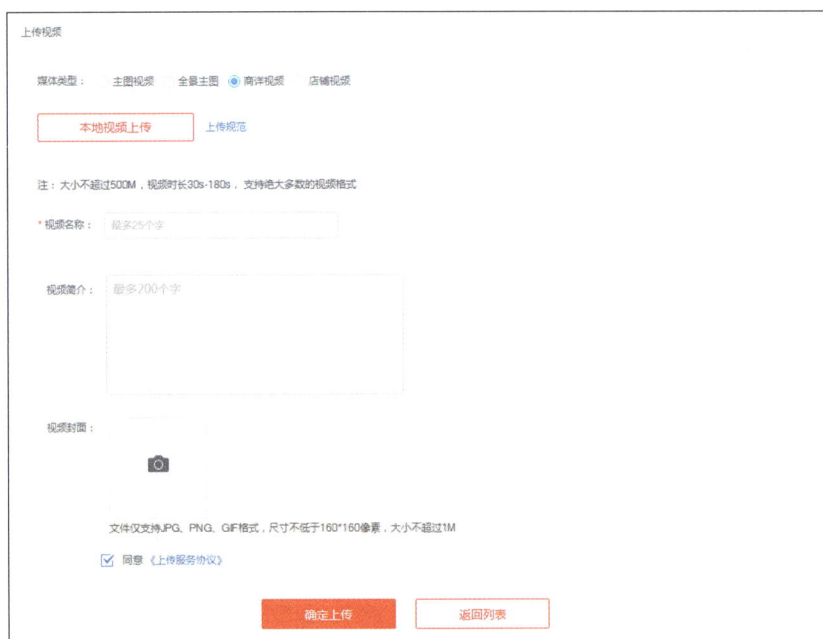

图6-15

3. 操作思路

STEP 01 在京东商家后台单击"我的店铺"—"媒体资源管理中心"，进入"媒体资源列表"界面。

STEP 02 单击 上传视频 按钮，打开"视频上传"界面，在"媒体类型"中单击选中"商详视频"单选项。

STEP 03 单击 本地视频上传 按钮，在打开的对话框中选择需要上传的商品详情视频，然后完善商品详情视频的名称、简介、封面等信息。

STEP 04 同意上传协议，然后单击 确定上传 按钮完成上传。待视频转码完成后，单击视频缩略图上的 关联商品 按钮，打开"关联商品"界面，在其中选择需要关联的商品并单击 关联 按钮进行关联。

6.5 拓展延伸

1. 视频每一阶段的状态

在上传商品视频并进行关联的过程中，商家可根据商品视频的状态来确定每一阶段应该进行的操作，主要包括图6-16所示的5种状态。

转码	审核中	审核通过	审核驳回	申诉
①	②	③	④	⑤
上传视频后进行转码，该阶段包括"转码中""转码完成"	转码完成后进行视频与商品的关联，关联后京东会对视频和商品进行审核，在审核过程（一个工作日）中将显示"审核中"	经京东审核人员审核通过后，显示"审核通过"	视频存在质量问题或与商品不匹配将被驳回，且显示"审核驳回"	商家若对审核结果有疑问，可进行申诉

图6-16

2. 视频被驳回时怎么进行重新申请

如果商家上传的视频被京东审核人员驳回，可在视频缩略图上单击"查看驳回原因"选项，在打开的界面中查看视频被驳回的原因；单击"重新申请"选项，在打开的"重新申请"对话框中填写申请原因，单击 重发申请 按钮进行重新申请，视频状态会重新变为待审核，如图6-17所示。有时机器审核会识别判断错误，这种情况下建议商家申请二次审核，这时会越过机检直接到达人工复核。

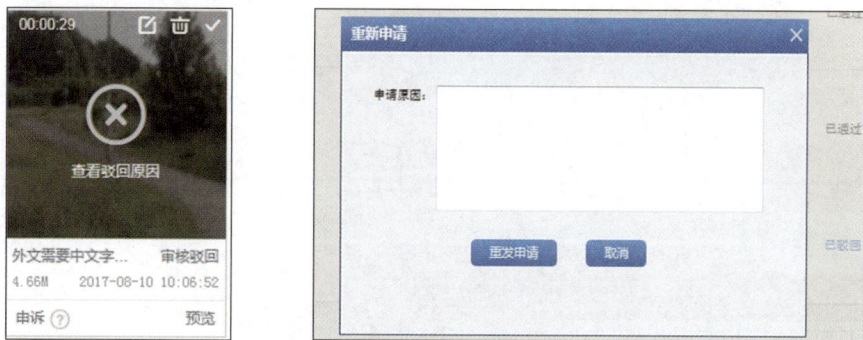

图6-17

6.6 思考练习

（1）熟悉商品主图视频的上传规范并进行上传操作，上传并完成转码后进行视频与商品的关联。

（2）熟悉商品详情视频的上传规范并进行上传操作，上传并完成转码后进行视频与商品的关联。

第7章

商品管理

本章导读

　　成功发布商品后，消费者可以在京东前台通过关键词搜索查看商品；商家可以在后台的"在售商品管理"界面查看发布的商品，也可在该界面中进行商品的管理。本章将对商品管理的知识进行详细介绍，主要包括在售、待售商品管理和商品预售两方面的内容。希望通过本章知识的学习，读者可掌握商品的管理方法，从而更好、更合理地规划商品结构。

知识技能

— 掌握在售/待售商品的管理方法

— 掌握预售商品的设置方法

7.1 在售、待售商品管理

发布商品后，商家可在商家后台的"商品管理"—"在售商品管理"和"待售商品管理"中进行商品管理。所谓在售商品，是指已编辑好商品信息，发布成功并在前台售卖的商品；待售商品是指已经完成基础商品信息的创建，但尚未发布销售的商品，一般包含主动或被动下架、暂时不售的商品。在售商品与待售商品的管理操作基本一致，主要包括商品信息查询、商品发布和下架、设置店内分类、设置关联版式、设置商品标语、设置限购区域、设置运费和先款后货等内容。下面将对这些知识进行详细介绍。

7.1.1 商品信息查询

商品信息查询可分为条件查询和精准查询两大类。单击"在售商品管理"，可输入一个或多个查询条件得到查询结果。其中，根据商品名称、京东分类、京东价格（范围）、店内分类、京东库存、发布时间、品牌等一种或多种属性信息查询，可得到具有共同条件属性的一类商品的查询结果。图7-1所示为单击"商品管理"—"在售商品管理"选项，在"在售商品管理"界面中查询商品名称为"暖药杯"的结果。根据京东SKU、商品货号等信息可查询到精准的商品信息，其中直接根据京东SKU进行商品信息查询是最常用的查询方式。

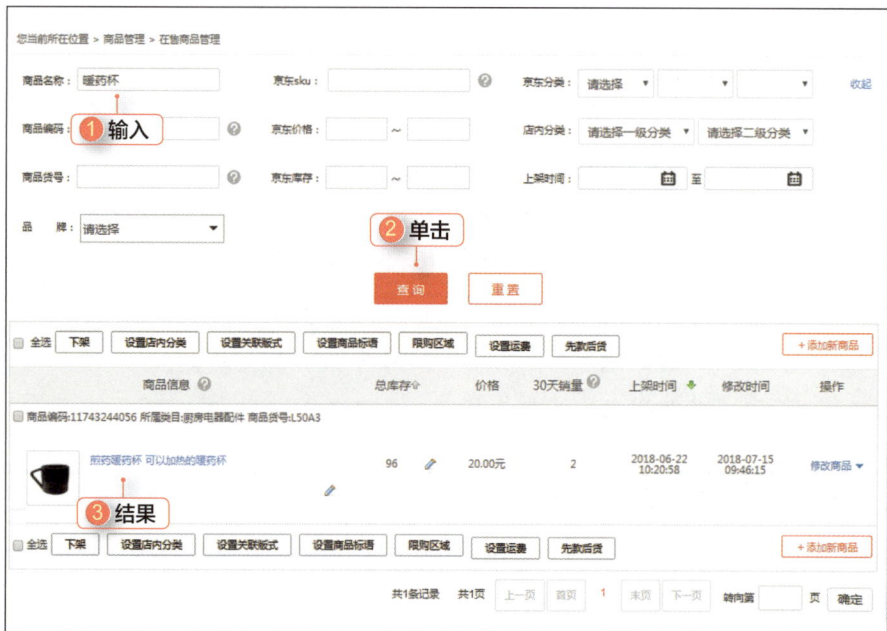

图7-1

从图7-1中可看到查询结果主要包括商品编码、所属类目、商品货号等商品信息，以及总库存、价格、30天销量、上架时间、修改时间、操作（修改商品、下架商品、资质管理、功能设置、复制链接、类目迁移）等信息。

若要查看待售商品的信息，可单击"商品管理"—"待售商品管理"选项，在打开的"待售商品管理"界面中进行查询。图7-2所示为查询库存为"0"的待售商品的结果。

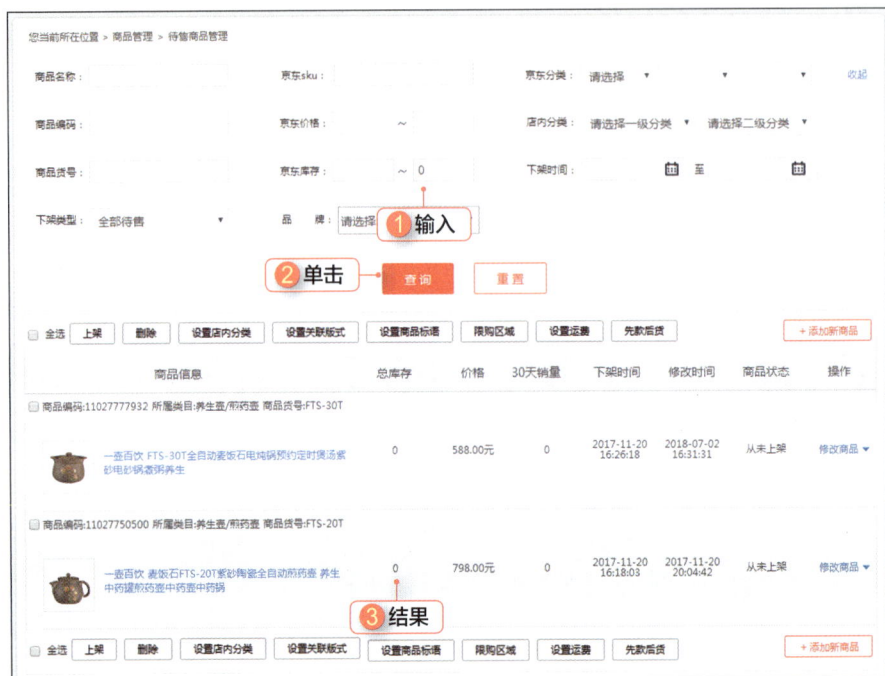

图7-2

从图7-2中可看出，待售商品查询与在售商品查询的信息基本相同，但待售商品查询的条件多了"下架类型"，查询结果多了"商品状态"。除此之外，商家在填写查询信息时还要了解京东SKU、商品编码、商品货号的含义。

● 京东SKU：京东系统生成的SKU编码，商品链接尾部的数字编号即为京东SKU。如某商品的链接地址为"http://item.jd.com/29531371430.html"，则"29531371430"就是该商品的京东SKU。

● 商品编码：京东系统生成的商品编码，为商品级别唯一标志。

● 商品货号：京东系统中自己的商品货号。

7.1.2 商品发布和下架

商品库存为0时会自动下架，补充库存后可重新发布。下面介绍商品发布和下架的相关知识。

1. 商品发布

当需要对已下架的商品进行重新发布操作时，可单击"商品管理"—"待售商品管理"选项，在打开的"待售商品管理"界面中找到需要发布的商品，单击选中商品信息前的复选框，再单击 上架 按钮即可重新发布商品，如图7-3所示。

图7-3

2. 商品下架

若某商品存在问题需要下架，可手动进行下架操作。其方法是：单击"商品管理"—"在售商品管理"选项，打开"在售商品管理"界面，单击选中需要下架的商品信息前的复选框，单击 下架 按钮即可完成下架操作，如图7-4所示。

图7-4

7.1.3 设置店内分类

　　店内分类是商家对店铺商品进行的分类，详细且合理的分类有助于商家对商品进行管理。当发现商品的店内分类出错时，可在商品管理界面重新设置，主要包括修改分类、新建分类和删除分类等操作。其方法是：在"在售商品管理"或"待售商品管理"界面中选中需要修改分类的商品信息前的复选框，单击 设置店内分类 按钮打开"店内分类批量修改"对话框，在该对话框中选中需要修改的目标分类前的复选框，单击 覆盖 按钮可修改分类，单击 新增 按钮可新建分类，单击 删除 按钮可删除分类，如图7-5所示。

图7-5

7.1.4 设置关联版式

关联版式是在商品详情页图文详情的顶端和底部展示位置，通过关联商品，帮助商家实现消费者站内点击，从而实现流量闭环的一个板块。板块内容可以根据商家的需要进行设置，常见的有活动推荐、优惠券、商品推荐、店内公告等模块。

1. 新建关联版式

设置关联版式前，首先需新建关联版式。其方法是：单击"商品管理"—"关联版式设置"选项，在打开的界面中单击 创建版式 按钮，打开"选择创建方式"对话框，在该对话框中提供了两种创建方法，分别是版式模块创建和自定义创建，如图7-6所示。

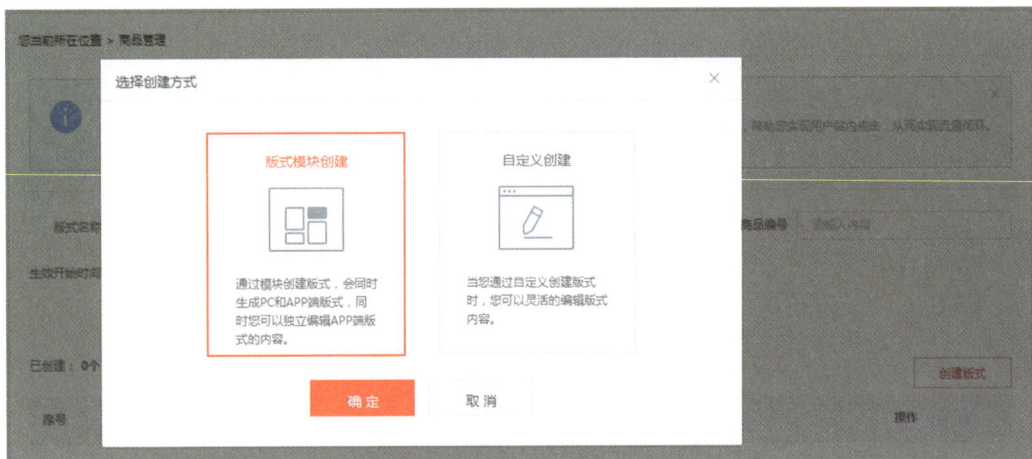

图7-6

（1）版式模块创建

版式模块创建会同时生成PC端和手机端版式，可以独立编辑PC端和手机端的版式内容。在"选择创建方式"对话框中选择该方式后单击 确定 按钮，打开"版式装修"界面，可分别看到"PC端（宽度 990px）"和"手机端（宽度 750px）"两个选项卡，商家在对应选项卡下可进行PC端和手机端的模块设置，如图7-7所示。关联版式的内容包括左侧的模块类型、中间的"详情顶部-版式效果""详情底部-版式效果"和右侧的"基础信息""模块信息"。使用鼠标拖动左侧的模块类型到中间的"详情顶部-版式效果""详情底部-版式效果"区域可添加版式内容，单击添加的模块，在右侧单击"模块信息"选项卡，在打开的选项卡界面中可设置版块的具体内容，设置完成后单击 保存 按钮进行保存，最后设置基础信息并单击 提交 按钮即可。

> 💡 **提示**
>
> 在该创建方式下，PC端和手机端都必须同步设置模块内容才能提交，若只设置PC端或只设置手机端都不能保存成功。

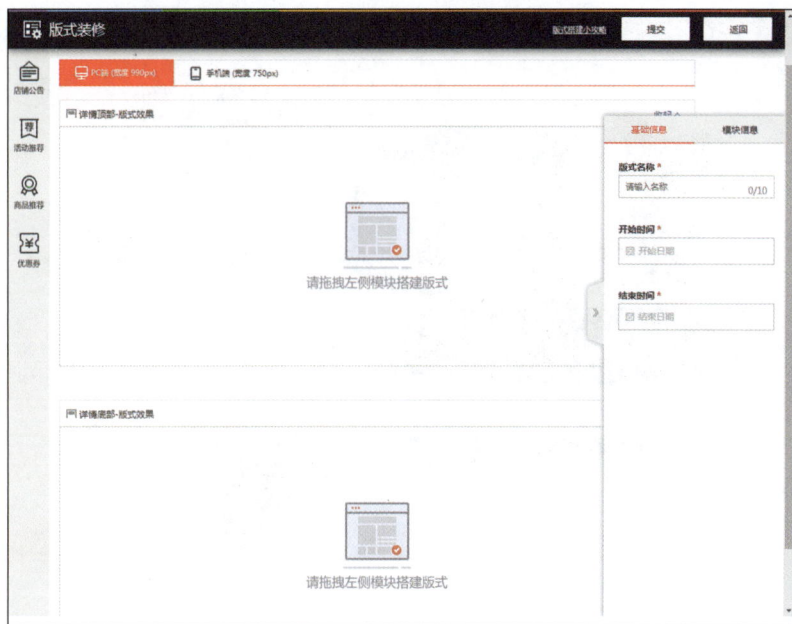

图7-7

下面以在详情页顶部添加活动推荐的图片及其链接地址，在详情页底端添加4个商品推荐为例，对版式模块的创建方法进行介绍，其具体操作如下。

STEP 01 在"选择创建方式"对话框中选择"版式模块创建"，单击 确定 按钮进入"版式装修"界面。

STEP 02 单击"PC端（宽度 990px）"选项卡，使用鼠标将界面左侧的"活动推荐"模块拖动到"详情顶部-版式效果"区域中，如图7-8所示。

扫一扫

通过版式模块创建
关联版式

图7-8

STEP 03 选择"活动推荐"模块，单击右侧的"模块信息"选项卡，打开"设置活动推荐"界面。单击选中"手动添加"单选项，单击 按钮选择活动推荐的图片，然后在下方的"活动链接"文本框中输入活动的链接地址，单击 保存 按钮保存模块信息，如图7-9所示。

图7-9

STEP 04 将"商品推荐"模块拖动到"详情底部-版式效果"区域中，选择该模块并单击"模块信息"选项卡，打开"设置商品推荐"界面。在"推荐数量"下拉列表框中选择模块显示的推荐商品数，在下方的文本框中输入对应的商品SKU编码，每个编码之间用英文逗号（,）隔开，完成后单击 保存 按钮保存模块信息，如图7-10所示。

图7-10

STEP 05 单击"手机端（宽度750px）"选项卡，在打开的界面中设置手机端的关联版式内容。完成后单击右侧的"基础信息"选项卡，在打开的界面中设置关联版式的名称、开始时间和结束时间，然后单击界面右上角的 提交 按钮完成关联版式的设置，如图7-11所示。

图7-11

STEP 06 返回关联版式界面即可查看创建的关联版式效果，如图7-12所示。

图7-12

（2）自定义创建

自定义创建关联版式可以更加灵活地编辑版式的内容，商家只需在"选择创建方式"对话框中选择"自定义创建"选项，单击 确定 按钮，打开"编辑关联版式"界面，在"版式名称"文本框中输入版式名称，在下方分别单击"计算机版"和"手机版"选项卡进行内容设置，完成后单击 保存 按钮即可，如图7-13所示。

2. 关联版式与商品

完成关联版式的新建与设置后，即可将版式与商品关联起来。在"在售商品管理"或"待售商品管理"界面中，单击选中需要关联的商品信息前的复选框，单击 设置关联版式 按钮，打开"关联版式选择"对话框，选中需要关联的版式前的复选框，单击 保存 按钮即可，如图7-14所示。

> **提示**
>
> 单击"商品管理"—"关联版式设置"选项，在打开的界面中单击关联版式后的"关联商品"选项，之后单击"添加关联商品"选项，打开"添加SKU"对话框，选中需要添加的商品前的复选框，单击 添加选中商品 按钮也可进行添加。

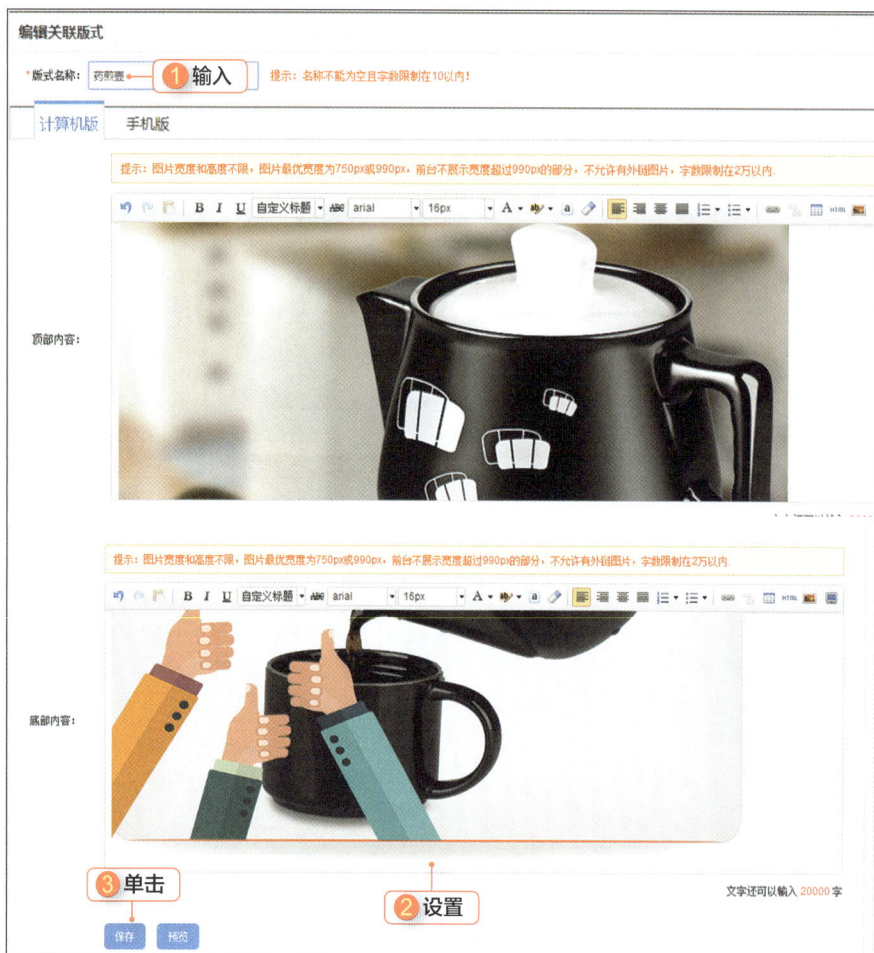

图7-13

图7-14

7.1.5 设置商品标语

　　若需要对商品标语进行重新设置，可在"在售商品管理"或"待售商品管理"界面中单击选中需要修改商品标语的商品信息前的复选框，单击 设置商品标语 按钮，打开"修改商品标语"对话框，重新设置商品标语、链接文字和链接地址后单击 保存 按钮即可，如图7-15所示。

图7-15

7.1.6 设置限购区域

设置限购区域是对商品进行区域限购，设置后，部分地区将无法下单。其方法是：在"在售商品管理"或"待售商品管理"界面中单击选中需要设置限购区域的商品信息前的复选框，单击 限购区域 按钮，打开"限购区域"对话框，在其中设置不允许购买的区域后单击 保存 按钮即可，如图7-16所示。

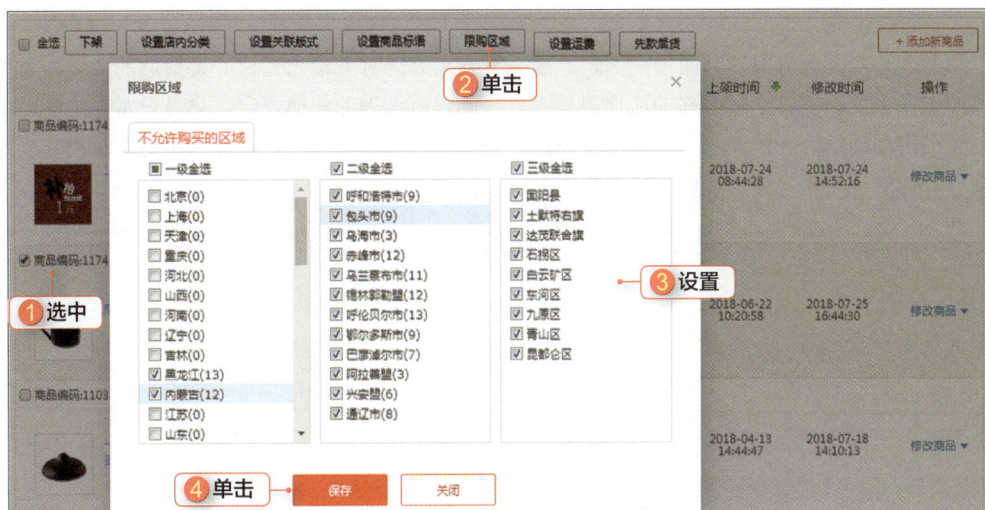

图7-16

7.1.7 设置运费和先款后货

在"在售商品管理"和"待售商品管理"界面中设置运费和先款后货的方法与发布商品时设置的方法相同，只需在"在售商品管理"和"待售商品管理"界面中单击 设置运费

按钮和 先款后货 按钮进行设置即可，这里不再赘述。

> **提示**
>
> 单击商品信息对应的"编辑"按钮 ✎ 可修改对应的商品信息，如标题、库存等。单击商品"操作"栏中的"修改商品"选项后的下拉按钮，在打开的下拉列表中可进行其他信息的设置。

7.2 商品预售

商品预售是一种按照事先约定将商品或服务提供给消费者的销售模式。下面对商品预售的模式、流程和设置方法进行详细介绍，帮助商家掌握商品预售的具体操作。

7.2.1 商品预售的模式

京东商品预售的模式为：定金+尾款（注：过程中也可以进行全款支付）。

● **定金**：是指消费者在购买京东预售商品时预先支付的一定数额的金钱，主要用作购买京东预售商品的担保，并确保消费者能获得购买名额，消费者需在拍下商品后的30分钟内支付成功，否则订单将自动取消。

● **尾款**：是指京东预售商品价格减去定金后消费者还需支付的对应金额。

> **提示**
>
> 定金是双方当事人以书面形式约定，由一方当事人向对方预先支付一定数额的金钱作为担保的担保方式，具有比较严格的法律界定。订金则没有明确的法律规定，只是日常经济活动中的一个习惯用语。一般而言，定金的交付应当理解为预付款的交付，其目的不外乎解决收受定金一方的资金短缺问题，以增强其履约能力。

商家要想享受预售功能带来的实际收益，减少因预售用户下单后未支付尾款而造成的销售流失，建议开通预售订单短信提醒功能。商家开通此服务后，消费者在参与预售活动时将收到系统最多两次的短信提醒：第一次，预售支付尾款时间开始时，消费者将收到商家在后台设置的提醒支付尾款的短信；第二次，预售支付尾款时间结束前的5小时，仍未支付尾款的消费者会再次收到短信。

预售短信提醒业务开通的方法是：在京东商家后台单击"我的店铺"—"商家服务中心"选项，在打开的"商家服务中心"界面中，单击"平台基础服务"—"短信服务"中的 去开通 按钮，同意开通协议后设置服务模板和预约预售通知短信内容即可，如图7-17所示。

图7-17

7.2.2 设置商品预售

在京东商家后台单击"营销中心"选项卡，打开"营销中心首页"界面，单击"营销工具"选项卡，在打开的页面左侧单击"促销应用工具"—"商品预售"选项，打开"已创建的预售"界面，在该界面中可进行商品预售的创建和管理，其流程如图7-18所示。

图7-18

1. 创建入口

在"已创建的预售"中单击 创建预售 按钮，即可打开"创建预售"界面，如图7-19所示。

图7-19

2. 筛选商品并进行设置

在"创建预售"界面中可根据商品编码、SKU编码、货号、预售状态、活动时间、发货时间等条件筛选商品，然后选择符合要求的商品SKU或单击选中"全选"复选框，接着单击"操作"栏中对应的"设置"按钮，打开"设置规则"对话框，如图7-20所示。

图7-20

3. 设置预售规则

在"设置规则"界面中，设置预售定金时间、预售尾款时间、预售前是否销售、发货时间、预售模式、付款类型、预售价格、预售定金等信息，如图7-21所示。预售模式有一口价和阶梯价两个选项，含义分别如下。

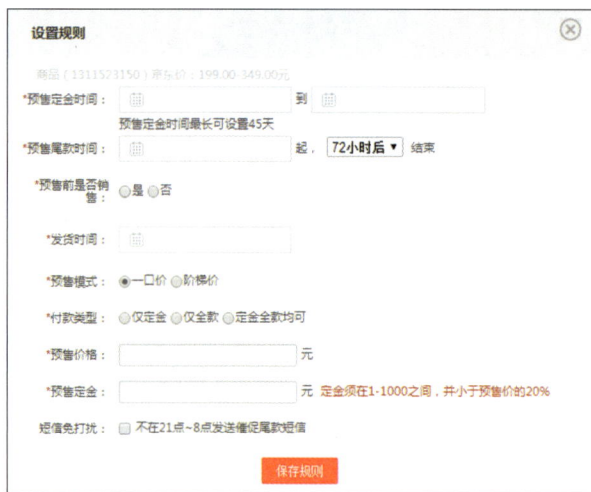

图7-21

（1）一口价

一口价是指预售商品的统一销售价格。选择"一口价"后会展开更多设置项，包括仅定金、仅全款、定金全款均可。

● **仅定金**：在预售阶段，消费者只需支付定金，等到支付尾款时间开始后再支付尾款。当选择该模式时，消费者支付的定金会按设定的膨胀系数，有一定的升值。定金的最终价值=预售定金×定金膨胀系数。预售定金越高，膨胀系数越高，则商品的打折力度越大。商家需酌情设置这两项数值。

● **仅全款**：在预售阶段，消费者需支付商品预售价格的全额。

● **定金全款均可**：在预售阶段，消费者可选择仅支付预售商品定金，待尾款支付时间开始后再支付尾款，此时无定金膨胀功能，也可选择在预售阶段直接按商品预售价格支付全款。

> **提示**
>
> 定金膨胀商品（含"定金可抵××元"提示语），即所付定金可当××元使用。例如，预售价100元，定金1元，可抵10元，表示支付1元定金可当10元使用，即消费者支付1元定金后，尾款只需支付90元，消费者享受9元优惠。

图7-22所示为某商品的预售界面，从中可看出，该预售商品的总价是29.80元，支付定金1.00元后，在预售结束后补上尾款即可成功购买。

图7-22

（2）阶梯价

阶梯价类似于预售商品团购，在参团人数达到设定人数时，享受对应的商品优惠。阶梯价的定金不能设置膨胀。选择了阶梯价后，展开项如图7-23所示。设置完成后的预售商品界面如图7-24所示。

图7-23

图7-24

4. 保存并提交

设置好预售规则后，单击"设置规则"对话框中的 保存规则 按钮进行保存，如图7-25所示，然后返回"创建预售"界面单击 提交 按钮即可。

5. 管理预售

成功创建预售商品后，即可返回"已创建的预售"界面查看预售商品信息。在该界面中，商家可按条件查询商品预售，并进行其他管理操作，其操作方法与管理在售、待售商品类似，这里不再赘述。但要注意的是，预售开始前可以进行预售商品的删除，即执行关闭操作，已经开始的预售则不能关闭操作。

图7-25

7.3 实战训练

7.3.1 管理发布的商品

1. 实训要求

为了掌握商品管理的相关知识，现要求对商品执行发布操作，并为商品设置店内分类、关联版式和限购区域。

2. 实训分析

所有未发布的商品都会显示在"待售商品管理"界面，在该界面中执行发布操作即可发布商品；然后进入"在售商品管理"界面，对已发布的商品进行店内分类、关联版式和限购区域设置。也可以先在"待售商品管理"界面中进行商品店内分类、关联版式和限购区域的设置，再执行发布操作。

3. 操作思路

STEP 01 发布商品。单击"商品管理"—"待售商品管理"选项，打开"待售商品管理"界面。在该界面中单击选中需要发布的商品信息前的复选框，单击 上架 按钮进行发布。

STEP 02 设置店内分类。单击"商品管理"—"在售商品管理"选项，打开"在售商品管理"界面。在该界面中单击选中需要设置店内分类的商品信息前的复选框，单击 设置店内分类 按钮，打开"店内分类批量修改"对话框。在该对话框中，单击选中需要修改的目标分类前的复选框，单击 覆盖 按钮可修改分类，单击 新增 按钮可新建分类，单击 删除 按钮可删除分类。

STEP 03 设置关联版式。在"在售商品管理"界面中单击选中需要设置关联版式的商品信息前的复选框，单击 设置关联版式 按钮，打开"关联版式选择"对话框，选中需要关联的版式前的复选框，单击 保存 按钮。

STEP 04 设置限购区域。在"在售商品管理"界面中单击选中需要设置限购区域的商品信息前的复选框，单击 限购区域 按钮，打开"限购区域"对话框，在其中设置不允许购买的区域后，单击 保存 按钮。

7.3.2 设置预售商品

1. 实训要求

为了更好地打造商品热度，吸引消费者购买商品，现要对一款商品进行预售，预售商品的定金时间为15天，预售商品的尾款时间为定金时间结束后的72小时，预售模式为阶梯价。

2. 实训分析

要想发布预售商品，商家需要先开通预售订单短信提醒功能，然后进入"创建预售"界面添加预售商品并设置预售商品的预售定金时间、预售尾款时间、预售前是否销售、预售模式、预售价格、预售定金等参数。图7-26所示为按照要求设置的预售商品界面，可供读者参考。

图7-26

3. 操作思路

STEP 01 在京东商家后台单击"我的店铺"—"商家服务中心"选项，在打开的"商家服务中心"界面中单击"平台基础服务"—"短信服务"选项中的 去开通 按钮，同意开通协议后，设置服务模板和预约预售通知短信内容。

STEP 02 单击"营销中心"选项卡，打开"营销中心首页"界面，单击"营销工具"选项卡，在打开的界面左侧单击"促销应用工具"—"商品预售"选项，打开"已创建的预售"界面，然后单击 创建预售 按钮打开"创建预售"界面。

STEP 03 选择符合要求的商品SKU或单击选中"全选"复选框，然后单击"操作"栏中对应的"设置"按钮打开"设置规则"对话框。

STEP 04 设置预售定金时间、预售尾款时间、预售前是否销售、发货时间、预售模式、预售价格、预售定金等信息后，单击 保存规则 按钮进行保存，最后单击 提交 按钮进行提交。

7.4 拓展延伸

1. 消费者购买预售商品时应遵循的规则

消费者在购买预售商品时需遵循以下规则。

● 消费者通过预售定金下单后，需在30分钟内付款。超时该订单将自动关闭。

● 预售商品可选择先支付定金，也可选择一次性支付全款。具体以商品详情页及下单页展示为准。

● 支付定金后，非京东或商家责任（根据《售后政策》等京东平台规则和京东客服的判断）导致交易未完成的，定金恕不退还。

● 定金支付完成后可到"我的订单"—"待付款"中查找所要支付尾款的订单。

● 尾款开始支付后，需在规定时间内支付尾款。若超时，系统将自动关闭订单，且定金不退还、赠品不予赠送。消费者要注意预售结束时间，关注短信、京东平台及微信公众号等推送的消息，及时支付尾款。如果提供赠品，赠品赠送的顺序根据定金付款成功时间来确定，而不是下单时间。

● 预售商品的发货时间以预售商品详情页中的"发货时间"描述为准。

2. 预售商品怎么使用优惠券

预售商品可在支付尾款阶段使用优惠券（支持东券与运费券），东券优惠金额直接抵扣尾款金额、若尾款金额抵扣后为0元或优惠金额大于尾款金额，则消费者无须支付尾款。例如，预售价为100元，定金为10元，尾款为90元，若消费者在支付尾款时使用满100元减10元的优惠券，则尾款只需支付80元；若消费者在支付尾款时使用满100元减90元的优惠券，则无须支付尾款。

3. 预售违约怎么办

预售违约包括消费者违约和商家违约两种情况。

（1）消费者违约

以下几种情况均视为消费者违约。

● 在指定的定金支付时间内，消费者没有足额支付定金（因支付系统允许分次支付导致）。

● 在指定的尾款支付时间内，消费者已经支付了定金，但未支付尾款。

● 在指定的尾款支付时间内，消费者已经支付了定金，但没有足额支付尾款（因支付系统允许分次支付导致）。

前两种情况定金恕不退还；第三种情况定金不退还，超出定金部分的尾款退还。

（2）商家违约

在预售期间，如果商家提出关闭预售，则视为商家违约。商家违约时，按消费者实际支付的款项全额退还。

7.5 思考练习

（1）对店铺中的商品进行管理，主要包括上/下架、店内分类、关联版式、限制区域等，熟练掌握商品的各种操作。

（2）选择一款预售商品，分别以一口价和阶梯价的方式进行预售设置，对比分析一口价预售方式与阶梯价预售方式的不同。

第8章

商品发布实战案例

本章导读

为了巩固前面所学的知识，掌握商品发布的所有操作流程，本章将以发布水果品类的蓝莓和服饰内衣品类的T恤为例，讲解商品发布的具体操作流程和方法。希望通过本章实战案例的操作，读者能够做到快速地发布商品。

知识技能

— 掌握蓝莓商品的发布方法
— 掌握T恤商品的发布方法

8.1 实战案例1：蓝莓商品发布

每一种商品都有自己的高相关分类。蓝莓商品的一级类目为"生鲜"，二级类目为"水果"，三级类目为"蓝莓"，如果类目弄错，系统将搜索不到商品，从而影响商品的排名和展现。本例以蓝莓为例讲解水果商品的发布操作，主要包括蓝莓图片拍摄、蓝莓主图制作、蓝莓详情页制作、蓝莓发布实施4个步骤。下面将对每个步骤进行详细讲解，剖析商品发布的具体过程。通过本例，读者可举一反三，学会"水果"二级类目下的商品发布操作。

8.1.1 蓝莓图片拍摄

在拍摄水果商品时要注意以下两方面：一是通过外观拍摄展现出水果的视觉感受，二是进一步体现出水果的新鲜可口。下面通过蓝莓商品的拍摄准备、拍摄方案设计、拍摄实施、图片处理4个方面的操作，详细讲解蓝莓图片的拍摄过程。读者可以结合该方法进行同类目商品的延展性操作，举一反三，从而掌握水果类目商品的拍摄方法及操作流程。

1. 拍摄准备

拍摄蓝莓商品图片前需要做好充分的准备工作，包括摄影器材的准备、商品的准备与清洁、背景和构图，以拍摄出高品质的商品图片。

（1）摄影器材的准备

拍摄商品图片前要准备好对应的摄影器材，主要包括数码相机、微距镜头、三脚架、闪光灯、引闪器、柔光箱、背景布等；同时，还要准备拍摄水果商品的其他器具，如喷壶、果盘、果篮或包装纸等，如图8-1所示。

图8-1

（2）商品的准备与清洁

首先，需要准备好商品，包括不同颜色、不同规格的商品。蓝莓商品由于规格基本一致，因此只需要提供能够满足拍摄需要的蓝莓商品数量即可。其次，为了保证拍摄出来的蓝莓图片质量，需要挑选商品，剔除其中的坏果或有瑕疵的果子，然后对剩余的蓝莓进行清洗，保证表面干净、整洁。

为了进一步体现水果的新鲜可口，还要对商品进行一定的处理。我们可以使用小刷子给水果刷上食用油，使水果在镜头下变得更加鲜亮；也可以使用喷壶在水果表面喷洒一些水珠，使水果看起来晶莹剔透，更加新鲜；还可以拍摄水果的剖面，利用果肉来增强水果的新鲜感。

（3）背景与构图

拍摄前还要考虑如何布置背景。一般来说，可以选择纯色的背景或构造一个具有意境的背景。在选择背景时，要注意根据商品本身的色彩选择适合的颜色进行搭配。一般不建议选择红、黄、蓝等色彩明艳的背景，它们不仅容易抢夺商品的色彩，还会将色彩反射到商品上，导致拍摄的效果不佳。在构建具有意境的背景时，要根据商品本身的特点选择主题进行构建。

对于水果商品来说，建议使用白色、灰色等与水果本身颜色差异较大的背景色，以突出水果的色彩；也可以将不同种类的色彩鲜艳的水果摆放在一起，注意色彩搭配和谐，增加画面的色彩，让水果的颜色更加鲜艳诱人，画面内容更加丰富。在为水果商品构建场景时，建议尽量选择比较生活化的场景，如就餐场景、清洗场景等。在画面构图上，要尽量保证水果处于画面的中心，居中的、饱满的构图可以突出画面中的商品主体。但如果场景中的内容非常充实，建议使用黄金分割构图法，如图8-2所示。

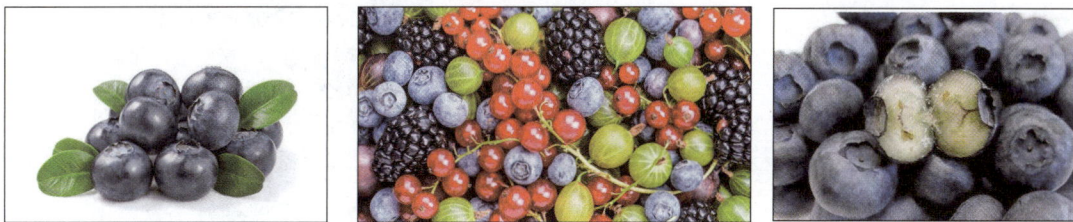

图8-2

2. 拍摄方案设计

做好拍摄准备后，即可进行拍摄方案的设计。表8-1所示为蓝莓商品的拍摄方案设计和规划表，表中详细表述了蓝莓的拍摄要求，以更好地展现蓝莓的特点。

表 8-1 蓝莓商品的拍摄方案设计和规划表

拍摄部分	拍摄要点	拍摄环境	拍摄张数
整体外观图	带果盘拍摄（陶瓷果盘或木质果盘）	摄影棚	10
特写图	少量特写，微距拍摄	摄影棚	3
剖面图	切开蓝莓与整体组合拍摄	摄影棚	3
包装图	蓝莓内部包装图	摄影棚	2
使用图	日常场景使用图	摄影棚	6

3. 拍摄实施

水果商品一般是吸光类商品，对光的反射比较稳定，因此布光时较少使用直射的硬光，而是采用带有一定方向性的柔光。水果商品本身的视觉层次比较丰富，为了表现出水果表面的层次感，布光时要以侧光、顺光和侧顺光为主；当水果表面较粗糙时，一般使用光线稍硬的柔光；当水果表面较光滑时，则使用光线较软的柔光。此外，还要注意光线是否均匀，要对暗部进行适当补光，以避免整个拍摄画面的明暗反差过大，导致画面失衡。

在拍摄蓝莓时，在蓝莓商品表面喷洒水珠，选择不太硬的中性光进行打光；布光时采用柔光箱，然后在静物台上铺上背景纸，在上方架一层描图纸，以减小产生的阴影；接着打开灯进行测光，在暗部使用反光板补光，测试并进行拍摄，直到拍出效果最佳的图片为止。在拍摄过程中，为了保证拍摄风格的统一，可以标记商品在画面中的位置。当需要更换其他场景拍摄时，可以快速进行拍摄。图8-3所示为拍摄的部分蓝莓图片，主要包括整体外观图、特写图、剖面图和使用图等。

图8-3

4. 图片处理

完成商品图片的拍摄后，可根据图片的拍摄效果进行适当的处理。这里以其中一张商品图片为例进行介绍，其具体操作如下。

STEP 01 在Photoshop中打开需处理的图片"01.jpg"（配套资源:\素材\第8章\蓝莓\01.jpg），观察发现商品图片的颜色较为灰暗，如图8-4所示。

扫一扫

蓝莓图片处理

STEP 02 选择【图像】/【调整】/【亮度/对比度】命令，打开"亮度/对比度"对话框，设置"亮度"为"30"，单击 确定 按钮，如图8-5所示。

图8-4　　　　　　　　　　　　　　　　　　图8-5

STEP 03 选择【图像】/【调整】/【曲线】命令，打开"曲线"对话框，创建S形曲线并进行拖动，如图8-6所示。

STEP 04 单击 确定 按钮完成操作，查看图片并进行保存，效果如图8-7所示（配套资源:\效果\第8章\蓝莓\01.jpg）。

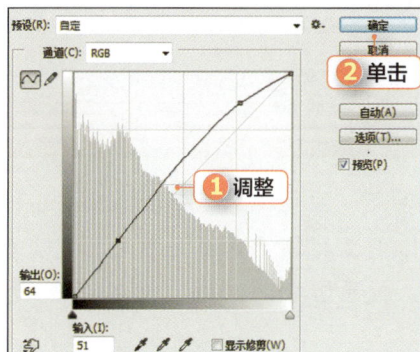

图8-6　　　　　　　　　　　　　　　　　　图8-7

8.1.2 蓝莓主图制作

按照主图的规范要求，制作800像素×800像素的场景主图或白底主图均可。下面先调整主图的亮度，然后新建800像素×800像素大小的图像文件，将蓝莓从原图像中抠取出来并移动到其中，其具体操作如下。

扫一扫

蓝莓主图制作

STEP 01 打开需要制作成商品主图的蓝莓图片（配套资源:\素材\第8章\蓝莓\主图\01.jpg），如图8-8所示。观察发现，商品图片亮度不够，画面显得灰暗，细节显示不清晰。

STEP 02 选择【图像】/【调整】/【亮度/对比度】命令，打开"亮度/对比度"对话框，设置"亮度"为"77"，对比度为"12"，单击 确定 按钮，如图8-9所示。

图8-8

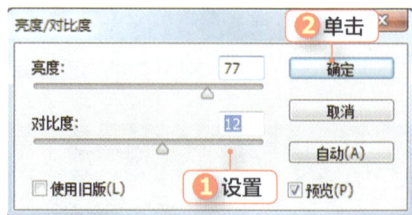

图8-9

STEP 03 选择"魔棒工具" ，在图像中的白色部分处单击获取选区，然后按【Ctrl+Shift+I】组合键反选选区，得到蓝莓图像选区，如图8-10所示。

STEP 04 选择【文件】/【新建】命令，打开"新建"对话框，设置"名称"为"主图01"，"高度"和"宽度"都为"800像素"，单击 确定 按钮，如图8-11所示。

图8-10

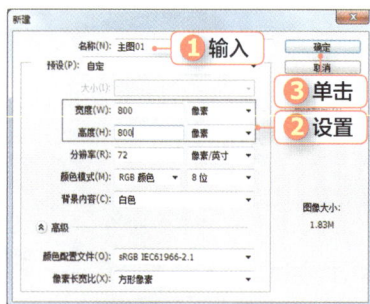

图8-11

STEP 05 使用"移动工具" 将选区图像拖动到"主图01.psd"图像文件中，按【Ctrl+T】组合键进行自由变换，适当调整图层大小使蓝莓位于画面的中间。完成后存储图像文件为"JPG"格式，完成第一张主图的制作，效果如图8-12所示（配套资源:\效果\第8章\蓝莓\主图\主图01.psd、主图01.jpg）。

STEP 06 在"主图01.psd"图像文件中选择背景图层，在其上单击鼠标右键，在弹出的快捷菜单中选择"删除图层"命令删除背景图层，得到透明的图像效果，如图8-13所示。最后将其存储为"PNG"格式，完成商品透明图的制作（配套资源:\效果\第8章\蓝莓\主图\主图01.png）。

图8-12

图8-13

提示

若需要将场景图制作成主图，可先适当调整场景图的大小，然后使用裁剪工具裁剪出800像素 ×800 像素大小的区域，该区域重点展示商品正面外观即可。

STEP 07 打开其余需要制作成主图的商品图片（配套资源:\素材\第8章\蓝莓\主图\02.jpg~06.jpg），如图8-14所示。使用相同的方法制作剩余的主图，效果如图8-15所示（配套资源:\效果\第8章\蓝莓\主图\02.jpg~06.jpg）。

图8-14

图8-15

8.1.3 蓝莓详情页制作

完成主图的制作后即可开始进行详情页制作，详情页制作完成后还需要进行切片，以方便上传图片。制作详情页时，需要先进行文案策划，以确定详情页的基本框架，做好商品卖点设计，从而最大限度地吸引消费者浏览。

1. 详情页文案策划

好的详情页可提高商品转化率，可以激发消费者的消费欲望，树立消费者对店铺的信任感，打消消费者的疑虑，促使其下单。制作出转化率高的详情页的前提是有一份好的文案设计。利用好的文案内容来制作详情页，可以帮我们节省大量后期修改的时间。

详情页文案要从四个方面进行策划，才能增加对消费者的吸引力：一是表现出商品的优势，二是阐述清楚商品的属性，三是描述商品功能，四是打消消费者的顾虑。

（1）表现出商品的优势

商品优势可以从商品卖点、商品理念、商品细节等方面体现。如本例中的蓝莓水果商品主打"天然"，为了突出其优势，在文案中可用"新鲜""野生""现摘"等词汇进行体现。

（2）阐述清楚商品的属性

商品属性主要包括商品品牌、商品名称、商品产地、风格、材质、功能、款式等信息。图8-16所示为野生蓝莓的基本属性信息。

商品名称：野生蓝莓	规格：125g/盒	产地：大连冰峪沟
物　　流：冰袋冷鲜	储存：冷藏保鲜	

图8-16

（3）描述商品功能

对于蓝莓水果商品来说，其功能主要是可食用，如蓝莓口味酸甜可口，可以让人胃口更好；蓝莓具有丰富的维生素，可以补充日常生活中所需的微量元素等。从这些方面进行扩展，可以非常详细地写出蓝莓商品的功能文案，读者可尝试自己写作。

（4）打消消费者的顾虑

对于蓝莓水果商品，消费者担心的问题主要包括是否新鲜、如何运输、如何存储、损坏赔偿等。商家可通过展示品牌资质证书和种植基地来增强消费者对商品的信心。

2．详情页图文设计

详情页图文设计的好坏直接影响商品的成交率。一份优秀的详情页图文设计，其版式排版、色彩搭配应该能激起消费者的购买欲望。本例中的蓝莓水果商品为深蓝色，为了突出商品本身的色彩，直接以商品本身的颜色为主色调，然后搭配白色使详情页显得简单干净、整洁利落。

在文案与图片的版式设计上，要以图片为主、文案为辅，通过直观的图片和说明性文案展示商品的详细信息，商家可以使用上文下图、左文右图、左图右文等不同的排版方式灵活地展示商品的详细信息。图8-17所示为蓝莓商品的详情页图文设计。

图8-17

BLUEBERRY FRESH PICKING
营养 我们爱吃
精挑细选，你值得更好
孩子爱吃
孕妇爱吃
老人爱吃
BLUEBERRY FRESH PICKING
精挑 美味健康
精挑细选，你值得更好
酸
意为蓝色浆果，属杜鹃花科，越橘属植物，起源于北美，多年生灌木小浆果果树，因果实呈蓝色故称为蓝莓。
甜
意为蓝色浆果，属杜鹃花科，越橘属植物，起源于北美，多年生灌木小浆果果树，因果实呈蓝色故称为蓝莓。
味
意为蓝色浆果，属杜鹃花科，越橘属植物，起源于北美，多年生灌木小浆果果树，因果实呈蓝色故称为蓝莓。
美
意为蓝色浆果，属杜鹃花科，越橘属植物，起源于北美，多年生灌木小浆果果树，因果实呈蓝色故称为蓝莓。
多汁蓝莓
多汁蓝莓
多汁蓝莓
生产流程
PRODUCTION PROCESS
国内优质产区
集中化种植
枝头鲜采
采后直接进入冷库
手工挑选
优选新鲜饱满的果实
全程冷链运输
无须漫长等待，更快到手

图8-17（续）

3. 蓝莓详情页图片切片

商品详情页图片切片的合理性直接影响到消费者的浏览体验。合理地切分商品详情页图片可以在浏览器中更快地加载出商品的详情页图片，带给消费者更好的浏览体验。因此，商家需要对制作好的详情页图片进行切片，将其分割为大小适宜的多张图片，并做好名称标志，以方便上传。进行京东商品的详情页图片切片时，要注意PC端和手机端的区别。

● PC端详情页建议每张图片的容量在500KB以内，对图片张数并无明显限制。

● 手机端详情页建议每张图片的宽度为640像素，高度不大于960像素；每张图片的容量控制在100KB以内，整个详情页图片的总容量应不大于3000KB，图片总张数建议大于5张，但不超过30张，且为了保证更好的视觉呈现效果，图片上的文字字号建议不小于20号。

● PC端详情页宽度为990像素时会全屏展示，如果超出页面，则不会显示超出部分；手机端详情页宽度为790像素时会全屏展示。

切片时要注意商品或者模特不要出现断层，尽量保证完整的一张图为一个切片节点。详情页图片的切片操作很简单，只需在Photoshop中打开详情页图片，选择"切片工具" ，在图片中拖动鼠标绘制切片区域即可。切片完成后，选择【文件】/【存储为Web所用格式】命令，打开"存储为Web所用格式（5.6%）"对话框，如图8-18所示。选择需要存储的切片，在右侧的"预设"下拉列表框中选择存储的图片格式，并设置图片的存储品质等其他参数。所有切片都设置完成后单击 存储... 按钮，打开"将优化结果存储为"对话框，如图8-19所示。设置好存储的文件名和格式后，单击 保存(S) 按钮完成切片图片的存储和优化，最终可在保存的路径中查看图片，效果如图8-20所示。

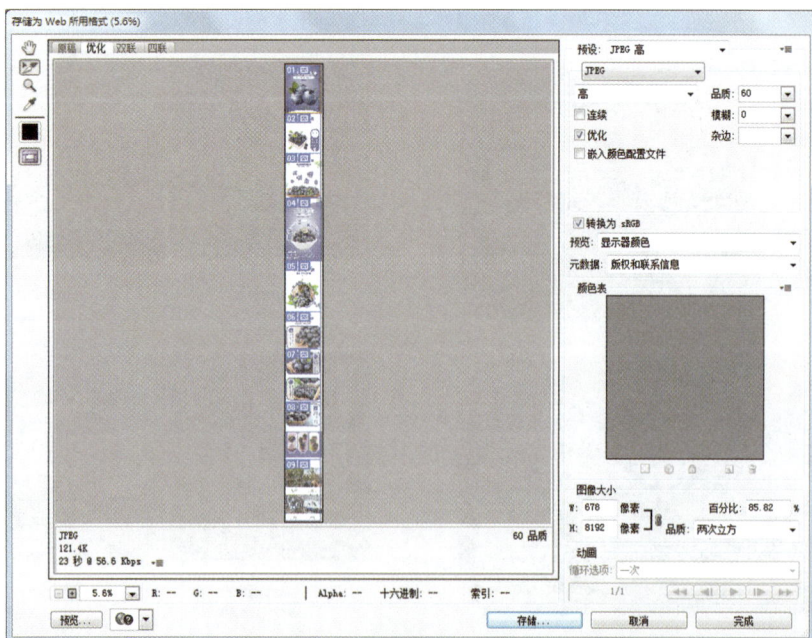

图8-18

图8-19

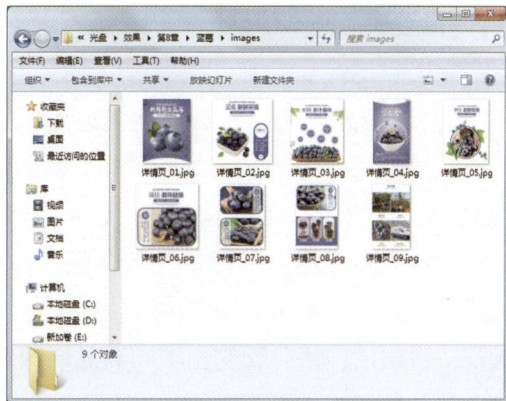

图8-20

蓝莓发布实施

完成商品发布的所有准备工作后，即可进入京东商家后台，单击"商品管理"—"添加新商品"选项，打开"添加新商品"界面，在该界面中进行商品的发布，主要包括类目设置、商品信息填写等步骤。下面以发布蓝莓商品为例进行水果类目商品的发布操作，读者可举一反三地进行该类目下其他商品的发布。

1. 选择商品类目

在"添加新商品"界面中，首先选择商品所在的类目，这里依次展开"生鲜"—"水果"选项，然后选择三级类目中的"蓝莓"选项，接着单击 下一步,填写商品信息 按钮，进行下一步操作，如图8-21所示。

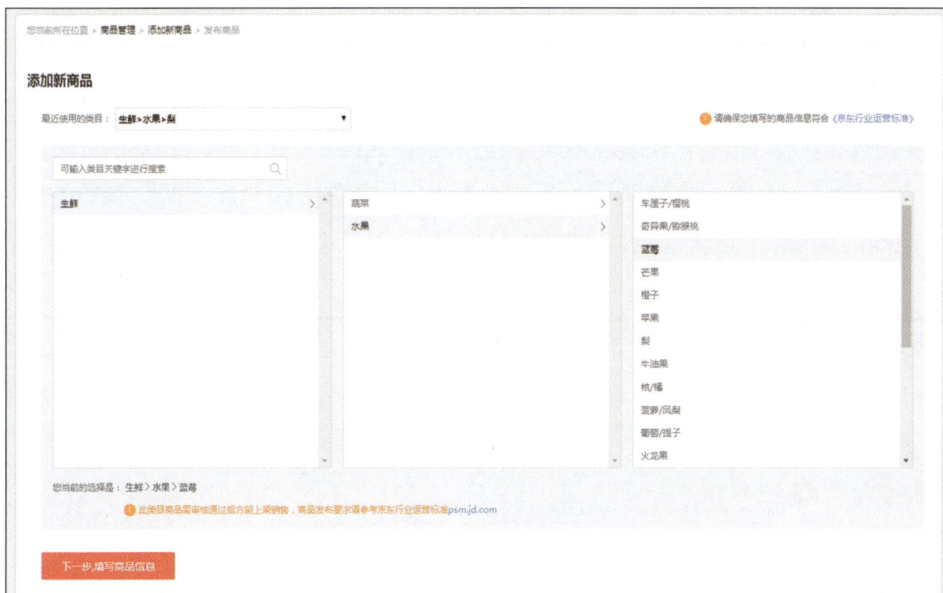

图8-21

2. 设置商品基本信息

完成类目选择后，在"商品基本信息"栏中填写带星号（＊）的信息，包括商品标题、品牌和7天无理由退货，其他信息可根据需要进行完善，如图8-22所示。填写信息时，要注意商品标题的命名规则"中文品牌（英文品牌）+基本属性（材质/功能/特征）+商品品名+规格参数（型号/颜色/尺寸/规格/用途/货号）（非必填）"，同时，商品标题应与对应类目及经营的品牌一致，且不得在标题中添加热卖、新品、疯抢、直降、清仓、推荐、爆款、首发等促销语或京东自营、官方正品、官方授权、专供、特供、专用等触及广告法的词语，如这里填写商品标题为"萃俪大连新鲜蓝莓 冰峪沟野生蓝莓125g/盒 4盒装 500g"，商品标语为"【顺丰空运】【现摘现发】【坏果闪赔】"，品牌为"萃俪"，7天无理由退货为"不支持"，如图8-22所示。

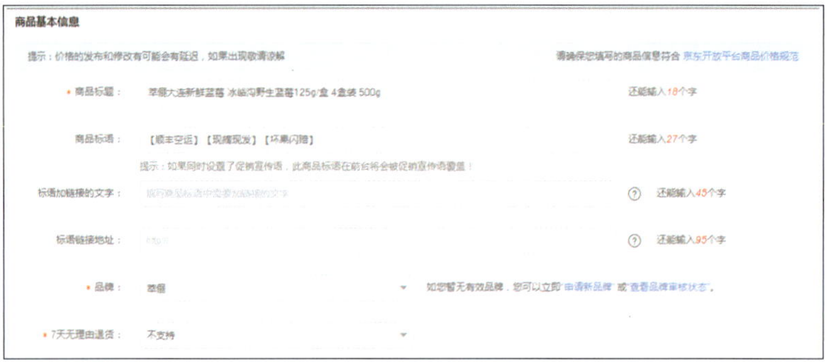

图8-22

需要注意的是，由于生鲜商品具有易破损、易腐坏等特点，为了优化消费者的购物体验，京东提供了"优鲜赔"服务。京东平台第三方卖家销售的生鲜商品如出现破损或腐坏等问题，消费者可在商品签收后48小时内提交"优鲜赔"申请，如消费者提交申请时间在商家工作时间内（工作日：9:00—18:00；不包括周六日、春节假期及"十一"假期），则商家100分钟内审核通过后即给予补偿，无须返还商品。非鲜活易腐类产品除外，需上门取件。因此，生鲜类商品不支持7天无理由退货，"优鲜赔"服务的相关说明会自动在商品详情页的最后显示，如图8-23所示。

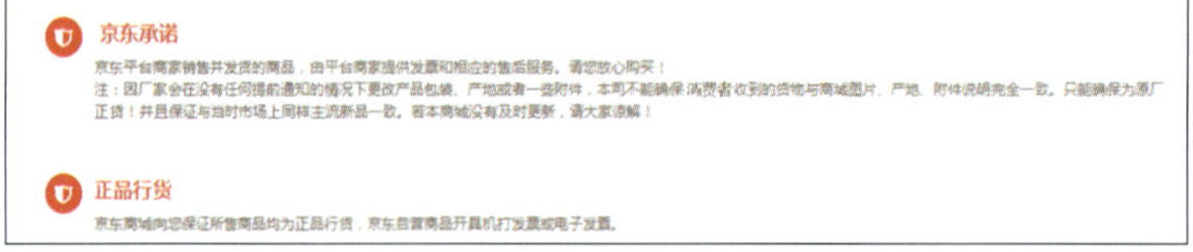

图8-23

3. 设置商品参数

在"商品参数"栏中填写商品的参数信息，包括货号，产地，包装长、宽、高，商品毛重等信息。填写时要注意包装长、宽、高的度量单位为"mm",商品毛重的度量单位为"kg",填写时要注意换算单位,如图8-24所示。

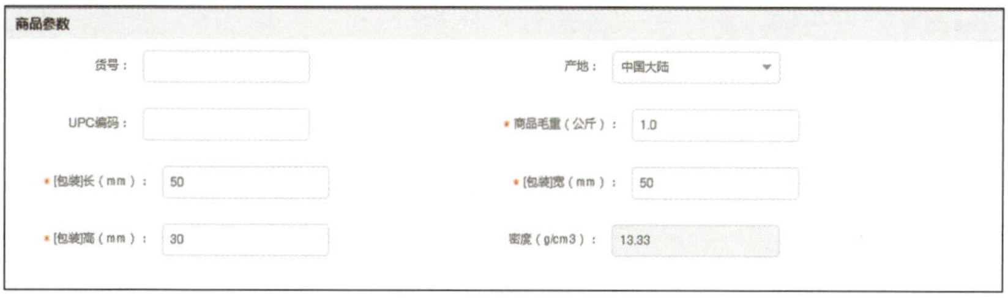

图8-24

4. 设置商品属性

蓝莓类目的商品属性主要包括国产/进口、分量、包装、原产地、是否有机、贮存条件、保质期、单位、净含量、数量、包装清单,如图8-25所示。其中,"国产/进口"有"国产"和"进口"两个选项;"分量"有"2盒装""4盒装""6盒装""8盒装"和"其他"选项;"包装"有"简装"和"礼盒装"两个选项;"原产地"有"中国(大兴安岭)""中国(伊春)""智利"和"其他"选项;"贮存条件"有"冷藏0~4℃""控温10~15℃""控温16~25℃"和"深冷、冷冻–18℃"选项;其他选项需要商家根据商品实际情况填写。

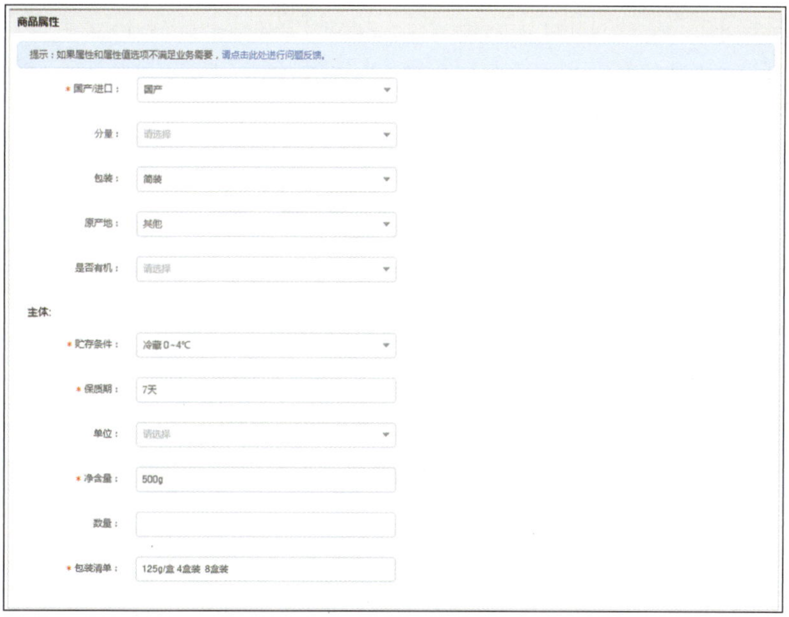

图8-25

5. 设置销售属性

在"销售属性"中填写商品的销售属性,主要包括京东价、市场价、成本价和库存量等信息。由于本例中的蓝莓商品只有"4盒装"1个规格,因此可忽略颜色、尺码等

SKU属性，直接填写京东价和库存，如图8-26所示。设置好销售属性并发布后如需更改，则此商品的SKU将变为新品。

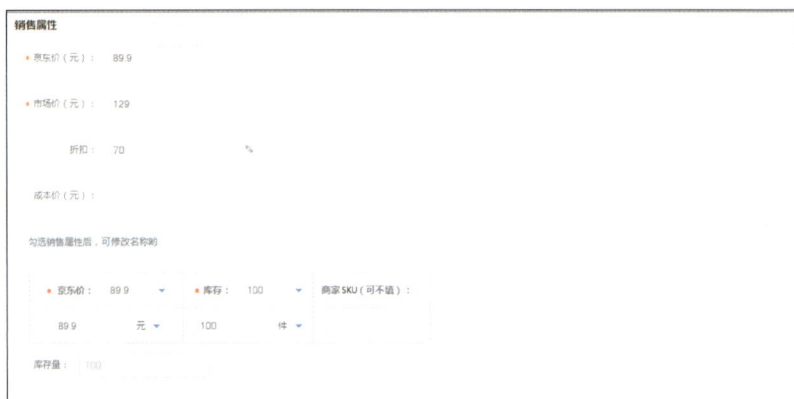

图8-26

6. 添加商品主图和商品描述

在"图片管理"栏中的"商品图片"和"商品透图"栏中，可分别进行商品主图、辅图和透明图的上传。商家可选择需要上传的商品图片，单击右侧的"图片上传"选项，然后在下方的"本地上传图片"或"从图片空间选择"选项卡中选择需要上传的图片即可。这里直接单击"本地上传图片"选项卡，单击 ⊕上传文件 按钮，打开"打开"对话框，在其中选择前面制作好的商品主图图片，接着单击 打开(O) 按钮即可完成上传。需要注意的是，商品透明图只能通过"本地上传图片"选项卡进行上传，如图8-27所示。

图8-27

在"商品描述"栏中单击"使用文本编辑"选项卡，单击工具栏中的"插入图片"按钮，上传并插入切片后的详情页图片文件即可。然后在"商品描述"的最下方选择商品的店内分类，这里单击选中"野生蓝莓"选项，如图8-28所示。

图8-28

7. 设置商品物流

在"商品物流"栏中设置运费、配送时效和发货地等信息，完成后单击 开始销售 按钮即可完成商品的发布，如图8-29所示。

图8-29

8. 上传商品主图视频

商品成功发布后可为商品绑定主图视频，以更直观地展示商品，提高商品的转化率。在京东商家后台单击"我的店铺"—"媒体资源管理中心"—"媒体资源列表"，然后单击 上传视频 按钮，打开"视频上传"界面；在"媒体类型"中单击选中"主图视频"选项，单击 本地视频上传 按钮进行视频上传，然后填写视频名称、视频简介等信息，上传视频封面，之后单击 绑定上传 按钮完成视频的上传，如图8-30所示。

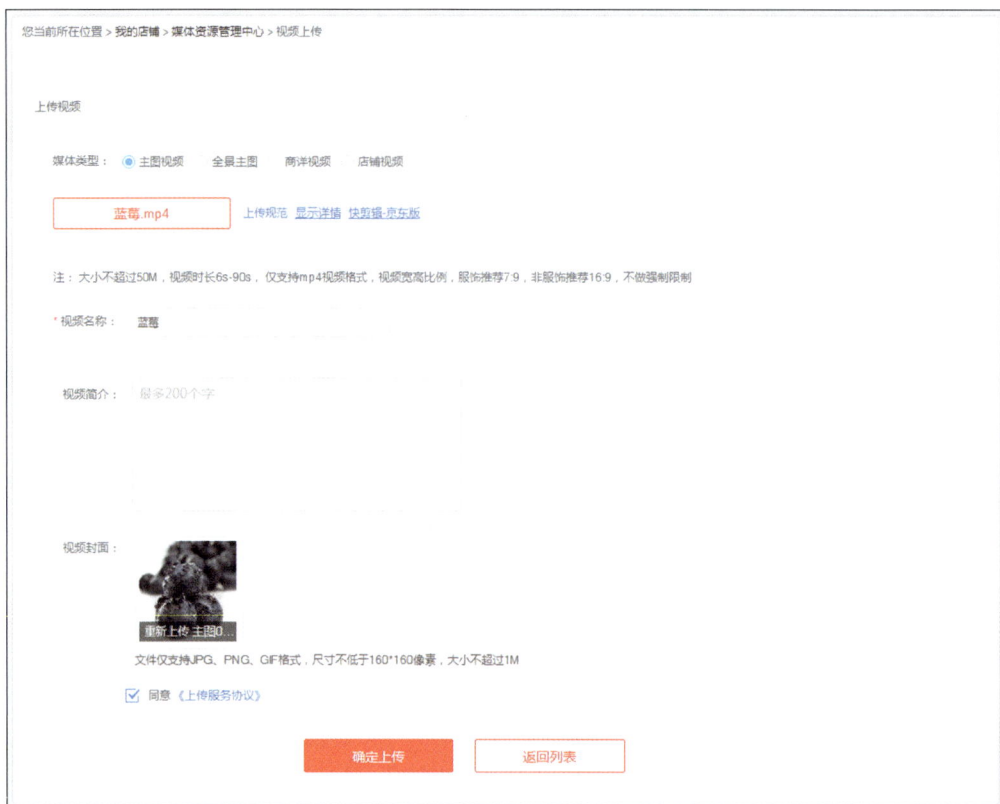

图8-30

提示

主图视频可使用"中云商品"工具进行合成，其方法较为简单，这里不再赘述。操作不熟悉的读者可参考第 3 章中介绍的方法进行视频制作。

9. 关联商品主图视频

待主图视频转码完成后，将鼠标指针放在视频文件缩略图上，单击缩略图工具栏中的 关联商品 按钮，打开"关联商品"界面，在"店内商品"栏中的"商品编号"或"商品名称"文本框中输入要查找的商品编号或名称，单击 查询 按钮，系统将根据输入的内容查询并显示查询结果；单击选中需要关联的商品信息前的复选框，单击界面下方的 关联 按钮即可进行关联，如图8-31所示。

关联主图视频与商品后，待京东审核人员审核通过后，视频将显示为"审核通过"状态。此时，在"媒体资源列表"界面的视频缩略图上再次单击 关联商品 按钮，在打开的"关联商品"界面的"已关联商品"中可看到关联成功的商品信息。同时，商品单品页面的主图位置也会出现相应的主图视频效果。至此，商品发布的所有操作全部完成。图8-32所示为通过关键词搜索展示的商品单品页面。

图8-31

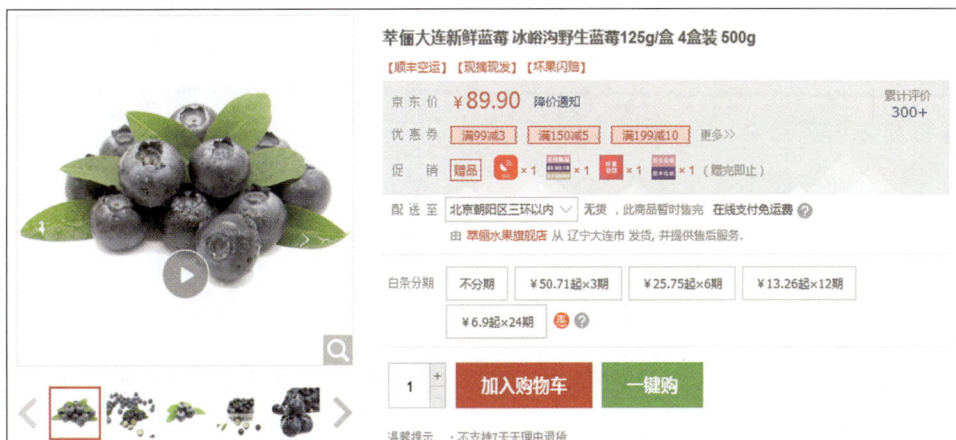

图8-32

8.2 实战案例2：T恤商品发布

　　T恤属于服饰内衣类商品。服饰内衣是京东商城的一个经营大类，其二级类目包含"男装""女装""内衣"，每个二级类目又包含多个三级类目，因此服饰内衣类目包含的商品非常多。虽然服饰内衣类目下的商品众多，但这个类目下的商品具有一些共同的性质。本例讲解一款棉质女装T恤商品的发布操作，主要包括T恤图片拍摄、T恤主图制作、T恤详情页制作、T恤发布实施4个步骤。下面将对发布过程中的每个步骤进行详细讲解，剖析服饰内衣类目商品发布的具体过程。

8.2.1 T恤图片拍摄

T恤具有服饰内衣类目商品的一般特性，商家在拍摄时可以按照服装内衣类目商品的拍摄方法进行拍摄。

1. 拍摄T恤前的准备

拍摄T恤前，需要先掌握服饰内衣类目商品的拍摄方法，并做好图片拍摄的规划。一般来说，服饰内衣类目商品的拍摄方法主要有3种，分别是摆拍、挂拍和穿拍。下面分别进行介绍。

● **服装摆拍**：摆拍是指将服饰内衣商品平铺摆放后进行拍摄，给人干净整洁的感觉。为了让平铺的商品具有立体感，可以将服饰内衣商品的胸前、袖口、衣角等地方进行一定的折叠，以展现商品的造型；或者在商品旁放置与之色彩、风格相配的皮包、鞋子、杂志或小首饰等物件来构建拍摄场景，使拍摄画面显得生动。

● **服装挂拍**：挂拍是指用衣架将衣服悬挂起来进行拍摄。商家根据衣服的造型与质感，可搭配使用不同种类的衣架；也可同时搭配一些小饰品做点缀，如鲜花或玩具，使商品显得靓丽活泼。

● **服装穿拍**：穿拍是指模特将服装穿在身上进行拍摄。这样拍摄的图片效果更加直观，给消费者的感觉更自然。对于服饰内衣类目商品，穿拍是比较常用的一种方法。但是，商家在采用这种拍摄方法时，要注意选择与商品定位相符的模特，模特的年龄、气质以及姿势要与衣服的风格相配。一般来说，长相甜美的女孩适合拍甜美风格、学院风格或日系风格的商品，长相清秀、气质脱俗的女孩适合拍森系风格的商品，成熟、时尚的女孩适合拍职业套装。

> **提示**
>
> 拍服饰内衣类目的商品对模特的肢体表现力有较高的要求，模特穿拍时的动作、姿势及表现力非常重要。

图8-33所示为一款女装T恤的摆拍、挂拍和穿拍示例图片。商家在拍摄自己的商品图片时，可根据需要选择不同的拍摄方法进行组合，但切记要以穿拍方式为主。

图8-33

除了拍摄方法外，在拍摄服饰内衣类目的商品时，商家还要注意商品的细节拍摄。

服饰内衣类目的商品细节主要体现在面料、制作工艺、流行元素、款式特色等方面，商家要在拍摄整体效果图的同时拍摄出商品的细节特点。表8-2所示为本例中的棉质T恤商品的拍摄方案和规划表，按照该规划做好准备即可进行商品图片的拍摄。

表 8-2 棉质 T 恤商品的拍摄方案和规划表

拍摄部分	拍摄要点	拍摄环境	拍摄张数
整体外观图	T 恤正面图	棚内拍摄	4
细节图	面料、领口、肩部、下摆细节图	棚内拍摄	4
模特穿拍展示图	模特造型拍摄	棚内拍摄	4
不同颜色图	白色、黑色不同规格图	棚内拍摄	2

2. 拍摄T恤图片

在摄影棚内拍摄模特穿着T恤的图片时，一般将单色背景布作为拍摄背景。在拍摄时，主灯位于相机的左侧，为了增强立体感，在模特的身后右侧加了一盏带有校准罩的辅助灯，以增加黑色T恤背光处的亮度。这样不仅消除了阴影给T恤带来的细节上的不足，还产生了柔和的光影效果，很好地表现了T恤棉质的质感。图8-34所示为采用该布光方式拍摄的商品图片。

图8-34

8.2.2 T恤主图制作

完成T恤商品图片的拍摄后，即可开始进行主图的制作，为发布商品做好准备。首先，需要调整T恤图片的亮度、对比度，然后缩小商品图片并将其裁剪为800像素×800像素大小，其具体操作如下。

STEP 01 在Photoshop中打开拍摄的T恤商品图片素材（配套资源:\素材\第8章\T恤\主图\01.jpg），如图8-35所示。

STEP 02 选择【图像】/【调整】/【色阶】命令，打开"色阶"对话框。设置"输入色阶"栏中的参数分别为"28""1.15""227"，单击 确定 按钮完成调整，如图8-36所示。

扫一扫

T恤主图制作

图8-35

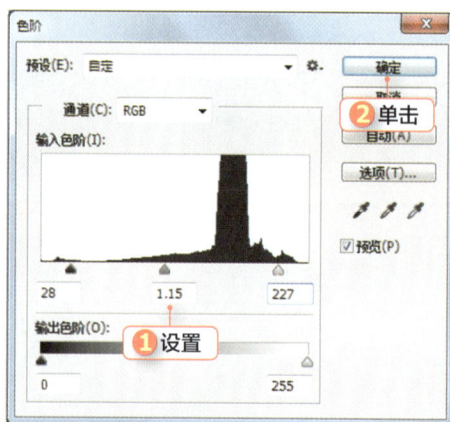

图8-36

STEP 03 选择【图像】/【图像大小】命令，打开"图像大小"对话框，在"宽度"数值框中输入"800"，单击 确定 按钮，如图8-37所示。

STEP 04 选择"裁剪工具" ，在工具属性栏中设置裁剪模式为"宽×高×分辨率"，在后面输入宽、高值为"800像素×800像素"；然后拖动图像窗口中的裁剪框，框选需要保留的区域，完成后按【Enter】键确认，如图8-38所示（配套资源:\效果\第8章\T恤\主图\01.jpg）。

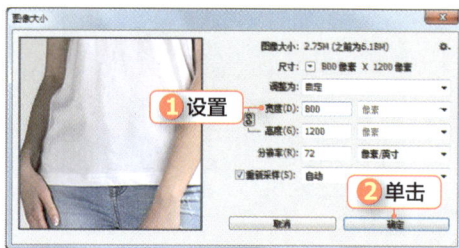

图8-37

图8-38

动手一试

使用相同的方法对其他图片进行处理，得到商品透明图和其他主图图片，参考效果如图8-39所示。

图8-39

8.2.3 T恤详情页制作

服饰内衣类目商品的详情页大多以模特实拍展示图搭配适当的文案进行展示。在制作详情页时，可先规划好详情页的框架，再对每一部分内容进行完善，最后填充文案内容和图片，完成详情页的制作。

1. 规划T恤详情页框架

按照商品详情页制作的一般逻辑顺序，进行本例中T恤商品的详情页框架规划，可将其详情页按照"海报展示—商品卖点信息展示—商品细节展示—模特穿拍展示—温馨提醒"的顺序进行搭建。

2. 策划T恤详情页文案

根据T恤商品的详情页框架和商品特点，其文案主要包括海报文案、商品卖点文案、商品属性文案、细节展示文案和温馨提醒文案。全方位围绕详情页框架进行文案的策划和写作，能够最大限度地体现商品特点，直接而快速地让消费者了解商品，并吸引消费者浏览。

（1）海报文案

在详情页第一屏先放置商品海报，通过海报中的卖点文案来突出商品的特点，吸引消费者继续浏览。这里主要突出商品的百搭、棉质特点，可拟订"经典黑白百搭色系""纯棉亲肤质感"等文案。

（2）商品卖点文案

本例中T恤商品的卖点主要从材质面料、版型设计两方面来体现。卖点文案可这样写。

- **材质面料**：手感爽滑、感受轻柔，舒适性好、悬垂性佳。
- **版型设计**：特色肩部立体裁剪设计，贴合腋下人体曲线、不漏肉，兼顾时尚与性感。

（3）商品属性文案

T恤商品属性主要包括商品名称、面料成分、安全等级、商品货号、尺码、洗涤方法等。图8-40所示为T恤的属性信息。

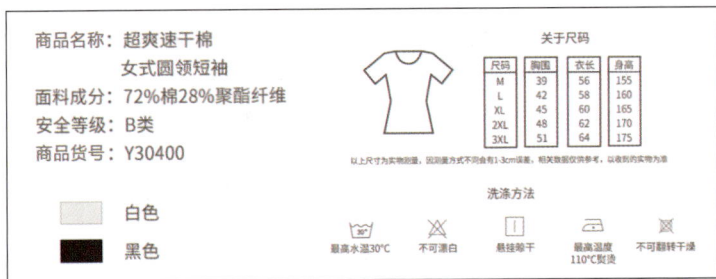

图8-40

（4）细节展示文案

服饰内衣类目商品的细节非常丰富，领口、肩部、口袋、袖子、印花、图案、袖口、腰部、背面、拉链、底边、下摆、扣子、面料、里料、做工、包边、接缝等都可作为细节展示的途径，本例中T恤商品的细节主要包括面料、领口、肩部和下摆。以下为细节展示文案，商家可以此为参考进行拓展。

- **面料细节文案**：舒适性好，手感爽滑、柔软；悬垂性好，兼具时尚与美感双重体验；健康亲肤，抗静电。

- **领口细节文案**：经典圆领设计，气质非凡，尽显女性魅力。

- **肩部细节文案**：立体裁剪，贴合腋下人体曲线，舒适、休闲。

- **下摆细节文案**：立体裁剪完美下摆，弹力贴合面料。

（5）温馨提醒文案

温馨提醒相当于对T恤商品的补充说明，主要从商品尺寸、实物拍摄、衣物穿着、洗涤方法4个方面进行说明，解答消费者可能产生的疑惑。

- **商品尺寸注意事项**：商品尺寸即成品尺寸，是实际商品测量所得的尺寸。由于商品的设计不同，即使同样的尺寸，实际穿着时也可能出现不同的感觉，且由于商品面料特殊，可能会出现1~2cm的误差，这种情况是正常的。

- **实物拍摄**：本店所有商品图片均为100%实物拍摄，并由专业设计师进行了图片颜色校正，但由于光线、角度的影响和显示器对比度不同，会有些许色差存在。

- **衣物穿着**：这款T恤比较亲肤，建议在确认商品无任何问题后再洗涤穿着。

- **洗涤方法**：建议用30℃以下的温水手洗，不要使用漂白剂，将专用弱碱性洗衣液溶于水后进行洗涤，以免衣物发生变黄、脱色等现象。深色衣物在洗涤时会产生轻微掉色现象，需与浅色衣物分开洗涤。

3. T恤详情页图文设计

商家在规划详情页框架和文案策划的基础上，将商品图片与文案结合起来，通过简单、大方的设计即可制作出直观、明了的T恤商品详情页。本例中的商品图片由于采用灰色背景进行拍摄，在制作详情页时为了保证简洁、美观的风格，商家将白色、灰色和黑色这3种经典配色作为详情页的主色调。图8-41所示为T恤商品的详情页。

图8-41

DETAILS 细节展示

健康材料
确保金天然亲肤、健康、抗静电。

舒适性好
时尚折皱面料，手感顺向，质地柔软
垂叠性好，兼具时尚的新感与舒适体验

领口设计
经典大方的圆领设计，便其自由自在
气质非凡，尽显女性独特魅力

特色肩部设计
立体的裁剪，贴合转下人体曲线，不需肉
休闲、居家、旅游的优良选择

下摆设计
立体裁剪完美下摆，贴合面料弹力

EXHIBITION 模特实拍

WARM REMINDER 温馨提醒

▶ **商品尺寸注意事项**
商品尺寸即成品尺寸，是实际商品测量所得的尺寸。
由于商品的设计不同，即使同样的尺寸，实际穿着时
也可能出现不同的感觉，且由于商品面料特殊，可能
会出现1~2㎝的误差，这种情况是正常的。

▶ **实物拍摄**
本店所有商品图片均为100%实物拍摄，并由专业设计
师进行了图片颜色校正，但由于光线、角度的影响和
显示器对比度不同，会有些许色差存在。

▶ **衣物穿着**
这款T恤比较亲肤，建议在确认商品无任何问题后再洗
涤穿着。

▶ **洗涤方法**
建议用30℃以下的温水手洗，不要使用漂白剂，将专
用弱碱性洗衣液溶于水后进行洗涤，以免衣物发生变
黄、脱色等现象。深色衣物在洗涤时会产生轻微掉色
现象，需与浅色衣物分开洗涤。

图8-41（续）

4. 详情页切片

完成详情页设计和制作后进行切片，效果如图8-42所示。

图8-42

8.2.4 T恤发布实施

完成所有准备工作后，商家即可登录京东商家后台发布商品。下面对发布T恤的具体操作进行讲解，帮助读者了解服饰内衣类目的商品发布操作。

1. 选择商品类目

进入京东商家后台首页，单击"商品管理"—"添加新商品"—"添加新商品"。在该界面中，首先需要选择商品所在类目，这里依次展开"服饰内衣"—"女装"选项，然后选择三级类目中的"T恤"选项，接着单击 下一步,填写商品信息 按钮，进行下一步操作，如图8-43所示。

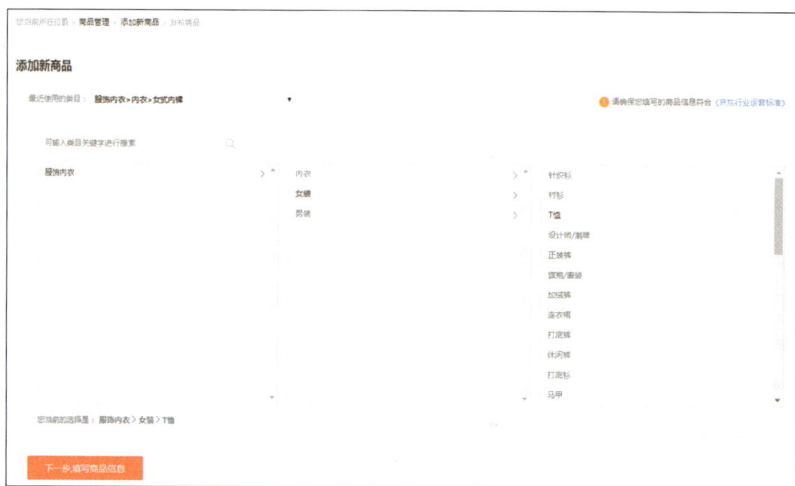

图8-43

在选择类目时要注意，在"服饰内衣>内衣>打底衫"类目下也可上传该商品，商家需要根据商品的特点进行明确分类，以保证消费者能够搜索到匹配类目的商品。若需要重新选择商品类目，可在商品信息填写页面中单击 重选类目 按钮进行重新选择。

2. 设置商品基本信息

在"商品基本信息"中填写商品标题、商品标语、品牌和7天无理由退货等信息。这里填写的商品标题为"Mooyou牧语 2018新款春夏装 速干棉女式圆领短袖 纯色休闲柔软修身T恤"。为了宣传该商品和店铺其他商品，在"商品标语"中输入了宣传用语"新款上市 先到先得 高端品质 享受生活 ｜ 速干棉圆领情侣装，男装点我噢"，且为另一件宣传商品设置了跳转链接"速干棉圆领情侣装，男装点我噢"，如图8-44所示。

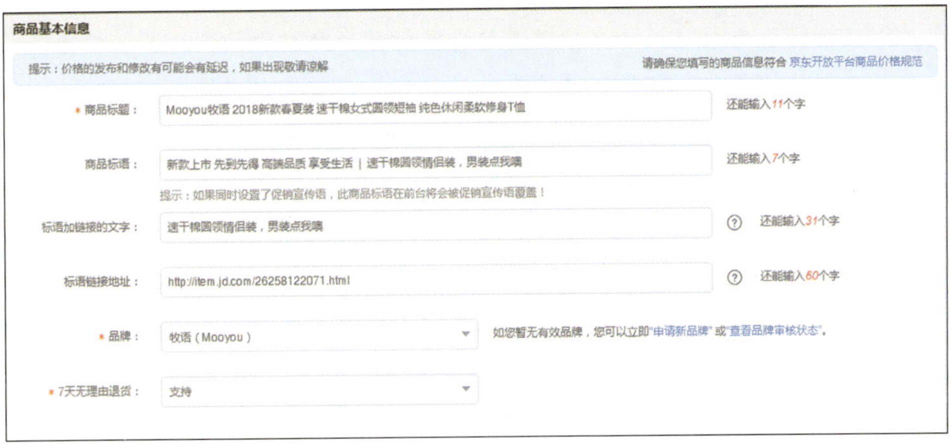

图8-44

3. 设置商品参数

在"商品参数"中填写商品的参数信息，包括货号，产地，包装长、宽、高，商品毛重等，如图8-45所示。

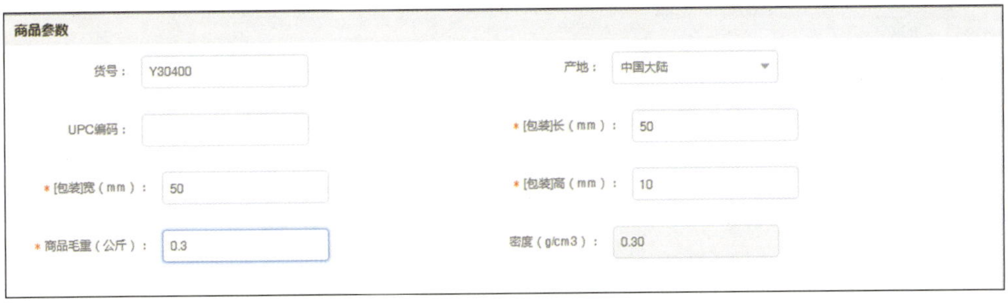

图8-45

4. 设置商品属性

对于"服饰内衣>女装>T恤"三级类目来说，商品属性主要包括版型、袖型、袖长、领型、适用年龄、主要材质、风格、上市时间、流行元素、图案、衣长等必填信息。下面简单介绍女装T恤商品属性。

● **版型**：版型是指商品的整体立体形状，女装T恤的版型主要有修身型、宽松型和直筒型3种。这3种版型的区别主要在于衣服腰围的差别：修身型的T恤在进行版型设计时一般会进行收腰，以体现穿着者的身材和气质；直筒型的T恤一般直上直下，没有腰身；宽松型的T恤一般上大下小或上小下大，比较宽松肥大。

● **袖型**：袖型是指服装商品的袖管形状，女装T恤的袖型主要有喇叭袖、衬衫袖、插肩袖、泡泡袖、公主袖、灯笼袖、荷叶袖、花瓣袖、常规袖、飞飞袖、堆堆袖、牛角袖、蝙蝠袖、包袖等，如图8-46所示。喇叭袖是指袖管形状与喇叭形状相似的袖子。衬衫袖一般是衬衫采用的袖型，袖口处有开叉，以纽扣连接。插肩袖是指衣服袖子的裁片是和肩膀连着的袖型。泡泡袖是指在袖山处抽碎褶而蓬起、呈泡泡状的袖型（袖山：衣袖上部的折叠线处）。公主袖与泡泡袖比较类似，其肩宽窄于一般的服装，以体现袖型的饱满。灯笼袖指肩部泡起，袖口收缩，袖管呈灯笼形鼓起的袖型，其袖口上边一般较大。荷叶袖指形状似荷叶，有层层叠叠感觉的袖型。花瓣袖也叫蚌壳袖，指袖片交叠如倒挂花瓣的袖型。常规袖指没有明显特点的常规袖型。飞飞袖的肩膀上有点褶皱像荷叶，腋下直接连接衣服，它保留了公主袖的上半截，下半截则变得更夸张。堆堆袖是指层层叠叠堆起来的袖型。牛角袖与插肩袖基本相同，但双臂平伸时牛角袖看起来像架起的牛角一样。蝙蝠袖的袖宽一般很大，跟衣服侧面连在一起，双臂展开后形似蝙蝠。包袖的袖子较短，常表现为两种形式：一种是添加松紧贴于手臂，营造灯笼感；另一种是向肩外蓬起，添有褶皱。

图8-46

● 袖长：袖长是指袖子的长度，主要包括无袖、短袖、中袖、七分袖、九分袖、长袖。无袖指没有袖子，胳膊全部裸露；短袖指袖子长度至手肘之上1/2的位置；中袖指袖子长度至手肘；七分袖指袖子长度至小手臂1/2的位置；九分袖指袖子长度至手腕位置；长袖指袖子长度至手腕以下，如图8-47所示。

图8-47

● 领型：领型是指衣领的形状，主要包括圆领、V领、立领、翻领、方领、西装领、荷叶领、半开领、围巾领、POLO领、娃娃领、高领、一字领、半高领、堆堆领、海军领、斜领、连帽等，如图8-48所示。

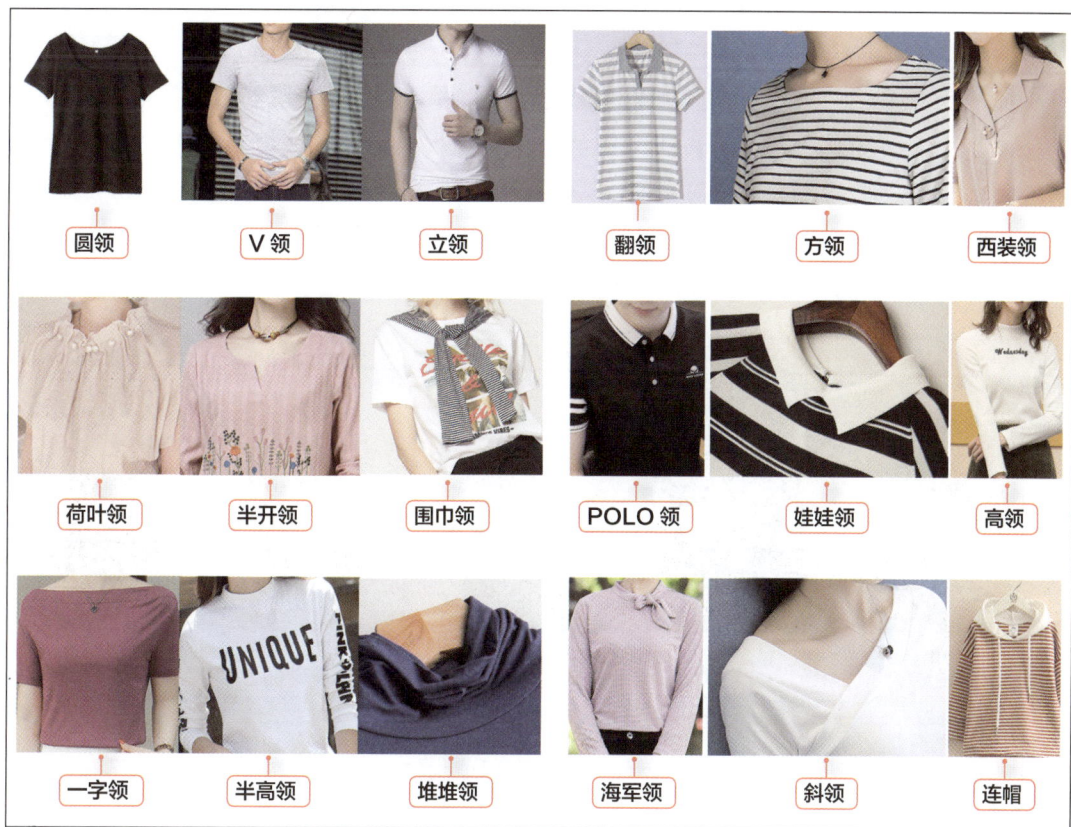

图8-48

● **适用年龄**：年龄主要包括18~24周岁、25~29周岁、30~34周岁、35~39周岁、40~49周岁、17周岁以下、50周岁以上7个年龄阶段。

● **主要材质**：材质主要包括棉/丝光棉、涤纶、真丝、麻、羊毛/羊绒、莫代尔、莱卡、其他天然纤维、织棉、绸缎、针织、天鹅绒、府绸、开司米、法兰绒、牛皮、灯芯绒、竹纤维等。

● **流行元素**：该元素主要是指当季的时尚流行元素，内容十分丰富，如图8-49所示。

图8-49

● **图案**：图案是指商品上的图案，主要包括纯色、拼色、渐变、条纹、格纹、波点、人物、碎花、大花、动物纹、千鸟格、宇宙星空、植物花卉、动物形象、卡通动漫、手绘涂鸦、骷髅恶魔、几何图案、科技科幻、品牌Logo、定制DIY、抽象图案、中国文化、人文风景、城市风貌、恶搞图案、运动体育、创意趣味等选项。

● **衣长**：衣长是指服饰的长度，主要包括超短款、短款、常规款、中长款、长款5个选项。超短款指长度至下胸围线以上，短款指长度至下胸围与腰线之间，常规款指长度至腰线与臀围线之间，中长款指长度至臀围线与大腿中部之间，长款指长度至膝盖以下，如图8-50所示。

超短款　短款　常规款　中长款　长款

图8-50

了解以上信息后，对应到自己的服饰商品中，在"商品属性"中填写正确信息，图8-51所示为填写的商品属性信息。

图8-51

5. 设置销售属性

在"销售属性"中填写商品的销售属性，主要包括京东价、市场价、颜色、尺码和库存量等信息，如图8-52所示。

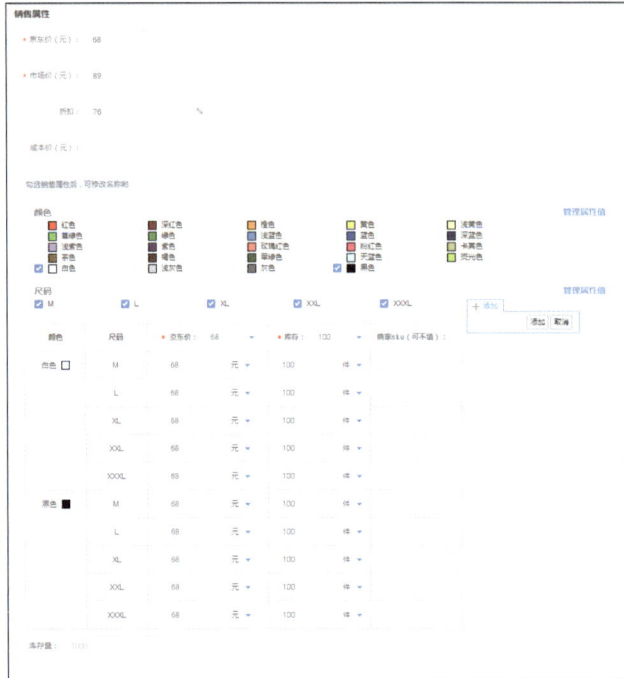

图8-52

6. 添加商品主图和商品描述

在"图片管理"中添加商品主图，要求图片大小必须为800像素×800像素，至少上传3张商品主图；还需要上传一张商品透明图。另一种情况，就是在多个SPU下有多个SKU，如同色不同尺码，可以单独上传主图图片，也可以直接套用某个SKU的主图，然后适当调整图片的排列顺序，使其与SKU属性相符，如图8-53所示。最后在"商品描述"中插入切片后的详情页图片，如图8-54所示。

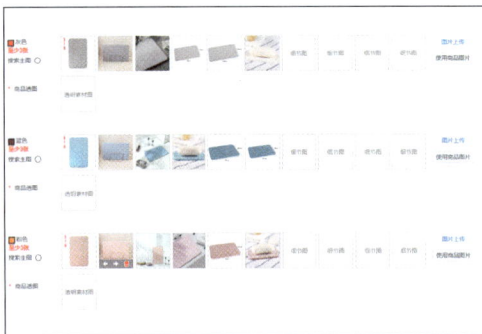

图8-53

图8-54

7. 商品物流、售后和功能设置

依次在"商品物流"、"商品售后"和"功能设置"中填写对应的信息，完成后单击 开始销售 按钮进行发布，如图8-55所示。至此完成商品发布的所有操作，图8-56所示为发布成功后的商品单品界面。

商品物流

发货地:	北京 ▼	密云区 ▼	
运费:	2018固通 ▼	❓ 新建运费模版	

普通快递

按件数: 默认运费2件内5元，每增加2件，增加运费2元

商品售后

包装清单: 包装盒×1   还能输入95个字

售后服务: 7天无理由退货   还能输入93个字

功能设置

支付方式限制: ☑ 先款后货   ☐ 付款只能用京东白条

发票限制: ☐ 限制开增值税发票

下单验证码: ☐ 下单需要输入验证码

24h最大购买数: [_____]

是否危险商品: ☐ 易燃易爆品 ☐ 压缩液化气体 ☐ 氧化物质（强氧化剂） ☐ 有毒和感染性物质 ☐ 腐蚀性物质

是否平台专享: ☐ 微店专享 ☐ APP端专享 ☐ M端专享 ☐ PC端专享 ☐ 手Q专享 ☐ 京致衣橱

最小起订量: [_____]

定时上架: ☐ 设定 [选择日期 📅] 系统会在该时间自动进行上架操作。

定时下架: ☐ 设定 [选择日期 📅] 系统会在该时间自动进行下架操作。

[保存且下架] [开始销售]

图8-55

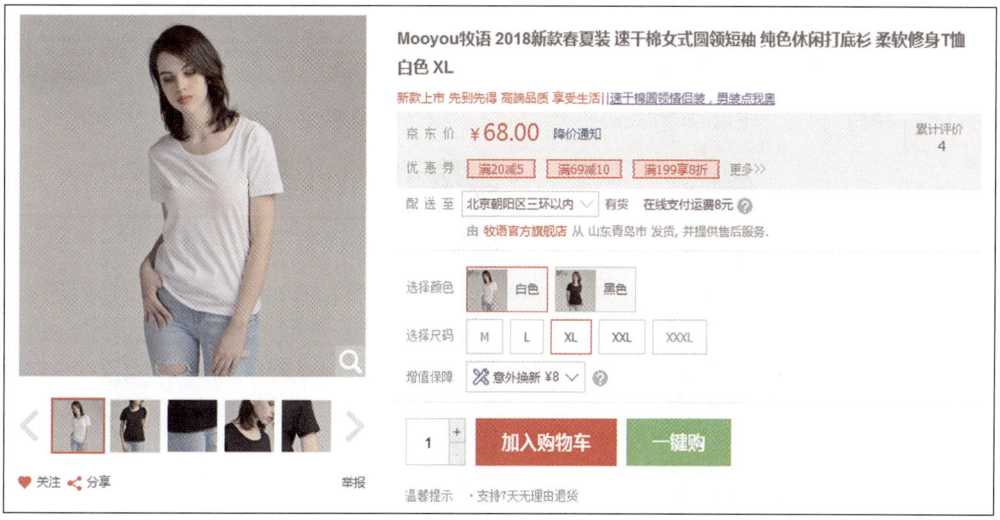

Mooyou牧语 2018新款春夏装 速干棉女式圆领短袖 纯色休闲打底衫 柔软修身T恤 白色 XL

新款上市 先到先得 高端品质 享受生活 | | 速干棉圆领惬意倡装，男装点我黑

京东价	¥68.00	降价通知	累计评价 4
优惠券	满20减5 满69减10 满199享8折 更多≫		
配送至	北京朝阳区三环以内 ∨ 有货 在线支付运费8元 ❓		
	由 牧语官方旗舰店 从 山东青岛市 发货，并提供售后服务。		

选择颜色: [白色] [黑色]

选择尺码: M L [XL] XXL XXXL

增值保障: ✂ 意外换新 ¥8 ∨ ❓

[1 ±] [加入购物车] [一键购]

♥ 关注 ⤴ 分享   举报

温馨提示 · 支持7天无理由退货

图8-56

231

8.3 拓展延伸

1. 不同材质服装的拍摄技巧

不同材质的服装，卖点也不同，商家需要根据服装的特点进行布光拍摄。下面对不同材质服装的布光与拍摄技巧进行讲解。

● **皮质服装的拍摄**：皮衣是高反光商品之一，皮质服装的光泽度是消费者直观判断皮衣品质的标准。因此，在拍摄时要以不同的光位来渲染其层次感。将主灯布置在模特右前方45°，且略高于模特，从上向下打光，距离约2m，若觉得光线太硬或反差过大，可在另一个方向补上反光板，可对阴影面进行补光；一般在拍摄皮质服装时，至少会准备3盏照明灯，细节部分的展示还需要使用聚光灯，即将聚光灯的光线照射在皮衣上具体要体现的位置，如图8-57所示。

● **针织服装的拍摄**：针织服装表面较粗糙，为了表现其质地，通常用直射光或散射光进行拍摄，多以侧后光源为主，如图8-58所示。

图8-57　　　　　　　　　　　　　　　图8-58

● **丝质服装的拍摄**：丝质服装表面光滑、有光泽，适宜采用漫射光拍摄，如图8-59所示。

● **棉质服装的拍摄**：要想将棉质服装拍摄出质感与柔软的感觉，需利用柔光箱和反光板布置较柔和的光线；还可以拍摄洗水标签，以展示棉的含量等信息，如图8-60所示。

 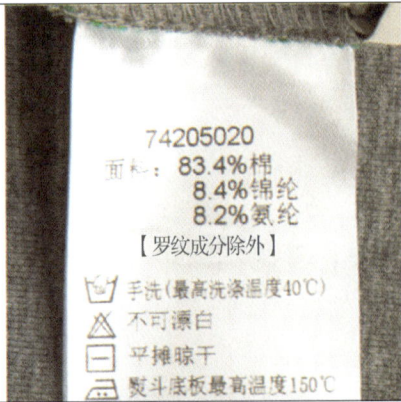

图8-59　　　　　　　　　　　　　　　图8-60

2. 属性值管理

在商品发布过程中，如果属性值不符合需要，除了添加属性值外，还可进入"商家类目属性管理"界面进行属性管理。其方法是：在发布界面的"销售属性"中单击"管理属性值"选项，打开"商家类目属性管理"界面；或在商家后台首页单击"商品管理"—"属性管理"选项，打开"商家销售属性值管理"界面，在该界面中选择要调整属性的类目，在"销售属性列表"中单击需要编辑的销售属性后的 管理属性值 按钮，如图8-61所示，打开"商家类目属性管理"界面。在该界面中单击需要调整的属性值后的 编辑 按钮，然后修改对应的属性值即可，图8-62所示为版本属性与颜色属性的编辑界面，完成后单击 保存 按钮。

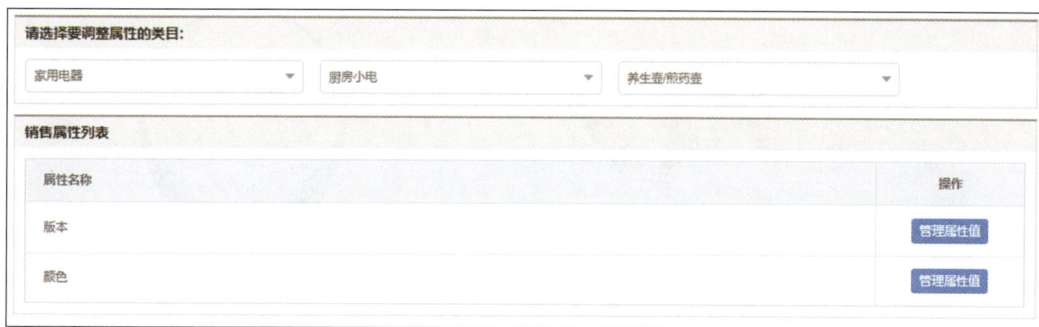

图8-61

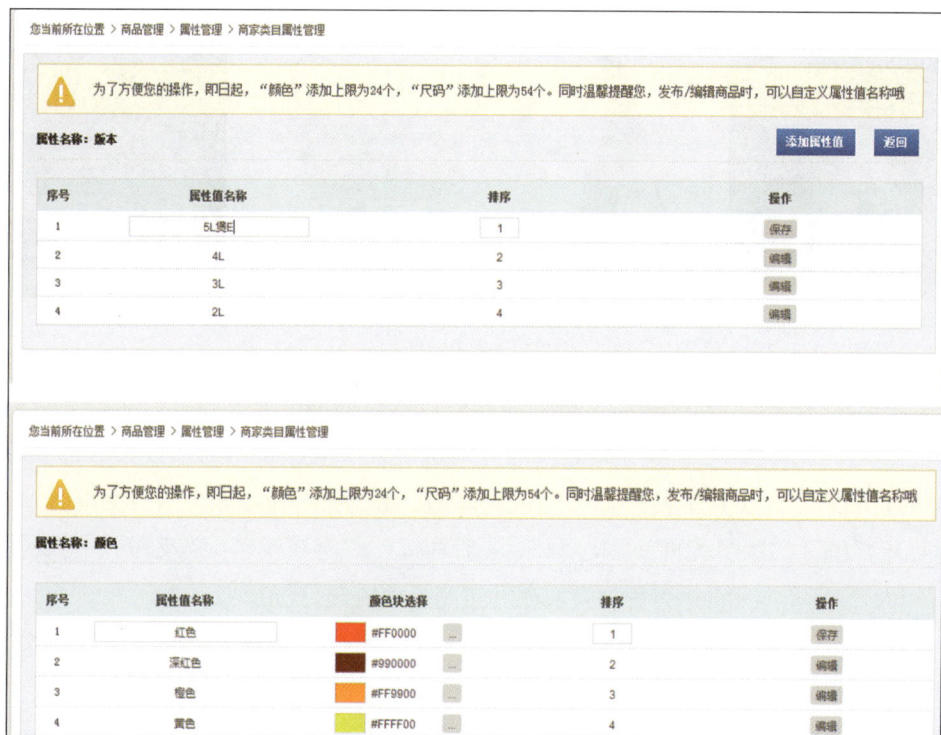

图8-62

8.4 思考练习

（1）现有一款雷麦（LEIMAI）运动蓝牙耳机需要进行发布，请根据图8-63所提供的资料进行商品发布的准备工作。

品牌：雷麦（LEIMAI）

商品名称：雷麦LM-E1　　　商品编号：1685737　　　商品毛重：100.00g　　　商品产地：中国大陆
耳机配件：其他　　　发声原理：其他　　　热词：其他　　　连接类型：无线
用途：音乐耳机，运动耳机，蓝牙耳机　　　适用音乐类型：流行、摇滚、电音　　　佩戴方式：入耳式　　　型号：LM-E1
特性：蓝牙耳机　　　包装清单：外包装盒*1 蓝牙耳机*1 耳塞*2 usb电源线*1 用户手册*1

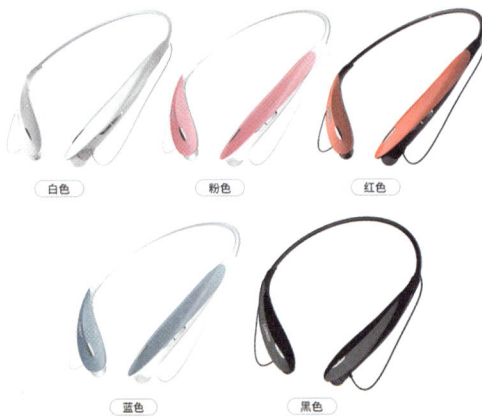
白色　　粉色　　红色
蓝色　　黑色

型号	雷麦LM-E1运动蓝牙耳机	蓝牙版本	V4.0
芯片	蓝牙芯片	颜色	蓝色、白色、粉色、红色、黑色
连接距离	无障碍10米内	重量	32g
电池容量	160mAh	待机时间	500小时
音乐时长	10小时	充电时间	2.5小时
耳机尺寸	170x150x13（mm）	兼容设备	HSP V1.2、HFP V1.5、A2DP V1.2、AVRCP V1.4
切歌	支持	降噪	智能降噪
功能	蓝牙连接多个设备，听歌打电话，切换歌曲，磁力吸附，来电振动，高清音乐。

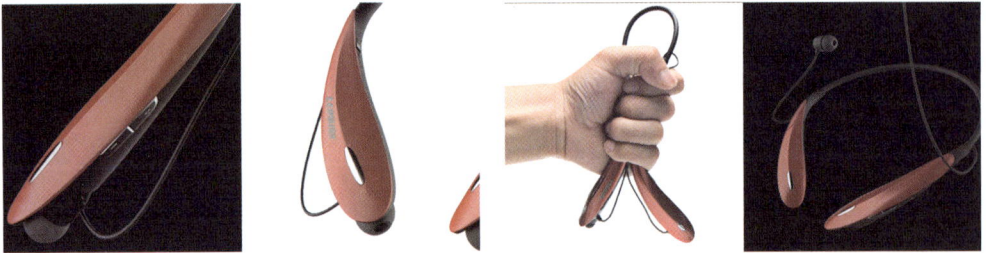

图8-63

（2）完成商品发布的准备后，进入商家后台进行商品的发布操作，依次完成商品类目、商品基本信息、商品参数、商品属性、销售属性、物流等信息的设置。需要注意的是，耳机商品的三级类目非常丰富，如"数码-影音娱乐-耳机/耳麦""手机配件-蓝牙耳机-蓝牙耳机""手机配件-手机耳机-蓝牙耳机""游戏设备-游戏耳机-蓝牙耳机"等都可作为蓝牙耳机的细分类目，商家在发布商品前应该仔细思考。